造梦者

打破常规的中外创业传奇

朱献文　何清文　朱纬纬 ◎著

企业管理出版社
ENTERPRISE MANAGEMENT PUBLISHING HOUSE

图书在版编目（CIP）数据

造梦者：打破常规的中外创业传奇 / 朱献文，何清文，朱纬纬著. —北京：企业管理出版社，2025.1
　　ISBN 978-7-5164-3017-0

Ⅰ. ①造… Ⅱ. ①朱… ②何… ③朱… Ⅲ. ①企业创新－案例 Ⅳ. ①F279.23

中国国家版本馆CIP数据核字（2024）第027199号

书　　　名：	造梦者——打破常规的中外创业传奇
书　　　号：	ISBN 978-7-5164-3017-0
作　　　者：	朱献文　何清文　朱纬纬
责任编辑：	李雪松
出版发行：	企业管理出版社
经　　　销：	新华书店
地　　　址：	北京市海淀区紫竹院南路17号　邮　　编：100048
网　　　址：	http://www.emph.cn　电子信箱：emph001@163.com
电　　　话：	编辑部（010）68701638　发行部（010）68414644
印　　　刷：	河北宝昌佳彩印刷有限公司
版　　　次：	2025年1月第1版
印　　　次：	2025年1月第1次印刷
开　　　本：	787毫米×1092毫米　1/16
印　　　张：	16.5
字　　　数：	268千字
定　　　价：	78.00元

版权所有　翻印必究　·　印装有误　负责调换

推荐序

FOREWORD

作为致力于理解和研究心理学，并探索其在创新和创业实践中作用的学习者，我深感荣幸能为《造梦者——打破常规的中外创业传奇》一书撰写推荐序。我与献文兄相识多年，是老朋友了，但我们是君子之交，每次相聚，献文兄都是在聊他的事业、他的创业，很少聊其他。他是名校工科出身，在暨南大学获得工商管理硕士学位，后又在英国伦敦帝国理工学院深造过MBA（工商管理硕士），多年来一直在不同领域创业，有成功也有失败，如此之经历，非一般人所能有！他对创新创业的观察视野更加开阔，理解也肯定更加深刻！在该书中，献文兄通过深入剖析中外知名企业家的创新与创业历程，结合自身丰富的学习和创业经历，为大家提供了一扇独特的"窗"，透过这扇"窗"，我们得以洞察企业成长的本质与复杂性。

在阅读本书时，我被其中深入浅出的案例分析所吸引。书中不仅详细介绍了乔布斯等西方企业家的性格特点、创业过程和成功经验，还包括献文兄自己作为成功企业家多样的创业故事。这不仅体现了献文兄对于创业者多元化背景的深刻理解，也彰显了不同文化背景下创业环境的多样性。

特别值得一提的是乔布斯的创业历程。乔布斯以其独特的个性和非凡的创业精神，成为科技界的一代传奇。他不仅具有敏锐的市场洞察力，还拥有对产品设计和用户体验的极致追求。乔布斯坚信自己的直觉和价值观，这一点在他重返苹果公司后表现得尤为突出。当时他大刀阔斧地进行改革，推出了一系列划时代的产品，如 iMac、iPod、iPhone 等，彻底改变了整个行业的面貌，也给人类社会带来了翻天覆地的变化。他的成功不仅在于他的创新思维和领导力，还在于他面对挑战的坚韧不拔和从失败中汲取教训的特质。乔布斯的故事证明了即使在竞争极度激烈的商业环境中，坚持自己的理念和创新精神，也能够取得巨大的成功。

该书的案例丰富多彩，既有惊心动魄的成功故事，也有刻骨铭心的失败经验。这些案例不仅为创业者提供了宝贵的经验教训，更为研究创业和创新的学者们提供了丰富的研究素材。通过对这些案例的深入分析，我们可以更好地理解创业成功背后的复杂性和多维度特征，包括个人性格、文化背景、时代特征等因素的影响，还可以学习案例中的主角们是如何在创业过程中应对挑战、如何从失败中汲取教训，并最终取得成功的。

作为一名研究者，我对书中表达的文化和历史背景在创业过程中所起的作用高度认同。正如本书所展示的，创业不仅仅是个人的奋斗，它还深深植根于特定的社会和文化土壤中。理解这一点对于任何创业者都是至关重要的。

最后，我想对那些即将踏上或已在创业之路上的朋友们说，创业之路虽布满未知与挑战，但正如该书中的故事所展示的那样，只要拥有坚定的意志、创新的思维和不懈的努力，成功终将在某个转角与你相遇。愿《造梦者——打破常规的中外创业传奇》成为你们宝贵的指南，引领你们走向成功的彼岸。

叶茂林 教授

（心理学博士、管理学博士后、暨南大学管理学院企业管理系系主任、暨南大学人力资源管理研究所所长、广东省应用心理研究会会长）

前言

从乔布斯创新创业历程想到的……

多年前，朱献文为暨南大学MBA学员讲授"企业发展原动力——如何打造一个10亿级企业"的课程，以创始人身份讲述从"0到1"和以经理人角色参与从"1到10"的创业故事，阐述自己总结的"企业发展原动力"理论框架。当他研究了乔布斯的创新创业过程后，他一直梦想写一本书，旨在帮助读者，尤其是大学生、职场新人、创业者、中小企业家、高中层管理人员全面了解创新创业的全过程，从中汲取经验教训，从而提高创业成功率。

2022年，朱献文被聘为暨南大学创业学院校外导师，并入选广东省教育厅创新创业教育专家库，这进一步激发了他将写书计划付诸实施的决心。恰好暨南大学创业学院何清文院长、创业导师朱纬纬博士皆有此意，随即三人一拍即合，合作撰写了这本有关中外企业家创新创业传奇的图书。朱献文以自己的从"0到1"和从"1到10"的创新创业经历，对比乔布斯的生平、管理思想和创新创业道路进行了深刻的剖析，通过故事的形式分析了中外企业家的创新创业心路历程，并对其进行了相应的解读和点评。

史蒂夫·乔布斯（Steve Jobs，1955年2月24日—2011年10月5日），美国发明家、企业家，苹果公司联合创始人，曾任苹果公司首席执行官。

乔布斯出生于加利福尼亚州旧金山，在领养家庭中长大，自幼对电子学抱有兴趣。1974 年因经济原因他从大学休学，供职于雅达利电视游戏机公司。1976 年 4 月 1 日，乔布斯与史蒂夫·沃兹尼亚克、龙·韦恩共同创办苹果公司；同年推出第一款个人电脑"Apple I"。1985 年，因公司内部权力斗争，乔布斯离开苹果公司，后创办皮克斯动画工作室。1997 年，乔布斯回归苹果公司任职；次年推出 iMac，带领苹果公司走出财务困境。2011 年 8 月 24 日，乔布斯向苹果公司董事会辞去首席执行官职务；同年 10 月 5 日，因胰腺神经内分泌肿瘤逝世，享年 56 岁。

乔布斯在 Macintosh、iPhone、iPod 等产品上的创新，不仅引领了图形界面的个人电脑时代，还开启了移动互联网的新纪元。iPhone 创新了智能手机的概念，iPod 则改变了人们听音乐的方式。乔布斯对个人电脑、手机、平板电脑、数字出版等产业及全球通信、娱乐和生活方式的改变具有深远影响。

因为乔布斯，中国人第一次强烈意识到——整合各种科技创新的商业模式对于我们今天乃至未来是多么重要！这是比尔·盖茨、迈克尔·戴尔、杰克·韦尔奇乃至马克·扎克伯格都不曾带给中国的强烈冲击。因此，解读乔布斯的意义，不在于我们能否克隆出一个乔布斯，而是我们从乔布斯的成长路径和商业创新上得到某些启发，走出我们自己的创新道路！

乔布斯的成功是一个独特的个案。正因为如此，乔布斯的故事才会更有启发性，读者可以从中领悟到他在创新力、领导力和价值观等方面的非凡之处。如果我们回归现实，那么，从 1988 年开始创业且一直在创新创业之路上砥砺前行的作者亲历的经验教训，是不是更值得被现在还处于从"0 到 1"阶段的新一代的"追梦者"借鉴呢？

目录 CONTENTS

| 第一章 | 创业，从小蓝盒到苹果 　　001
　　　　　　引爆成功的导火索　　002
　　　　　　创业环境　　004
　　　　　　第一份职业　　005
　　　　　　新产品的历练　　008
　　　　　　俱乐部的能量　　010
　　　　　　横空出世　　012
　　　　　　孵化奇迹的车库　　015

| 第二章 | 生存，那些年苹果也曾"山寨"过　　019
　　　　　　真正的机器　　020
　　　　　　苹果之母　　021
　　　　　　苹果的吹鼓手　　024
　　　　　　约束乔布斯的缰绳　　027
　　　　　　停不了的快马　　030
　　　　　　苹果的山寨对象　　031
　　　　　　乔布斯的"山寨哲学"　　033

| 第三章 | 成长，不走寻常路　　037
　　　　　　飞跃的翅膀——Mac　　038
　　　　　　不择手段选人才　　039
　　　　　　我行我素　　041
　　　　　　简约　　044

　　　　　　精益求精　　　　　　　　　　　　045
　　　　　　对手　　　　　　　　　　　　　　048
　　　　　　唯我独尊　　　　　　　　　　　　051
　　　　　　告捷　　　　　　　　　　　　　　052
　　　　　　海盗式团队　　　　　　　　　　　054

| 第四章 | 成熟，第三个里程碑　　　　　　　　059
　　　　　　钓鱼　　　　　　　　　　　　　　060
　　　　　　上钩　　　　　　　　　　　　　　062
　　　　　　有志者，事竟成　　　　　　　　　065
　　　　　　改变世界的一天　　　　　　　　　067
　　　　　　英雄见英雄　　　　　　　　　　　070
　　　　　　名利之争　　　　　　　　　　　　073

| 第五章 | 衰败，大自然的规律无处不在　　　077
　　　　　　"六旺"　　　　　　　　　　　　　078
　　　　　　"三衰"　　　　　　　　　　　　　080
　　　　　　危机　　　　　　　　　　　　　　082
　　　　　　散席　　　　　　　　　　　　　　083
　　　　　　裂缝　　　　　　　　　　　　　　085
　　　　　　不甘　　　　　　　　　　　　　　086
　　　　　　不到黄河心不死　　　　　　　　　087
　　　　　　落魄　　　　　　　　　　　　　　090
　　　　　　有心栽花　　　　　　　　　　　　092
　　　　　　衰败　　　　　　　　　　　　　　093
　　　　　　"浪子回头"　　　　　　　　　　　096

| 第六章 | 求生，逆袭的光阴　　　　　　　　099
　　　　　　被逼出走　　　　　　　　　　　　100

目录

自力更生	103
断粮之险	105
命不该绝	108
盖茨眼中的 NeXT	109
乔布斯的合作观	110
花不开	111
无心插柳	113
初战告捷	114
柳成荫	116
逆袭成功	118
该出手时就出手	120
让皮克斯多飞一会儿	122

第七章 | 重生，你好 — 125

人和	126
天时	129
地利	130
没有永远的敌人	131
进退自如	133
恢复"独裁"	135
设计为王	137
环境激发灵感	138
麦金塔二世：iMac	140

第八章 | 持续创新，苹果的本质 — 143

"仿生"	144
敢人所不敢	145
iPxxx	147
旧习与替代	149
能人所不能	152

	控制欲，从设计开始	154
	改变生活方式的手机	155
	从地狱到天堂	157
	苹果本质	159
	数字中枢之灵	161
	无孔不入	162
	iPad 2	164
	最后的作品	165
	匪夷所思	167
第九章	**营销，做到大众的心坎上**	**171**
	体验促成交易	172
	样板打造形象	174
	材料衬托内涵	176
	轰动全球的广告	178
	玩媒体于股掌之上	180
	质感	181
	疯狂大杂烩	183
第十章	**竞合，有人的地方就有"江湖"**	**187**
	防人之心不可无	188
	乔布斯纪念碑	189
	道不同	192
	条条大路通罗马	194
	苹果与Adobe的"江湖恩怨"	197
	协作之力	198
	遗留问题	200
	微软的恐惧	202
	强者未必恒强	206

| 第十一章 |　管理，一个系统的工程　　209

　　　接班人初现　　210
　　　团队打造　　213
　　　有条不紊　　214
　　　名正言顺　　217
　　　科学管理　　222

| 第十二章 |　战略，只做 3 件事　　225

　　　整合　　226
　　　数字中枢之源　　228
　　　数字中枢之核　　229
　　　数字中枢之翼　　230
　　　得来全不费功夫　　233
　　　数字中枢之槛　　235
　　　各个击破　　237
　　　数字中枢之力　　240
　　　远见　　242

| 第十三章 |　一生无憾，极致的精彩　　245

　　　创新之路　　246
　　　遗言　　247

| 特别致谢 |　　250

第一章
CHAPTER1

创业，
从小蓝盒到苹果

造梦者
——打破常规的中外创业传奇

引爆成功的导火索

1970年的某一天，与乔布斯志同道合的朋友史蒂夫·沃兹尼亚克无意中在《君子》杂志上阅读了一篇名为《小蓝盒的秘密》的文章，其作者是罗恩·罗森鲍姆。该文介绍了黑客和电话飞客是怎样偷打长途电话的。文章还未读完，沃兹尼亚克就迫不及待地拨通了乔布斯的电话，与之兴奋地聊起了这件事，乔布斯听后也振奋不已。两人立刻行动起来，他们一起研究这篇文章，一起去图书馆查阅相关资料。最终，他们制作出了能够正常工作的蓝盒子。他们兴奋地给沃兹尼亚克的叔叔打电话，甚至还把电话打到了梵蒂冈教皇那里。

一开始，他们只想利用蓝盒子找乐子或搞恶作剧，后来乔布斯敏锐地发现可以靠销售自制蓝盒子赚钱。乔布斯收集所有的零件并组装成两副扑克牌大小的蓝盒子，以150美元的价格出售。让他们吃惊的是，蓝盒子大受欢迎。他们制作的100个蓝盒子，全都卖完了。

逐梦小语

一百个想法不如一次行动

当我们看那些成功案例时，可能会有似曾相识的感觉，甚至回想起当年自己也曾有过类似的念头或计划；当我们与朋友相聚时，也许探讨过无数个项目；当我们上培训课时，也许曾激起过无数次冲动；当我们看着别人成功时，可能想这么简单的事我也能做成；我们也想过，如果我做了这个生意，明天可能会怎样的美好。但我们只是在不断地探讨、不断地研究，就是迈不出决定性的一步——行动。成功的关键不是你拥有多少个好主意，而是你的实际行动！两个史蒂夫看到别人的一个好主意就马上行动，把想法变成现实，这种行动的激情就是成功的基石。

模式的成功契机

现在很多高校在搞创业研究并鼓励大学生创业，这从学术角度来看当然很有必要。我们可以从创业精神、商业模式、管理知识与技能等方面培训我们的"创业家",帮助他们提高成功率,少走弯路。但即便如此,又有哪一个创业者不是从无到有,边干边摸索的呢?两个伟大的史蒂夫也只是在游戏中形成了初步的合作模式,才有了苹果公司之后的发展。记住,创业失败是高发的,成功是偶然的。

象可以随便摸

我们从小就听过"盲人摸象"的故事,知道不可以偏概全。但每个人背景不同、接触的事物不同,所以体会不同、做出的决策不同,这是司空见惯的。同样做出一个有用的蓝盒子,史蒂夫·沃兹尼亚克沉浸在技术成功的喜悦中,史蒂夫·乔布斯则从中发现了商机。这正是乔布斯的非凡之处。

朱献文的第一次创业

1988年8月,朱献文就职的广东省省属某企业正在进行工厂领导班子选拔制度改革——从上级任命制到自由竞选,并由新厂长"组阁"厂级领导班子和中层干部。这种企业领导的选拔方法在当时引起了社会轰动,不仅吸引了省市媒体的广泛报道,还引来了主管部委的调研团队,使其在有色金属工业系统中成为国企改革"摸着石头过河"的先行者。

新厂长上任后,"第一把火"就是对工厂准备技术改造的项目实行公开招标,改进过去由技术科直接组织而导致的效率低下和效果不佳的问题。通过招标,新厂长希望发现人才并提升项目效益。其中,有一个项目是跟朱献文当时的工作直接相关的,即"铝合金6063小铸棒生产线建造",为国产铝合金挤压机提供原料。1983年7月从中南矿冶学院材料专业毕业以来,朱献文便全程参与了进口熔铸设备的安装、工人培训、调试和生产,并因此评上了工程师职称,在技术上具备任职条件。然而,那时他已考上华南工学院材料研究所的研究生,正忙于办理辞职和入学手续,所以并未过多关注此次招标。

招标公告发布了一个多月,却没人应标。有一天,朱献文路过技术科时随口询问招标情况,得知老工程师虽有讨论,但因对效率和效果的高要求有压力,还没有确定。朱献文半开玩笑地说:"要不我不去读研究生了,自筹资金来做这个项目?"技术科科长听后高兴地回应:"好呀!你去找厂长谈谈吧!"。这个玩笑般的提议却激发了朱献文的决心,他随即找到厂长,提出了"自筹资金,自负盈亏,独立经营"的技术改造方案。

原本应由工厂出资的项目，现在由个人承担，这一创新之举立即得到了富有改革精神的厂长的支持。厂长随即指示技术科和朱献文协商合同细节，以尽快落实项目。一个月后，朱献文放弃了读研究生的机会，在家人的支持下，开始了他的第一次创业之旅。他的这一举动不仅是他个人职业生涯的重大转折，也使他成为了中国国企改革中"一厂两制"实践的早期参与者。

朱献文的第一次创业，既有偶然性，也有必然性。恰逢邓小平第一次南方谈话后改革开放深入推进的大环境，他已在该专业积累了五年的经验，受当时乡镇企业蓬勃发展的氛围影响，培养了强烈的创业意识；同时，他所在的工厂也正处于改革的浪潮之中。这些因素共同作用，为朱献文创造了一个全新的机会，使他得以将工程师的技术专长与经营管理实践相结合，开启了他职业生涯的新篇章。

创业环境

乔布斯 10 岁那年，全家搬到了南旧金山地区的一个半岛上，那里是新兴的电子城市，附近有日后著名的科技创新圣地——硅谷。

乔布斯的养父保罗热衷于汽车修理，对汽车的电器部分了如指掌，他利用业余时间翻新、出售二手车。这也激发了乔布斯对汽车内部工作原理的兴趣。更重要的是，保罗对工艺追求极致、完美的精神，影响了乔布斯的一生。

当地一个名叫埃奇勒的开发商的成功案例，让乔布斯深受启发。埃奇勒建造的房子质高价廉，整洁漂亮。乔布斯从中领悟到为大众制造和设计精良产品的重要性。

逐梦小语

创业者的原始特征

美国管理大师德鲁克认为，企业家是创新者、探险者，他们永远追寻变革的动力，更善于在发展中创造机会和捕捉机会。而创业家的特质主要在于胸怀理想、勇于创新、勤奋务实、坚韧不拔。此外，成功的创业者还普遍表现出对财富的深厚兴趣和不懈追求。尽管这一点听起来或许略显世俗，但接触其父亲的生意让乔布斯在童年时期便形成了赚钱的意识。就像我国的许多企业家，在学生时代就通过各种方式赚钱了。正是对财富的渴望，激励他们披荆斩棘，不断前进。

思想源于生活

我们说行千里路、读万卷书，强调了见识的重要性。乔布斯对他所住房子"质高价廉，整洁漂亮"的欣赏，成为他日后"简洁、专业、专注"设计思想的萌芽。这说明，只要我们留意生活中的点点滴滴，学会观察，就能有意想不到的收获。

时势造英雄

乔布斯是不幸的，一出生就被亲生父母所遗弃；同时他又是幸运的，他遇到了竭尽全力去照顾他、培养他的养父母。更幸运的是，他的学生时代恰逢硅谷电子业增长与爆发的浪潮，给了深爱电子技术的乔布斯一个实现自我的机会。天时、地利、人和为一代科技英雄造足了出场氛围。

职场大环境

朱献文参加高考的1979年，中国吹响了改革开放的号角。1983年，当朱献文大学毕业时，珠三角的乡镇企业、私营企业已经呈现出方兴未艾之势。

1984年，佛山南海的企业家们敏锐地洞察到铝合金建筑型材的商机，纷纷投身于相关投资：有的专注于熔铸，有的选择挤压工序，还有的聚焦于模具、表面处理或销售等环节，无须高额投资就形成了铝合金型材产业链。经过几年的资金、技术和人才的原始积累，才进行全生产线建设，从而促成了当地有色金属行业的高速发展，打造出全国闻名的"有色金属之乡"。

第一份职业

雅达利最初的团队是由一群对电视游戏充满热情的工程师组成的，创始人是被尊称为"电子游戏之父"的疯狂玩家诺兰·布什内尔。他是当时的时代偶像。

雅达利公司的首席工程师阿尔·奥尔康研发出了视频游戏《乒乓》，从此该公司进入飞速发展时期。

1974年2月，在里德学院待了18个月后，乔布斯开始找工作。他在报纸上看到雅达利公司急招一名电子机械师，于是不修边幅的乔布斯前去应聘。招聘人员看到他的邋遢样直皱眉头，告诉乔布斯，他们招的人必须受过正规的大学教育，且有知名电子游戏开发作品，而乔布斯根本不符合要求。乔布斯才不管这些，他摆出一副要么让警察带我走，要么就聘用我的架势。招聘人员不知如何是好，只得给奥尔康打电话。奥尔康让人将乔布斯带到自己面前，经过短暂的交谈后，奥尔康发现乔布斯非常聪明，对技术很狂热，他决定录用乔布斯。

乔布斯由此正式成为雅达利公司第一批50名员工之一。在雅达利公司，乔布斯通过改造芯片完善游戏，还跟布什内尔学会了如何利用自己的影响力说服别人。重要的是，乔布斯认识到了开发游戏应简洁的重要性。

乔布斯还与一位名叫罗恩·韦恩的人交了朋友。罗恩曾自己开公司，创业失败后来到雅达利公司做绘图员。那时乔布斯经常劝说罗恩与自己一起再次创业，但遭遇过打击的罗恩不愿再冒险了。

20世纪六七十年代，印度的宗教、哲学、文化在西方刮起过一阵旋风，但人们多是出于猎奇和"生活在别处"的冲动，鲜有真正的彻悟者。在里德学院时，乔布斯所崇拜的偶像罗伯特曾强烈推荐他去印度进行一次精神之旅。1974年年初，乔布斯为了获得心灵的平静，背包前往印度，他觉得理解印度佛教的最好方法就是去印度亲自体验一下。

他在印度总共待了7个月。去印度前，乔布斯是一位玩世不恭的嬉皮士，到印度后他仿佛经历了一次醍醐灌顶的顿悟。他发现印度落后的状况与它神圣的光辉之间所存在的鲜明对比简直触目惊心，怎样才能让人们不再挨饿受冻？如何才能改变世界？也许只有科技才能拥有这种力量。乔布斯因佛性而反思、领悟，并像凤凰一样浴火重生。

逐梦小语

职业生涯第一个导师

职业生涯的第一个导师很重要，这句话在乔布斯身上体现得淋漓尽致。乔布斯的第一个老板不但力排众议收留他，还培养了他一些重要的企业家特质。刚走进职场的新人就像一张白纸，什么都可以往上画。如果新人的首位职场导师技艺超群，他从中学到的东西就比人棋高一着，自然就赢在职场起跑线上了。

激情和狂热

乔布斯个性偏激孤独、形象邋遢，没有同事愿意与其为伍。但由于他的聪明、激情和对技术的狂热，老板依然器重他。对于职场人来说，只要不笨、对生活有激情、对事业狂热，就算有很多其他让人难以容忍的缺点，也都能受到老板的青睐。因为老板对人才都有一双与众不同的慧眼，能敏锐地分辨出璞玉，并为己所用。

本性难移

乔布斯推崇东方精神，尤其是佛教禅宗。他想通过印度之旅寻找智慧的导师，但放荡不羁的本性使他做不到内心的平静，只能通过苦行体验、感官剥离和返璞归真寻求启蒙。这告诉我们，与其努力花精力补自己的短板，不如把自己的长处发挥到极致，更能产生意想不到的效果。

个性

乔布斯是个聪明人，体现在：比较独立、自律，有时敢挑战权威；常捉弄别人，表现出小丑般的幽默，惹人开心；适应环境的能力比较强；喜欢冒险和有挑战性的游戏；对例行公事及令人厌烦的事物非常没有耐心；扩散思考能力强，记忆力好且会注意细节；喜欢阅读，有广泛的知识面；爱思考；对有兴趣的事非常专注；敏感、好奇，有丰富的想象力，感觉特别灵敏。

创业的诱因

现在创业成了热门话题之一，高校成立创业学院并鼓励大学生创业，各路咨询公司更是为创业者提供了各种服务，但我们的准创业家们，你们真的准备好了吗？乔布斯这样伟大的人物，也是在积累了丰富的行业经验，从卓越的导师那里熟悉了技术和商业模式，练就了坚强意志后，才萌生了创业的念头。即便如此，他还是没有冲动行事，在说服有生意经验的韦恩加盟之前，乔布斯十分谨慎。

朱献文的第一份职业

1983年7月，朱献文从中南矿冶学院材料系毕业，被分配到广州市的省属企业工作。不同于喜欢到工厂机关的其他人，朱献文主动要求到条件最艰苦的熔铸车间工作。当时该厂正在引进国外全套的铝合金建筑型材生产线，而第一道工序就是把纯铝在熔炼炉700多摄氏度高温下熔化，然后按照一定的比例加入中间合金，精炼除气除渣后，通过引进的专利——热顶铸造技术和设备，铸造成不同直径的铝合金铸棒，供下一道工序挤压成不同形状的铝合金型材。熔铸车间是一个集高温、高危、高噪、高强度体力劳动于一体的特殊工作区域。因为专业对口，朱献文主动要求到第一线工作，这五年的熔铸车间历练，不仅让朱献文掌握了关键技术，助他获得中级职称，更为他日后的首次创业奠定了坚实的技术基础。更重要的是，当时的车间领导带他去乡镇企业当"星期六工程师"，朱献文正是在为企业提供技术服务的同时，受到了创业氛围的熏陶，慢慢培养起商业意识。

新产品的历练

20世纪60年代末，微电子技术在旧金山和硅谷高速发展。很多反主流文化的嬉皮士认为电脑是冰冷的机器，是不祥的。但到了20世纪70年代初，人们的想法发生了翻天覆地的转变。计算机变成了个人表达与自由解放的象征而被人追捧。而此时，计算机也开启了一个截然不同的世界。

蒂莫西·利里甚至宣称个人电脑已成为新的迷幻药。为什么那些对摇滚乐如痴如醉的反主流文化的青年却能创建起自己的电脑产业？这颇具讽刺意味的变革背后到底隐藏着什么秘密呢？对此，乔布斯的朋友、音乐人波诺解释说，20世纪六七十年代的美国充满喧嚣与激进，这恰恰有助于人们在想象的世界里自由驰骋。

美国有个叫斯图尔特·布兰德的人便是当时的风云人物。他后来成为EFF（电子前沿基金会）荣誉董事，"全球商业网络"和麻省理工学院媒体实验室的顾问。1968年，斯图尔特·布兰德创办了一本叫《全球概览》的杂志，上面介绍了很多新奇的工具和伟大的想法，其中就包括当时最先进的电脑。布兰德等人将计算机的形象重新进行了定义：计算机是解放自我的武器，它能构筑让你震惊的虚拟社区，还能拓宽社会的新疆界。《全球概览》这本杂志在那时对乔布斯产生了很深的影响。

1975年1月,另一本杂志——《大众机械师》也对世界造成了巨大的影响。在该杂志最新一期的封面上赫然刊登了这样一则消息:世界上第一台个人计算机阿尔泰问世了。

就像保罗·艾伦兴奋地拿着这本杂志跑到比尔·盖茨面前一样,沃兹尼亚克也兴冲冲地边翻杂志,边把上面的内容讲给乔布斯听。乔布斯惊奇地发现,这个东西和沃兹尼亚克研究的那个东西很相似。也是在那一年,这些痴迷于计算机的人纷纷以不同的方式开始研究和探索这个新领域。

逐梦小语

思维交叉的力量

技术人员和嬉皮士,两种风马牛不相及的人群,在20世纪60年代末适时地交会在一起。这奇妙的融合引发了科技大爆炸,促进了计算机革命。技术人员严谨求实的科学态度与狂热执着的专业激情,与嬉皮士的玩世不恭和天马行空的思想奔放,共同构成了科技创新不可或缺的精神动力。更难得的是,这两种特质在乔布斯身上交会了。后来,交融的思想给乔布斯带来了宝贵的财富。平时我们说交叉学科有较多的创新机会。在乔布斯这里,我们看到交叉思维产生的力量更是难以想象的。

永恒学习的力量

尽管乔布斯不屑于学校的条条框框,但他从来没停止过学习。在里德学院退学后,还争取到特许继续蹭课;从印度回家后,每日早晨冥想,平时也不忘去斯坦福大学旁听一些课程。学习的方式可以有很多种,课堂的、社会的、系统的、零碎的、兴趣的、需求的,但最重要的是人要有学习的意识。

专业互动的力量

从参加"家酿计算机俱乐部",到阅读杂志《全球概览》和《大众机械师》,乔布斯都从中得到了启示与灵感。我们说应该尽量让自己博学,但博学归根结底是要与专业结合,才能有效地输出。在与专业人群的互动中掌握行业动态,在博览专业期刊过程中激发专业潜能,都可以帮助你发现创新动机、明确发展方向。因此,博专结合的互动,具有引导我们走向正确方向的巨大力量。

活到老，学到老的朱献文

"朱献文的第一次创业"一节提到，朱献文在 1988 年放弃了读研究生的机会，选择创业。而在 1995 年，有朋友告诉朱献文暨南大学提供在职的工商管理硕士（MBA）课程，于是朱献文马上报名参加了考前补习班并顺利考上。MBA 课程的学习，给工科出身并已从事工厂生产技术管理十二年的朱献文又打开了一扇"窗户"，在学习了各种课程，特别是"经济学""战略管理""市场营销""管理经济学""财务管理"等核心内容之后，朱献文觉得世界变得更加广阔多彩了，于是在 MBA 毕业后，他应邀出任了广东真彩文具有限公司（以下简称真彩或真彩文具）总经理，开始从"小老板"向"打工皇帝"转型。

在真彩文具工作两年后，朱献文觉得国际市场可能是未来发展的重要方向，加上对世界名校的情怀，2001 年，朱献文申请并获得了位于英国伦敦的帝国理工学院全日制 MBA 的入学资格，2003 年回国后，朱献文跟董事长一道，带领真彩文具全体员工打造了文具行业第一个销售额超 10 亿元的企业。

俱乐部的能量

第一台计算机诞生的消息一经传出，立即在计算机发烧友中掀起了一股研究电子学的热潮。有个叫弗伦奇的计算机迷成立了一个"家酿计算机俱乐部"，这个最初只有 30 名成员的俱乐部迅速成长，很快就拥有了数百名成员。家酿计算机俱乐部在弗伦奇位于门洛帕克的车库里召开了第一次会议。没有家酿计算机俱乐部，就没有硅谷标志性的车库文化和创业浪潮。

沃兹尼亚克也参加了第一次车库会议，会上演示了刚刚面世的阿尔泰计算机。这次聚会让沃兹尼亚克的灵感突如其来——阿尔泰不便于操作，我要造一个方便操作、有键盘、有显示器的计算机。此后，沃兹尼亚克便开始废寝忘食地研究他的计算机。他自己既焊接零件，又手工编写程序。当时电脑的费用很高，如果输错了程序，就必须重新更换零部件，重新组装，沃兹尼亚克只能先在纸上写完，再录入电脑里。

比尔·盖茨也认为阿尔泰太不方便操作了,他决定给它编写一个 BASIC 程序。一个叫保罗·艾伦的人说:"我和你一起开发程序 BASIC。"于是他成为微软的联合创始人。

1975 年 6 月 29 日,星期天,个人电脑历史上最具里程碑意义的时刻到来了。沃兹尼亚克攒齐了芯片、一个显示器、一个电源和一个键盘。当沃兹尼亚克第一次在键盘上按下几个字符时,令人吃惊的一幕发生了——他看到显示器上立刻显示出了相应的字。乔布斯也惊奇不已,他问了几个问题,还帮沃兹尼亚克从英特尔那里弄了一些免费芯片。

在家酿计算机俱乐部的每一次聚会中,这些电子迷们会将自己的一些"小发明"与大家一同分享。沃兹尼亚克也是这样。当沃兹尼亚克在家酿计算机俱乐部上展示自己的计算机时,众人将这台计算机围得水泄不通,不禁连连称奇。

乔布斯不愿意看到沃兹尼亚克免费把自己的作品送给别人,他想说服沃兹尼亚克把电路板做好后再卖给别人。乔布斯敏锐地意识到沃兹尼亚克设计的计算机将会改变世界,他想说服沃兹尼亚克与自己一起成立一家公司。

逐梦小语

科研成果产业化

据国外媒体调查,科技成果产业化的成功率不超过 5%。究其原因,一是研发人员大多是个性直率的工程师,他们将自己的成果视为亲生儿子,集万千宠爱于一身,不能容忍别人对它们评头论足,更难于接受销售人员对它们提出的修改意见;二是研发人员的理想主义情结忽视了供求关系,不能引导市场需求,也不能满足市场的需求,以致科研成果胎死腹中。幸运的是,技术高手沃兹尼亚克与推销高手乔布斯的互补互信,使苹果一开始就站在了市场与科技的结合点——简单、低价、专业,从而使苹果的产业化成为可能。

盈利模式的创新

创业成功的关键在于盈利模式的创新。对于沃兹尼亚克等科技人员来说,科研成果能得到同行的肯定当然非常重要,但乔布斯敏锐的商业眼光才能使技术成为可变现的商品。更巧的是,比尔·盖茨的想法也与乔布斯不谋而合。这种将计算机技术，特别是软件技术视为商品的概念，不仅推动了乔布斯的苹果公司的崛起，也铸就了比尔·盖茨的微软帝国。

个人电脑之源

家酿计算机俱乐部——科技怪才与嬉皮士的集合地，本来是电子发烧友展示和分享自己成果的地方，却无意中孵化了世界上最伟大的两个IT公司，这恐怕是谁都预料不到的。所以，无论是营销人员还是科技人员，积极地与行业前沿的先锋交流和学习，不但能提高自我，甚至有机会推动行业的进步。

朱献文"讲课"带来的机会

前面提到，朱献文大学毕业后在铝合金型材生产线工作，在理论和实践上初步掌握了铝合金的熔铸技术。那时专业协会一般都是由省属企业牵头的，朱献文就被省铝合金加工协会举办的"铝合金加工培训班"邀请为授课老师，在培训班上认识了当时省内铝合金加工厂的领导和技术人员。培训班结束后，一些工厂领导邀请朱献文去他们那里参观交流，还有几家工厂请朱献文为他们进行技术改造，朱献文就这样自然而然地成了独立的"星期六工程师"。

两年的"星期六工程师"，不但使朱献文的技术更加成熟（当时工作的工厂由于进度慢，还没试产），还为他与企业家的交流提供了平台，潜移默化地激发了他创业的意识。因此在后来工厂的技术改造招标会上，他抓住了机会，敢于提出"自筹资金，自负盈亏，独立经营"这个颇有竞争力的方案。

横空出世

乔布斯琢磨着给他们两人设计的计算机取什么名字。一天，他与沃兹尼亚克一起赶路的时候，一个名字在乔布斯的脑海中一闪而过，他兴奋地喊道："我终于想到了一个好名字，就叫它苹果计算机吧！"沃兹尼亚克不假思索地点了点头，他们把设计的第一批产品叫"AppleⅠ"。

Apple主要由沃兹尼亚克设计，但乔布斯的商业眼光和推动也是其成功的重要

第一章
创业，从小蓝盒到苹果

因素。那个时候，计算机是个比较有争议的新兴事物。像 IBM、惠普这样的知名企业普遍不看好个人计算机，他们对沃兹尼亚克的设计也是不屑一顾。但乔布斯却发现了其中的商机，他迫切地想拥有一家自己的公司。

他极力说服沃兹尼亚克辞职跟自己合伙开一家新的科技公司，沃兹尼亚克始终犹疑不决，乔布斯请来罗恩·韦恩一起说服沃兹尼亚克。最终，在他们的软磨硬泡下，沃兹尼亚克同意了，并答应将自己的设计全部给苹果。乔布斯高兴坏了。他将公司 10% 的股份送给了韦恩，并规定当自己和沃兹尼亚克意见不一致时，由韦恩定夺。

为了筹集资金，乔布斯卖掉了自己心爱的"大众"牌汽车，还说服了美国著名风险投资家迈克·马库拉投资赞助。1976 年 4 月 1 日，21 岁的乔布斯、26 岁的沃兹尼亚克、40 岁的罗恩·韦恩做了一件具有历史意义的事：他们三人签署了一份长达 10 页的合同，决定成立苹果公司，主营业务是组装和销售电脑。乔布斯和沃兹尼亚克各占 45% 的股份。

但是，仅仅过了 11 天，韦恩仅以 2300 美元卖掉了他持有的 10% 的苹果股份。这 10% 的股份，在 2010 年年底价值达到 26 亿美元。为什么韦恩要离开苹果呢？一是曾有的创业失败经历让他畏惧了，他用了两年的时间才收拾完那个烂摊子。二是由于没钱，乔布斯他们以赊账的方式购买各种零部件来组装电脑，用销售后获得的现金来还账，韦恩害怕承担赔钱的风险。

虽然电脑设计出来了，但如何推广呢？乔布斯想到了家酿计算机俱乐部。他们在俱乐部的一次活动中演示了 Apple Ⅰ 的原型机，并着重介绍键盘部分。乔布斯热情的介绍最终引起了一个名叫保罗的人的注意，他约乔布斯第二天到他的店里面谈。第二天一早，乔布斯就兴冲冲地赶到了保罗的店里。经过一番愉快的交谈后，保罗同意订购 50 台电脑，货到付款，但必须一个月交货。

当乔布斯打电话将此事告诉沃兹尼亚克时，沃兹尼亚克完全被这个突如其来的好消息震住了："那一天那一刻我永远都不会忘记。"

但是，乔布斯没有足够的钱购买 50 台计算机所必需的组件，他必须四处寻找资金支持。银行不同意给他们放贷，几家大型的电子零件商也拒绝了他们用股权换零件的提议。最终，乔布斯向在家园中学一起搞恶作剧的朋友借了一部分钱，又说服克拉默电子公司预支价值两万美元的零件给他们，账期是一个月。

逐梦小语

世界上最重要的三个苹果

由于乔布斯在创业时特别喜爱苹果，经常以苹果充饥，同时也经常在农场帮忙培育和采摘苹果，因此他决定将公司冠以"苹果电脑公司"的名字（后改为苹果公司）。尽管当时将苹果和电脑连在一起的方法显得有些不寻常，但正是这种反主流文化的风格，使其知名度一路飞涨。自夏娃偷吃的苹果和砸醒牛顿的苹果之后，史上最重要的第三个苹果源自乔布斯的食物与工作。

创业成功的基石——专注

很多创业者，包括一些海归创业人员，在创业时都给自己留了很多后路。虽然准备周全无可非议，但创业人员如果没有一心往前冲的勇气，在遇到困难和挫折时就往往会不自觉地退缩。乔布斯眼光长远，利用惠普对计算机行业的忽视，以及韦恩的出色口才，成功劝服沃兹尼亚克不留退路、全心投入苹果公司的事业中。他们这种对事业的专注和执着，是创业成功的必备条件。

苹果的又一个贵人

但凡成功者，在关键时刻都离不开贵人相助。尤其是创业公司的第一单生意。对于新型科技产品，在对消费者的需求不确定的时候给出第一张订单，也非一般人所能为。保罗，这个电脑连锁店的老板就是敢于第一个吃"苹果"的贵人。在创业中，第一张订单往往决定了企业的成败和发展方向，而首先你要有"苹果"——创新产品。

敢为天下先

当很多人安于现状的时候，真彩文具的董事长，这个潮汕人却开始"折腾"了。1991年，真彩文具的董事长放弃已有优秀业绩的外贸工作下海创业，专注于文具的研发、制造、销售。

创业之初，董事长考察国内外文具市场时，发现一家日本企业研制出的啫喱笔兼具水笔的流畅、圆珠笔的方便，还不漏墨、笔迹保存时间长。他察觉到这种笔蕴含巨大的商机，所以果断决定从日本引进笔的生产技术。然而，这种笔看似简单，但对技术和设备的要求却很高，中国当时还造不出来。出于对技术的执着，董事长开始研究笔的制作工艺。

1994年，经过前期的准备，董事长在广东汕尾开了一家笔厂，将所有进口的零部件一知半解地组合到一起，并给自己的产品起了个新的名字——中性笔。本以为可以一炮打响，但是初期的市场反应远没有预想中那么乐观——第一批产品因为墨水干涸写不出字，遭遇了全额退货。董事长并没有放弃，凭借敏锐的市场嗅觉，他认定项目没有错、市场也依旧广阔、缺的只是成熟的技术。

董事长开始四处拜师学艺，不断拜访专家。通过不断的学习，他对中性笔有了越来越多的了解。他明白：要做出一支好的中性笔，并不是简单地将各个进口零部件组合起来就行，还需要解决很多技术及环境匹配问题。

经过反复试验，到了1996年，董事长终于初步掌握了笔头、墨水、工艺的最佳匹配技术，研发出集多项关键技术于一身的拳头产品——真彩009中性笔。这在制笔行业是一件石破天惊的事情。"真彩009"也凭借优异的书写体验备受青睐，渐渐成为大家用得最多的一款中性笔。自此，真彩的中性笔在国内落地开花，质量一直遥遥领先于国内同行。

孵化奇迹的车库

30天、50台电脑，时间紧迫、任务繁重，乔布斯曾尝试请一家专业的电子公司与他们一起组装电脑，但对方拒绝赊账合作。没办法，乔布斯他们只能自己来干。他们将所有懂计算机的朋友请到车库，夜以继日地忙碌起来。甚至乔布斯怀孕的妹妹帕蒂，以及他的养父保罗·乔布斯也都放下了手头的活儿参与进来。乔布斯和沃兹尼亚克白天要上班，只能晚上回来整夜加班。

一个月很快过去了，到了交货的时候，保罗对这些电脑不太满意。他对乔布斯说，我订购的是完整的功能型的电脑，但看看你这些产品，它们既没有键盘，也没有电源，连个外壳都没有！即便如此，保罗还是收了货，并当场付了款。事后，他让人为这50台电脑配上机箱、显示器、键盘等，最终出现在商店里的电脑已经具备了现在台式机的主要部件。

当这些新奇的东西呈现在顾客面前时，人们十分好奇，在店员的详细讲解下，这 50 台电脑被抢购一空。Apple Ⅰ 的销售使乔布斯和沃兹尼亚克解决了温饱问题，随着电脑的热销，苹果公司广为人知。

乔布斯用多余的零件又组装了 50 台电脑，试图将它们卖给硅谷里其他新兴的电脑商店。本来沃兹尼亚克打算以成本价出售，但乔布斯却将其定为高于成本价的三倍。事实证明，乔布斯对了，这次又让乔布斯小赚一笔。

1976 年，在新泽西州的大西洋城举行的第一届年度个人电脑节上出现了不少新型的计算机。李·费尔森施泰对 Apple Ⅰ 的评价是"长相平庸"，加上他使用的高深商业术语，让沃兹尼亚克觉得自己好像已经落伍了。可是，这恰恰激发了他努力推出 Apple Ⅰ 的替代品的动力。

而乔布斯通过这次展会意识到必须提升苹果电脑的形象，他预测计算机将是一块很大的市场，竞争也会日益激烈。原来他们的电脑仅仅面向电脑爱好者，现在他们必须研制出完美的电脑以满足越来越多计算机用户的需求。因此，要想使他们的电脑在业内脱颖而出，就必须做出更多的改变。

苹果公司富有传奇色彩的冒险之旅即将拉开帷幕……

逐梦小语

坚强后盾

对于创业公司来说，第一张订单的获得和完成是企业从理想变为现实的里程碑。在此之前，最大的问题往往是资金和人才。这时，亲朋好友是你无私的坚强后盾。即使伟大如乔布斯，在完成第一张订单时也求助了至爱亲朋。因此，哪怕在天使投资满天飞的今天，草创时期的困难依然需要创始人自己解决。所以，平时注意挖掘、留意周边的资源也是创业者的必修课。

商业头脑

企业要想生存，就要做好最基本的管理——人、财、物和产、供、销的管理。人、财、物解决生的问题，产、供、销解决存的问题。在乔布斯运作第一单生意的过程中，可以看到企业家最基本的原始特质：想尽办法赚钱——争取更多订单（增加总收入），提高价格（提升利润率），买性价比更高的零件（降低采购成本）和获得零件账期（融资）。

商业机会

无论何时何地，满足消费者的需求都是企业发展的动力。但消费者的需求既有已知的日常需求，又有未知的潜在需求。前者是对于日常使用司空见惯的产品的需求，是对产品质量数量和性价比的需求，需要企业家去改善；后者则是全新的需求，需要企业家通过创新的手段去创造和引导。这种以挖掘并满足潜在要求为方向的创新，用通俗的话总结，就是能让消费者更懒、更爽、更自豪的产品和服务。苹果公司所做的正是如此。

自信

作为企业的灵魂，始创者必须有坚定的信心。企业的发展从来都是波浪式的，面对各种各样的挑战和困难，不可能一帆风顺。在遇到困惑时，作为始创者不但自己要有信心，还要给伙伴树立信心。同时也要实实在在地面对现实、积极寻找自身的竞争优势、不断改善自己的不足以满足消费者的多样化需求。

概念的吸收消化

每个人的知识储备、知识背景、兴奋点不同，利益关注点不同，在不同时段对问题的认识也不尽相同。这是人们交往时的一种正常现象，但这不应该成为双方交流的障碍，反而是头脑风暴的一个机会。在某种情况下，这样的交流会产生如梦初醒的效果。就像乔布斯对个人电脑整体化的概念一样，在保罗提出整体化概念之后，乔布斯不也有一个消化吸收的过程吗？

国企的第一个"一厂两制"小白鼠

前面提到，朱献文大学毕业后即参与了全套引进的铝合金型材生产线的建设，并利用工厂还没全面生产的空隙时间，响应政府的号召，在当时热火朝天建设铝合金型材生产厂的佛山南海做起了"星期六工程师"，他在技术上、商业意识及胆识上比同期同学都超前了一点，因此有了"揭标"的故事。

与以往由工厂出资进行技术改造的方案不同，朱献文提出的方案实际上是内部创业的方案：朱献文自筹资金10万元（当时的月工资约200元），工厂提供厂房，并同意他们在保证满足本厂的供应外，可自行向社会提供加工服务。而为本厂提供的加工服务，不仅参照了以往在外委托加工的合同条件，在质量上也提出了更为严格的要求。

在 1988 年 10 月签完合同后，朱献文就投身自己设计、组织加工零部件和安装调试的进程中。1989 年春节前，他完成了设备调试，并在春节后开始正式生产，国企的第一个"一厂两制""小白鼠"由此诞生。在当时"国企改革"尚未成为广泛讨论的话题时，朱献文就成了"第一个吃螃蟹的人"，所生产的铝合金铸棒在当年也荣获了"广东省优质产品"称号。

由于这个"小白鼠"为母厂提供了质量稳定、交货及时的半成品，所以在第二任厂长调来后又续签了 5 年合同，直到母厂被兼并停产才结束了两期一共 10 年的承包期。

第二章
CHAPTER2

生存，
那些年苹果也曾"山寨"过

真正的机器

1976年那场个人电脑节让乔布斯明白了这样一个道理：潜在的大众消费者对即插即用型电脑的需求远超电子爱好者，可能高出千倍。沃兹尼亚克开始针对大众消费者研发更高级的计算机。他们把在Apple Ⅰ基础上改进的计算机称为Apple Ⅱ。

沃兹尼亚克和乔布斯都对Apple Ⅱ抱以很高的期望，沃兹尼亚克想让它有色彩、声音和清晰的图像。乔布斯认为需要一个造型精致美观、结实牢固的塑料箱子来装电脑，还应有一个不会让电脑过热的供电装置，等等。

最开始的徽标是韦恩设计的，大致的样子为：中间是牛顿坐在苹果树下读书的一个图案；上下有飘带缠绕，写着Apple Computer Co.字样（当时还没有上市，所以用Co.而不是现在的Inc.）。

牛顿徽标使用的时间不长，当沃兹尼亚克专心研制Apple Ⅱ时，乔布斯雇了一名设计师来设计新商标，他希望新商标简单、易记忆和传播。最后他们确定使用了彩虹色、有一个缺口的苹果图像。后来，乔布斯找到《花花公子》杂志为Apple Ⅱ做广告。

一天夜里，乔布斯和沃兹尼亚克偷偷地来到一家酒店的会议室内，准备演示Apple Ⅱ。他们之所以这么隐秘，是因为新制造出来的电脑属于商业秘密，绝不能让竞争对手知道。

逐梦小语

鸡与鸡蛋

沃兹尼亚克的技术天赋和乔布斯的商业天赋的完美结合成就了苹果。但不同立场的人对事业有不同的解读，就如先有鸡还是先有鸡蛋一样，一旦分析扩大就会造成严重后果。多少个创始团队在功成名就之后，为功名争个你死我活，结果两败俱伤。人们"共苦容易，同甘难"的本性，从侧面强调了尽早制定合理规则的重要性。

人才

乔布斯的另一过人之处常常被人忽视,那便是对人才的渴求。从机箱设计、电源设计到广告设计,他都舍得用大价钱去请最好的人完成。很多时候,决策者们在主观上强调人才的重要,但行动中却选择了成本较低的方案。这一方面是眼光问题,另一方面也与决策者们对知识、技术,尤其是软技术的认知有很大关系。

真正的完美

"追求完美意味着即便是别人看不到的地方,对其工艺也必须尽心尽力。"乔布斯父亲的一句话影响了乔布斯的一生。我们在很多公司也看到过"追求完美"的标语口号,但又有多少能坚持"即便是别人看不到的地方,对其工艺也必须尽心尽力"呢?实际上,能走得远、走得好的公司,就是能做得好的公司。记住,实功的关键在于对完美的坚持和不懈追求!

苹果之母

1976年,乔布斯希望生产整套的Apple II,但需要20万美元的资金。那时许多硅谷公司的老板都被头发胡子拉碴、穿着破烂的乔布斯骚扰着,不是接到电话就是被他堵在办公室里。乔布斯想将部分股权出售给大公司,但遭到了雅达利、康懋达等电脑公司的拒绝,直到他找到著名的风险投资家唐·瓦伦丁,事情才有了转机。瓦伦丁看到乔布斯衣衫不整的样子也很不喜欢,但作为硅谷的顶尖投资者,他敏锐地看到了苹果未来发展的潜质。瓦伦丁要乔布斯找一个真正的营销专家,然后才同意为他投资。乔布斯找到了营销专家迈克·马库拉。

马库拉当时34岁,在英特尔公司赚了大钱后便提前退休。马库拉同意加盟苹果公司,但他要求技术天才沃兹尼亚克必须在苹果公司进行全职工作。可是沃兹尼亚克不想放弃惠普的工作,他认为利用业余时间研制Apple II也许更适合自己。在乔布斯的死缠烂打下,沃兹尼亚克最终同意辞去惠普的工作一起创业。

1976年8月，马库拉个人给苹果公司投资9.1万美元，外加由他担保从银行得到的25万美元贷款。此外，马库拉还撰写了一份非常全面的苹果电脑研制生产计划书。他们带着这份计划书到风险资本家那里游说，又吸引了60多万美元的投资。

1977年1月3日，新的股份公司——苹果电脑有限公司正式成立了，史蒂夫·乔布斯、史蒂夫·沃兹尼亚克及马库拉各占30%的股权，工程师罗德·霍尔特占10%的股权。

逐梦小语

眼光

俗语讲："瘦田无人耕，耕开有人争。"一块不毛之地，谁都看不上，一旦有人在此地上有了收获，就会引来无数的抢耕者。在日常生活中拔得头筹的往往也是那些无惧风险且独具慧眼的人。

那些缺乏机缘和眼光的人对自己身边出现的机会大多视而不见，以致错失良机。对于布什内尔而言，错失拥有三分之一苹果股份的机会，只能用欲哭无泪来形容了。

能者为师

乔布斯对自己的优劣势其实很清楚，他还善于采纳别人的意见，并做出最有利于公司的决策。当别人提醒他公司需要一个真正的营销专家时，他就马上请了最好的人来合作。这说明乔布斯在处理认识三阶段"已知—已知的未知—未知的未知"的高超技巧。他能够理性地将未知的未知转化为已知的未知后，用一切资源去把已知的未知解决为已知。而不像我们某些企业家那样，从心里排斥未知的未知，抗拒接收外来信息，结果不能与时俱进。

高手之高

人们对事物的认识基于自己的知识积累和所处环境。在某些特定阶段的某个领域要有相关的高手协助，才能突破自身，实现发展。高手之高在于他们知道如何引领他人在某一领域实现显著的进步或提升，这是他们的价值所在。

有志者，事竟成

马库拉用自己的经验和眼光，为苹果画了一个冲进世界500强的蓝图，并一步步将其实现。想起多年前，三一重工的梁稳根也发出了冲击世界500强的口号，相信当时苹果的员工和我们听到梁稳根的决心一样，觉得他们是痴人说梦。但"有志者，事竟成"不是梦话，而是无数事实验证的真理，也是创业者坚持梦想的精神支柱。

冒险者

与雅达利公司的老板诺兰·布什内尔不一样，马库拉是一个有眼光的企业家。他从众多的投资机会中一眼识别出乔布斯和沃兹尼亚克，更识别出 Apple Ⅱ 的前景；连乔布斯都怀疑"他可能再也见不到自己的钱了"，马库拉却依然给予公司巨额贷款。企业家的冒险精神当然使他获得了丰厚回报。

全心全力

我们时常看到一些新闻，说国外一些创业团队的成员为了保险起见，脚踏两只船，既想在机会无限的国内分一杯羹，又不愿放弃国外优厚的工作。这种太多后路的创业模式是鲜有成功的。只有抱定专心专注、全心全力、置之死地而后生的决心，才有可能在创业的道路上披荆斩棘、勇往直前。马库拉非常明白这个道理，所以坚持让沃兹尼亚克全身心投入苹果之中。

营销哲学

苹果的初始营销哲学——"共鸣、专注、灌输"，在公司成立后的短短 7 年时间里，就指导苹果这个名不见经传的新公司跻身世界 500 强，并继续引领着公司走过了辉煌的 16 年历程。可见理念在企业发展中的重要作用。对大多数创业者而言，埋头苦干是他们的优势；而到一定的发展阶段之后，就需要虚实结合才能使事业快马加鞭。此时，经营理念、战略思想就越来越重要了。

书写中国的文具品牌

从简单拼凑零件的失败到掌握笔头、墨水、工艺最佳匹配后 009 中性笔的成功，再到真彩品牌的遍地开花，"一个企业没有自己的品牌，等于一个人没有灵魂。"董事长的话依然振聋发聩。他执掌下的真彩文具，要做的已经不仅仅是一支笔，而是要打造中国人自己的文具品牌，以此将"中国制造"的精神发扬光大。

2005 年 12 月，在被称为文化用品界"奥运会"的德国法兰克福 Paperworld 国际文化用品展上，在董事长带领下，朱献文经过与主办方的艰苦谈判，"真彩"品牌作为中国文具行业的唯一代表，第一次踏进了号称世界文具巨头的"VIP俱乐部"的欧洲品牌馆。这是中国文具行业一个历史性的里程碑。

经过30多年的发展，真彩文具已经在我们生活中处处可见。真彩文具研发的考试系列产品"金榜状元红"依靠专业品质陪伴我们多年。2015年"真彩魔力擦"和"真彩滑芯"的出现，也破解了中国造不出圆珠笔笔头的尴尬局面。

国际化是很多中国企业的梦想，董事长的国际化策略的特色在于坚持两条腿走路的方针：一方面与国际文具巨头合作；另一方面坚持自主品牌，打造中国人的文具名牌。

真彩文具不仅在国内市场拥有极高的占有率，还远销美国、韩国等多个国家和地区，是美国、法国、德国著名的连锁店沃尔玛、欧尚等的文具主供应商，在东南亚的一些国家，"真彩TrueColor"品牌已经成为与国际文具名牌并驾齐驱的优质文具代表。在国际上，"真彩"品牌已经逐渐打响，成为代表中国笔业的一个国际知名品牌。

苹果的吹鼓手

1977年4月，经过半年多的努力，乔布斯和沃兹尼亚克参加了在美国西海岸举行的计算机展览会。在共有13000人参加的展会上，三台刚组装完的Apple Ⅱ吸引了所有人的眼球。这是一台有色彩、图像清晰，还能播放声音的电脑。把机箱打开时，人们发现其主板是由62块芯片组成的电路板和集成电路。人们还是第一次看到这么美观大方、专业的个人电脑。

此次参展，乔布斯也一改往日的邋遢相，而是穿戴整洁。他不断地向好奇的人们讲解Apple Ⅱ。虽然Apple Ⅱ的价格高达1298美元，但订单还是如雪片一样纷纷而至。Apple Ⅱ一跃成为市场翘楚。据统计，Apple Ⅱ从1977至1979年，每月的销售量飞速递增，从几百台到几千台再到一万台。到了1983年，Apple Ⅱ成为计算机史上首部销量超过100万台的电脑。

逐梦小语

大猎头

与其说乔布斯是个伟大的企业家、创业英雄,还不如说他是个擅长组建并领导优秀团队的商业领袖。为了创业,他成功说服了沃兹尼亚克拉加入,还奖励10%的股权给帮他游说的韦恩;他吸引了营销专家马库拉出钱出力;在新公司刚成立时,他又将公关大师里吉斯·麦肯纳招至麾下,不但给世人制造了一个价值连城的缺口苹果,还留下了流芳科技界的名言:至繁归于至简。在科技日新月异的现代社会,打造一个性格互补、知识互补、技能互补的团队是创业成功并发展成为大业的关键。

理念创新

自从 Apple Ⅱ 的宣传册登场以来,"至繁归于至简"便成了苹果公司的核心价值观。科技创新的动力,就是让人更方便、更自由,让机器更简单、更漂亮。设计制造方的工作可以很复杂,但对于消费者而言,越简单就越受欢迎。所以,对于产品本身而言,简单化、标准化、规范化应该是做强做大的前提。

"灌输"

产品横空出世,靠什么来吸引眼球,靠什么来让消费者知道这是好东西呢?即使在21世纪的今天,懂营销知识的人恐怕不少,但真正做得好的又有几个呢?苹果的营销哲学——"共鸣、专注、灌输",便是从满足消费者入手,将自己产品最好的一面用最好的方法告诉消费者,从而实现整合营销。苹果在1977年4月首届西海岸电脑展览会上发布 Apple Ⅱ 的案例,至今还值得我们借鉴。

个人形象

就算是20世纪70年代初嬉皮士盛行的时代,个人形象也是应该重视的。虽然乔布斯用自己的聪明和激情赢得了大家的尊重,但他不拘小节、不修边幅、不注重个人卫生和脾气怪异等特点也带给他很多负面影响。不过当今社会,大部分人都懂得个人形象的重要性了。

真彩品牌的吹鼓手

1999年10月,从暨南大学 MBA 毕业的朱献文应邀来到真彩文具。他很快发现公司当时仍处于产品力的初级阶段，主要依靠董事长建立的国外零部件供应商渠道批发销售，依靠当时质量优良和技术稍为领先的产品，在市场上处于领先地位。朱献文建议开始进行品牌推广工作，董事长也深有同感，只是当时的销售额还不到一亿元（在制笔行业已位于前列），不仅实力不足，而且无从下手。朱献文对公司产品的销售情况进行了研究，发现公司从韩国进口的新型美术用品——油画棒（蜡笔的升级产品）的销售在缓慢地增长中。考虑到公司以书写工具类文具为主打，消费群涵盖幼儿、小学生、中学生、大学生和办公人员，如果以油画棒为抓手策划一次画画比赛，则可能是一个很好的切入点。

当朱献文和董事长还没为找到了一个可能的切入点而高兴时，就又为找不到合适的操盘人而发愁了，无巧不成书！一位五十多岁的人来公司找工作，他居然是广州原某蜡笔厂厂长。虽然工厂倒闭了，但他懂技术和销售，且做过几个幼儿园的蜡笔画画比赛。听到他做自我介绍时，朱献文和董事长对视了一下，会心一笑，"得来全不费功夫呀！"当场表示欢迎他加盟，并立即通知办公室再给他招一个助手，同时启动油画棒绘画比赛策划工作。

朱献文觉得，跟幼儿园合作虽然是一个好的开端，但活动的影响力还是太小了。于是，通过朋友介绍，朱献文跟省教育厅美术教研室的美术教研员取得联系，争取与他们的合作。教研员们对企业赞助学校美术教育的做法非常赞赏，于是一拍即合，共同开展了广东省第一届"真彩杯"中小学油画棒大赛。

得益于广东是改革开放的前沿，广东的干部颇具开拓精神，在摸着石头过河的时代，各种条条框框较少，给予了"喝头汤"的企业很大的机会。

在设计比赛方案时，朱献文把比赛与销售捆绑在一起，让参赛选手购买指定的"真彩牌"油画棒，然后由大赛组委会按照幼儿组和中小学组不同年级设置奖项。组委会主任由省教育厅美术教研员担任，委员由全省二十五个地级市教育局的美术教研员组成，大赛办公室设在教育厅美术教研室，秘书由真彩文具新招的文员王琴担任。组委会主任把各市学校参加比赛的组织工作又下达给了地级市教育局的美术教研员，由他们去发动学校的美术教师组织学生参加。由于这项大赛是省教育厅组织的官方比赛，虽然购买油画棒的要求可能会限制一些有兴趣参赛的学生，但最终全省有超过30万人参加，意味着带动了30多万盒油画棒的销售，比上年整年的销售量还多。

这次比赛使真彩文具名利双收。真彩文具不但借此进行了品牌推广，创造了大笔收益，更重要的是还培养了人才。上面提到，大赛秘书由真彩文具新招的文员王琴担任，王琴在省美术教研员的指导下，负责跟进各市美术教研员对学校的比赛组织工作。在还没有快递的时代，王琴一接到需要送油画棒到学校的通知，就提着货，搭坐长途汽车、公共汽车再走路送到学校。刚开始，她还有老同志带着，后来为提高效率，他们就兵分两路、分工合作，最后取得了远远超出公司预期的好业绩。

经此一役，王琴在工作能力、毅力和交际能力方面都得到了很大的提高，比赛后，她直接在新组建的市场部做品牌推广经理，在全国各地推广这种比赛模式，为打造真彩品牌立下了汗马功劳，而这种比赛式的品牌推广活动，至今还是整个文具行业的推广标配。

约束乔布斯的缰绳

苹果公司已步入正轨，它已从乔布斯的车库搬进了库比蒂诺史蒂文斯溪大道上的办公室。

但乔布斯依旧喜形于色，同时越来越蛮不讲理，说话也越来越尖酸刻薄。他还像原来那样不修边幅，让同事们很难接受。开会时乔布斯把穿着凉鞋的臭脚搁在桌子上，大家都敢怒不敢言。这时，马库拉已是苹果公司的董事长，他任命管理经验丰富的美国国家半导体公司行政主管迈克·斯科特来担任总裁。乔布斯刚开始觉得自己失去了控制权，对这个决定很抵触，最后还是无奈地接受了。

管理乔布斯是迈克·斯科特的主要职责之一。他通常在散步的时候提醒乔布斯该洗澡了，但喜欢控制别人而不喜欢被别人控制的乔布斯置若罔闻，结果他的个人卫生依旧是个问题。

在为员工发放带有编号的身份徽章时，斯科特把 1 号发给了沃兹尼亚克，因为几乎所有人都把 Apple II 的成功归于沃兹尼亚克的设计天赋，他们称沃兹尼亚克为 Apple II 之父。斯科特把 2 号发给了乔布斯，乔布斯因此勃然大怒，甚至抱头痛哭，但斯科特丝毫不为其所动。

后来，斯科特突然想到，电脑世界是由"0"和"1"组成的，"0"也至关重要，他建议乔布斯为"0"号，乔布斯同意了。但在苹果公司的花名册上，乔布斯仍是"2"号，因为当时的技术系统不允许使用编号0。

乔布斯觉得斯科特"轻视"自己，因而处处与之针锋相对，他们二人的争吵从进入苹果第一天就没有停止过。甚至在一些琐事上二人也互不相让。

逐梦小语

从乔布斯被管说起

众所周知，创始者，尤其是主创人，无疑是企业的国王与灵魂。但苹果却请一个总裁来管创始者。第一张订单是乔布斯发动亲朋好友完成的，亲友中后来也有成为苹果公司全职员工的，但苹果没成为家族企业，而是网罗了各种最杰出的人才，苹果也最终成为一个伟大的公司，这值得我们借鉴。

民主的威力

马库拉以专业的管理理念评价乔布斯，针对他的弱点请经验丰富的斯科特来管理和约束他，使乔布斯过度的完美主义得到现实主义的平衡，也使得公司可以高效地运转。民主精神使双方的妥协成为可能，保证了高效管理和公司成长。民主能通过妥协使决策过程科学化，使决策结果最优化。事实人人皆知，只是当自己成为决策者时还能做到多少呢？

个人修养

乔布斯的激情和聪明使他在创业初期受到敬重，并得到同事的容忍。但容忍是有限度的。对于初识者，个人修养是社交门槛。斯科特深谙此理，所以才试图将乔布斯改造成适应主流的"正常人"。我们知道，修养是一个人待人处世的一种态度，是知识、能力、个性经过大脑思维处理后的最终外在体现，也反映出一个人的涵养和水平。

"正心、修身、齐家、治国、平天下。"修身养性是古代圣贤安身立命之根本。它是古人对自己人生指定的方向和要求，也是一种宏大的美好愿望和追求。只有修养好自身品性，才能治理好家庭；家庭治理好了，才能治理好国家；国家治理好了，天下才会太平。修身的过程就是让学到的文化、知识发挥作用，使自己个性上的缺点、影响自己处世的弱点逐渐被文化修改或吞噬，从而使自己的内心变得强大、睿智、超然、淡定、从容。否则，即使强如乔布斯者，也是要付出代价的。

前进的动力

虽然沃兹尼亚克的 Apple Ⅱ 使苹果公司初战告捷，但乔布斯的个性注定他不可能满足于此。况且经济实力的提升更给予他实现自我价值的条件。梦想是前进的动力，在解决了温饱问题之后，对梦想和自我实现的追求激励着乔布斯不断前进。

企业家的性格弱点

2001 年，真彩文具的总经理招了一个营销技巧很成熟，在日化行业工作过的年轻业务员任销售经理。在公司经过几年磨炼，销售经理对文具行业有了一定的了解，并逐渐发挥着重要作用。2005 年，他对渠道的销售情况进行了摸查之后，为了解决营销费用的缺口，经公司同意后商品全部提价 5%，并即时实施。

董事长在走访武汉市场时，当地的省级代理为了自己的利益，向董事长抱怨新的销售政策会导致销售量的大幅下降，会影响真彩的市场占有率。董事长马上打电话叫正在广东东莞出差的销售经理立即飞往武汉，现场讨论省代提出的问题。

销售经理当晚抵达武汉后，董事长随即连夜召开会议。由于白天被省级代理谎报军情忽悠了一天，董事长情绪有点失控，便当着省代的面不分青红皂白地批评了销售经理及在场的其他员工。销售经理对董事长的激烈表现既惊讶又心灰意冷，所以一直沉默无语，但在心中已做了一个决定：回广州后马上提交辞呈。等董事长训完话后，经理马上请省代把他自新政策实施 3 个月以来的销售数据调出来，并把真彩市场部给省代发的宣传物料的明细列出来，看看实际情况到底如何。结果是提价后销售业绩略有增加，且省代收到了很多宣传物料并已分发到下级批发市场，省代不好意思地收回了之前董事长训斥真彩销售经理时得意的神情。董事长又致电西南、华北大区经理，证实新政策的实施并没有影响销售业绩，同时真彩的品牌宣传力度还加大了，董事长的心情平复了，这时已深夜三点多了。

万幸的是，董事长已明白了省代出于自身的利益信口开河误导了自己，从而错怪了销售经理及其他员工。散会后，董事长请销售经理到他房间去坐一坐。恢复了冷静的董事长对销售经理进行了有效的安抚，在肯定他工作的同时，鼓励他继续深入改革，带领销售团队取得更好的成绩。就这样，董事长化解了销售经理的去意，后来这位销售经理为真彩成为文具行业第一个销售过10亿的公司做出了很大贡献。

但董事长的性格弱点导致情绪偶然失控，在客户面前不能维护自己员工的利益和尊严，令中高层管理人员也和经销商代理商一样，对他产生了一种敬而远之的心理，这无形中给公司的人才管理留下了隐患。

停不了的快马

Apple Ⅱ的横空出世让苹果公司成了市场上无可匹敌的计算机公司。但乔布斯没有被成功冲昏头脑，他清楚Apple Ⅱ不可能长盛不衰，还会有更先进的计算机取而代之，因此要未雨绸缪，抓紧时间开发升级换代产品。到1979年的秋天，继Apple Ⅱ之后，苹果又重点研究并推出了Apple Ⅲ、Lisa（丽萨）和Annie。

乔布斯把希望寄托在内存更大、屏幕更宽的Apple Ⅲ上。Apple Ⅲ放弃了Apple Ⅱ成熟的体系架构，转而采用革命性的设计，赋予其Apple Ⅱ难以企及的强大功能。1980年5月19日，Apple Ⅲ在加州阿纳海姆举办的全国计算机大会上面世，使用6502A处理器，最大128KB内存。

遗憾的是，Apple Ⅲ是一款失败之作。在设计的过程中，工程师为其增加了许多部件，而乔布斯又一次一意孤行，不肯更改计算机外壳的尺寸。而且乔布斯坚持不在Apple Ⅲ中使用风扇散热，导致机箱内部温度过高，进而损坏电子元件，引发严重故障。即便苹果公司为其宣传造势花费不菲，但因制造水平跟不上设计理念、故障频发等问题，这款电脑上市后销量惨淡，给苹果公司造成了6000万美元的损失。1985年，Apple Ⅲ黯然退市。

乔布斯有些茫然无措，他急着想让自己的产品脱颖而出，而他以女儿Lisa命名的使用16位微处理器的高端机的一系列产品也没有带给他一个满意的结果。Lisa电脑于1983年面市，苹果未能充分考虑消费者的购买力，将其定价高达一万美元，令人咋舌。昂贵的价格让许多潜在的客户望而却步。1989年，苹果将数千台没有售出的Lisa电脑扔进了犹他州的垃圾堆里。

Annie的开发者是杰夫·拉斯金，他致力于做一台拥有图形界面的大众廉价电脑。Annie走的是平民路线，乔布斯想让其与家电一样廉价和实用，但结果却不尽如人意。

逐梦小语

对创新的执着

创新是乔布斯的生活方式。尤其是建立了苹果品牌之后，事业的成功让乔布斯如鱼得水。他不断招募各路精英，不断探究创新之路。乔布斯对科技的激情和坚韧不拔的个性，推动着苹果产品不断进步。乔布斯的创新道路，不仅展现了他对科技的无限激情，也证明了领导者对志同道合者的号召力是科技创新不可或缺的条件。

方向

杰夫·拉斯金的希望与乔布斯为苹果品牌选择的发展方向非常一致：致力于做一台拥有图形界面的大众廉价电脑。事实上，这奠定了苹果品牌走向辉煌的基础。要想成功首先应做好定位、找准目标、选好方向。当然，一切从实际出发是根本。其次，要做好面对困难的准备。最后，还要与时俱进，适时调整才能达到成功的彼岸。总之，只要方向没错，就要相信通过努力一定可以达到目标。

苹果的山寨对象

1970年，施乐公司在硅谷成立了帕洛奥图研究中心（PARC）。1979年秋天，施乐公司的PARC引起了苹果公司的关注。这个中心对外高度保密。那时电脑显示屏都是一些命令行和提示符，既不方便，也不美观。而施乐PARC正在研发一种用户图形界面。杰夫·拉斯金认为，这些特性是电脑产业的未来。于是，他催促乔布斯和苹果的其他同事去PARC考察一番。

乔布斯听说后很心动，他找到施乐公司并承诺他们，如果施乐将全部技术成果演示给苹果看,他们就被允许在苹果公司投资 100 万美元。这个条件相当诱人,因为苹果发展势头良好,即将上市。一旦上市,施乐公司必将收获不菲。(1 年后苹果上市,施乐用 100 万美元买的股票瞬间飙升至 1760 万美元,但苹果公司获益更多。)施乐公司答应了他们的要求。

乔布斯满载而归。当施乐公司展示全部成果时,乔布斯等人都惊呆了,尤其是看到了图形界面技术时,乔布斯恨不得钻进屏幕里看个究竟。乔布斯兴奋地想,一定要把施乐 PARC 的技术用到苹果电脑中去,因为他通过这场演示瞬间明确了自己的创新方向。

很明显,施乐没有认识到这些技术的价值所在,他们本来有机会把规模扩大 10 倍,独占整个行业。后来,乔布斯从施乐挖走了 15 个专家,两年之内就开发出了运用同样技术的 Lisa 和 Macintosh(麦金塔)电脑。

逐梦小语

天外有天

在乔布斯的创新道路陷入迷雾之中时,杰夫·拉斯金给乔布斯提供了重要线索——施乐公司的帕洛奥图研究中心(PARC)。出于对技术的敏感,乔布斯花"大价钱"买来了考察机会。

乔布斯明白"天外有天"的道理。人的眼界受客观条件的限制,不可能凡事都看得长远,所以必须不断扩大自己的认识领域。因此,走出去有时比请进来更重要,这需要企业家对认知三境界有清楚的认识:已知的事物—已知的未知—未知的未知。能敞开胸怀,才能容纳百川。

保密

在充满竞争的商业世界,间谍和反间谍的战争无时不在,公司的信息管理已成为很多企业的重点工作。通常情况下,对外部门的员工相对保密意识要强些,但重要的核心部门——研发机构通常是信息管理的难点和弱点。工程师们往往专注于技术研发,在有机会展示成果时容易忽略保密的重要性。对保密工作,企业家要防患于未然。

盲点

其实,施乐掌握的技术除了有惊人的图形界面和位图显示概念外,也包括电脑之间如何实现联网，以及面向对象编程是如何工作的。但乔布斯和他的团队只关注了前者，也许那是他们当时想要的东西。从另一方面来看，这也说明网络应用是乔布斯当时的盲点。企业能站多高，能走多远，往往取决于领导人站得有多高，看得有多远。企业家不断地参加各种形式的学习，是开阔视野的最好方法。

乔布斯的"山寨哲学"

在 IT 行业，苹果一直饱受非议。尽管它并非所有技术的原创者，但苹果成功地将许多革命性的产品，如图形用户界面、鼠标等最早推向市场。面对诸多质疑，乔布斯有句名言是这样说的："好的艺术家模仿，伟大的艺术家偷窃。"图形界面和位图显示最早是由施乐公司帕洛奥图研究中心提出来的，苹果公司在参观完施乐公司的演示后，一干人激动不已。不过，乔布斯看出了施乐的产品还存在很多不足。比如三键鼠标，其成本居然高达 300 美元，不但移动时平滑度不够，而且用不了两个礼拜就坏了。乔布斯找到一家工业设计公司的创始人迪安·霍维，让他帮助设计一种简单的、只有一个按键的、造价只要 15 美元的鼠标，且可以在塑料面板上正常使用。经过上百个鼠标原型设计后，最终苹果采用一键模式的鼠标代替了当时施乐公司的三键设计。

乔布斯在窗口、文件以及屏幕顶端的标题栏上也花费了很多心力。苹果 Mac 机创始小组成员比尔·阿特金森实现了重叠窗口，这一功能让窗口互相重叠，这样用户就不用最小化一个窗口之后才能查看另外一个重叠的窗口。

乔布斯一心想把从施乐公司那里"盗"来的技术进行包装整合，因此不断给团队施压，甚至对他们大嚷大叫和进行羞辱，约翰·库奇和丽萨（Lisa）团队中的一些工程师因此抱怨连连。像库奇这样来自惠普的人有着传统的思想，他们的目标是企业市场，而乔布斯则想要制造出适合大多数人的电脑。

借着公司改组的机会，斯科特和马库拉秘密策划了公司的重组。斯科特宣布乔布斯被任命为董事会的非执行主席，依然代表公司的形象，这意味着乔布斯失去了手中的实权。

造梦者
——打破常规的中外创业传奇

逐梦小语

创造性模仿

在乔布斯面临难以突破的困境时,继雅达利、惠普之后的第三家"伟大"的公司出现了——施乐。它以100万美元投资苹果公司的代价,将其研究成果全部展示在乔布斯和其团队眼前,为苹果打开一扇通往伟大的门。乔布斯不愧是擅于把技术和商业整合起来的高手,他在施乐技术的基础上创造出了性价比更高的电脑。所以,创新并不神秘,就是创造性的模仿。

心动不如行动

施乐有强有力的研发团队,也有雄厚的经济实力,但缺乏使科研成果商业化的能力。首先,大公司官僚机构的决策流程复杂,对新事物的推进阻碍重重;其次,决策者的兴奋点未必与众多的开发者同步;最后,就算是个人,很多时候都是思想多于行动。对中小企业而言,在大企业统治的领域中发挥自己"快、准、狠"的优势,在窄缝中生存,在创新中立足,在竞争中壮大,就有机会成为黑马,脱颖而出。

技术与商业

在日常研发工作中,设计师、工程师都能提出很多创意。但作为管理者要时刻记住:科技人员大多是理想主义者,他们可能会沉浸在自己的成果之中,对客户需求、可制造性、成本等关注不够。我们不一定有乔布斯的敏锐,但我们有制造部门、工程部门、营销部门的专家,组织跨部门的头脑风暴是帮助技术和市场结合的有效方法。

一切皆有可能

自信是我们前进的基础。我们很多时候会看到或听到一些令人沮丧的现象,如一些人在面对新事物时,第一反应就是不可能、不可以。这一是出于不自信,二是出于过度的责任心,三是出于"多一事不如少一事"的心理。但无论出于何种原因,都是组织中的一种负能量。对于不愿尝试新事物的人,组织要通过培训教育激发团队对新事物的兴趣和探索欲。实在不行,还可以"不换脑袋就换人"。事实上,在我们的工作中几乎没什么是不可能的,只要坚持正确的方向,利用好各种资源,答案总比问题多。

被弃

斯科特和马库拉都为成熟的大公司服务过。他们希望苹果公司能在有秩序的轨道上运行,可乔布斯还没习惯规范的管理。他过多的跨级管理给公司的团队带来了分裂的危险,所以被撤销了实权。乔布斯再次感受到了被抛弃的痛苦。

任何人对公司的作用都有阶段性。在中国企业的惯例中,作为大股东的创始人是企业的灵魂,是企业文化的核心,基本不会轻易放弃控制权。于是,对经理人而言,在合适的地方和合适的时间发挥积极的作用便成了关键。

另外,作为主要创始人的乔布斯失去了控制权,虽然痛苦,却保住了团队。这也体现了西方民主在企业中发挥的作用。

真彩文具的"第一"

真彩文具公司的创始人,原本是大型文具进出口公司的业务经理,主要从事中国铅笔的出口业务。在与国外的交流中,他发现日本和韩国有一种类似圆珠笔但使用特殊墨水的笔,其墨水既非自来水笔的水性,也非圆珠笔的油性。这种笔书写流畅、携带方便、字迹不化水,董事长把它叫作中性笔,并作为第一人将中性笔引入中国市场试售,结果迅速获得了市场的热烈反响,产品供不应求。

1992年,真彩文具创始人决定建立组装厂,一边从日本进口中性笔继续培育市场,一边从韩国进口笔杆零部件和笔芯进行组装,业务因此飞速发展,不到三年时间,真彩文具就一跃成为书写工具类文具市场的佼佼者。

考虑到将来业务的发展需要,董事长参照国外的产品,创造性地设计了一款符合国人审美的笔形并命名为009中性笔,且在1994年申请了专利。朱献文运用在MBA学到的市场营销方法,把009这款笔做成了家喻户晓、同行争相仿冒的明星产品。尽管公司专门请了6个维权人员联合当地工商部门在全国打假,还是难以杜绝仿冒产品的出现。直至现在,这款笔已成为每个制笔公司的标配产品,是全国销量最多的一款笔,也算是真彩文具公司对行业的贡献之一。

第三章
CHAPTER3

成长，
不走寻常路

造梦者
——打破常规的中外创业传奇

飞跃的翅膀——Mac

杰夫·拉斯金是苹果公司 Mac 电脑概念的发明人和三位设计师之一，为"点击"和"拖拉"两个鼠标功能的问世做出了突出性的贡献。他于 1978 年进入苹果公司，成为公司第 31 号员工。他创造了点击和拖拉的鼠标选项，首次提出"简单图形界面和简洁设计的廉价电脑"这种改变世界的概念，是麦金塔的真正缔造者。1981 年，乔布斯夺走了 Mac 项目，让拉斯金管理软件的开发和发行，拉斯金不得不离开了 Mac 项目组。第二年乔布斯又剥夺了他管理软件设计的权力，只让他负责发行，忍无可忍的拉斯金愤然离开了公司。

回忆起那段往事时，拉斯金说："乔布斯凡事都想参与，我们都不喜欢他。"他认为乔布斯这人武断专横、缺乏诚信和责任感、不考虑别人的感受。

拉斯金虽然只在苹果工作了 4 年，但他开创性的技术革新，以及开发思想和设计理念被苹果产品持续沿用至今，Mac 在 1984 年面世时引起了巨大轰动，并一举改变了 PC（个人计算机）产业的历史。

离开苹果公司之后，杰夫·拉斯金创立了"Information Appliance"公司，依旧致力于软件开发。在他的技术支持下，佳能公司推出一款当时最"迷你"的手掌电脑——Cannon Cat。可惜功能单一而简陋的 Cannon Cat 最终未能引领市场、成为主流。

逐梦小语

99℃

杰夫·拉斯金无疑是个优秀的科学家，他首次提出"简单图形界面和简洁设计的廉价电脑"这种改变世界的概念。但中国有句老话："秀才造反，十年不成。"一些知识分子共同存在的缺乏激情和执行力的缺陷在他身上尤为明显，他的梦想总是像在 99℃的热水里一样无法沸腾。而具有高度科技鉴赏力和推动力的乔布斯总能在关键时刻毫不留情地出手。从结果导向来说，确实不得不服乔布斯的"冷酷"。

第三章
成长，不走寻常路

性价比

除了性格原因，拉斯金的失败更应归咎于缺乏市场洞察力和引导市场的信心。我们在产品的开发过程中常出现这类定位问题：是开发低廉的产品去占领市场，还是开发高端产品去打造品牌，这确实是难以决策的问题。但有一个基本原则可以供我们参考：尽最大的能力开发最优秀的产品，然后再根据不同的定位进行细分和优化，做出具有最高性价比的产品。

跟老板有效沟通

有时候老板固执地认为某件事情是对的，现在的企业发展快，老板有很多成功的经验是值得我们学习的，但有时候根据员工的经验，这个方法是行不通的。在跟老板的沟通过程中，我们应怎样让老板认同自己的观点呢？

有一些观点要推荐给老板的时候，要打持久战，在不同的场合说服他，且用老板喜欢听的语气说服他。互相信任需要花费长时间来建立，这就要求我们有足够的耐心，只要老板接受你的观点，那就是认可。

不择手段选人才

拉斯金离开苹果公司后，乔布斯说服安迪·赫茨菲尔德接管 Mac 项目，负责核心操作系统与用户界面工具箱的设计，以及许多原始的桌面附件程序。

同时，乔布斯还为 Mac 项目招兵买马。他选人的标准就是必须对产品充满激情。他把 Mac 样机蒙上一块白布，然后将应试者带来，当他揭开白布时，如果应试者发出"哇"的惊叹声，对方就有可能被录用。

乔布斯还挖走了施乐公司的一名程序员——布鲁斯·霍恩，他从十几岁开始就在施乐 PARC 打工。这天，乔布斯叫他到苹果公司，把麦金塔电脑小组的每个人一一介绍给布鲁斯。乔布斯还向布鲁斯进行了整整两天的演示，内容包括各种设计的绘图和市场销售计划等。乔布斯以其强大的人格魅力、澎湃的激情，最终将布鲁斯征服了，让他留在了苹果。

还有件事需要说一下。1980 年 7 月，沃兹尼亚克开始与苹果公司的员工克拉克谈恋爱，并于当年圣诞节正式订婚。沃兹尼亚克在研发 Apple II 上有些懈怠，在公司高层的施压下，他决定暂时离开公司。1981 年 2 月 7 日下午，沃兹尼亚克在试飞自己新买的飞机时不幸发生了事故，导致他面部严重受伤、中度脑震荡并暂时丢失记忆。他记不起事故发生的始末，也忘了自己曾经去过哪些地方，甚至不会玩游戏了。经过休养，沃兹尼亚克于 1982 年在苹果待了很短的一段时间之后，他再也没有回到苹果。

到 1981 年年初，Mac 团队增至 20 多人，已发展成一个成熟独立的部门。乔布斯把办公室迁到了一个名叫德士古塔的二层建筑上。丹尼尔·科特基尽管还因股票期权的事沮丧，但也被招来给样机连接电路。

1981 年，苹果公司过度扩张，已出现人员冗余的现象。同年 2 月，天空下着绵绵细雨，斯科特召开全体员工大会，突然宣布要解雇一些人，没有任何先兆。员工们原以为苹果的工作就是一个铁饭碗，现在却遭到了解雇，有的人心凉了，有的人惶恐不安，有的人不断地抱怨咒骂。一时间，公司陷入混乱中。

斯科特无情地解雇了一批员工，同时，也失去了大多数员工的支持。在公布解雇消息之前，斯科特曾跟乔布斯和马库拉商量过此事，也得到了他们的同意。但事发后，他们却竭力撇清自己，让人觉得这完全是斯科特一个人的主意。这件事令斯科特难以接受，加之他身患疾病，大多数人建议他辞职，由马库拉临时接替他任苹果公司总裁一职。

这对乔布斯来讲是好事。在他看来，斯科特是研发 Mac 项目的一个潜在的障碍，但马库拉则不会干预乔布斯的工作。因此，他可以不受约束地推进 Mac 项目了。

逐梦小语

人才饥渴症

乔布斯发现人才后，第一反应就是要把他招至麾下，其他公司的人就挖他来公司，其他部门的人就挖他来本部门。大部分人都会被他对事业的激情所感动，或者被他强大的个人魅力所吸引，这也是乔布斯成功的重要因素之一。自己有强烈的抱负，能吸引各路专才，组织团队去执行自己的策略，这才是企业家最重要的工作。

人才的阶段性作用

从拉斯金到斯科特的结局都说明一个事实,就是人才的作用是有阶段性的。正确、清醒地认识这个问题,对于企业家和经理人的愉快合作至关重要:一是可解决企业家怀疑经理人忠诚度的问题,只要经理人在合同范围内尽职尽责地完成任务,他就是忠诚的;二是可以解决经理人对企业家所谓"过河拆桥"的误解,只要企业家在合同范围内提供良好的工作条件和待遇,他就是有信用的企业家。就算是乔布斯没给丹尼尔·科特基股票期权,他也没违反商业伦理,只是丹尼尔·科特基"太天真了"。因此,双方"先小人,后君子",把责、权、利以合同形式规范起来是规避各种误会的基础。

我行我素

乔布斯有强大的"现实扭曲力场"。现实扭曲力场指的是一种能让任何人做任何事的能力。具体而言,就是乔布斯的谈判与说服能力很强。它也是乔布斯个人魅力的集中体现。虽然乔布斯脾气暴躁,难以相处,却依然能团结一群最优秀的人为他卖命。他不懂编程,却能激励下属完成诸多不可思议的任务!因为很多人无法抗拒乔布斯的磁场,会不由自主地跟随他的脚步。乔布斯的"现实扭曲力场"不仅带给苹果公司颠覆性的变革,还有无尽的想象空间。他相信凡事都是可以改变、可以按照自己的规划来的。他靠这种神秘的气场,改变着周遭人的想法和行为,让一切非同凡"想"。

这样的事情在苹果公司时有发生。一次,乔布斯跟麦金塔操作系统的工程师拉里·凯尼恩抱怨说麦金塔的开机启动时间太长。凯尼恩耐心地解释为什么无法缩短启动时间,但是乔布斯执意要求他将其缩短一些。在乔布斯的说服下,凯尼恩意识到缩短启动时间的好处,之后便倾注全部精力去研究。几个礼拜后,他成功地将其缩短了28秒。

乔布斯常说:"只有那些疯狂到相信自己可以改变世界的人,才能改变世界。"尽管乔布斯的"现实扭曲力场"会令人抓狂,但也会令人不断创新,不断取得非凡的成就。

在乔布斯看来，世界上不论人和事非黑即白。他不太关注黑白之间的灰色过渡地带，这导致他容易做出较为简单的判断。有趣的是，这种绝对主义的判断方式虽然可能伤害下属的自尊，但同时也能激发他们的斗志，促使他们奋发向上。

除此之外，乔布斯还能准确把握住人心。他仿佛能看透人的内心，并利用劝诱、奉承、斥责等方式激起人的好胜心，使之变得更强大。

苹果公司有一个值得关注的奖项，是颁给那些最能勇敢面对乔布斯的人的，乔布斯很喜欢这个奖项。从1981年起，Mac团队每年都颁一个奖给最勇敢面对乔布斯的人。有个名叫乔安娜·霍夫曼的女员工发现乔布斯不顾事实，改变了她的市场规划，她怒气冲冲地走到乔布斯的办公室，声称要"拿把刀插进他的心脏"。最终乔布斯做出了妥协，霍夫曼因此获得了"最勇敢面对乔布斯"奖。1983年黛比·科尔曼赢得了这个奖，后来其还成了制造部门的负责人。

这件事让很多人明白一个道理：如果你很自信，而且你的观点是正确的，那么你可以反驳乔布斯。如果乔布斯经过认真思考后，认为你清楚自己在做什么，他就会很尊重你。黛比·科尔曼回忆说："虽然经常饱受乔布斯的折磨，但能够与他并肩奋斗，也是一件幸事。"

逐梦小语

蛮不讲理

乔布斯的蛮不讲理、尖酸刻薄伤害了很多下属的自尊，但他们依然将"同乔布斯一起工作"视为荣耀。实际上，这也是他们比较得失后的选择：工程师们在工作中取得的成就感远大于他们所承受的伤害。真正优秀的人才会识别怎样的领导能带领他们创造奇迹，也有足够强大的心理来承受这种压力。所以蛮不讲理的关键是领导本身有足够的魅力，下属有足够的欣赏能力，否则，就如同在松软的沙堆上用力，难以找到稳固的支撑点。

极端的老板和稳压的经理人

老板大多有无穷的想象力、跳跃的思维和极端的理想主义。他们在公司的地位至高无上，因此说话时往往不受拘束，讨论的话题广泛而深入。更重要的是，他们说话的过程是整理思路的过程，而非简单地做出决策。作为下属，特别是经理人，要具备"削峰填谷"能力，才能创造性地实现老板的意图，并借老板的力量来实现自己的理想。

自知之明

人们通常会高估自己，低估别人，所以"人贵有自知之明"。人们在评估时离不开自己的知识、经验、信息和立场。而感情因素会使自己的知识、经验、信息和立场失真，使判断失去可靠性。当我们面对上司时，一定要有一个基本定位——"他比我能干"。这样你才有可能得到一个和谐的工作环境，获得能力的提高。否则，以"怀才不遇"的心态，就永远都要怀才不遇了。

挖掘潜力

识别人才和挖掘潜力是领导力的具体表现。每个人内心都有惰性，就算是自称追求完美的人也是如此。尤其在遇到困难时，人人都会有退缩的本能。杰出的领导力就是要帮快马"加鞭"，鼓励员工克服惰性，激励团队勇往直前。

知识交汇

无数的事实证明，学科交叉能产生无穷的想象力。以乔布斯为例，他在里德学院学习的书法提升了艺术素养，才造出了美轮美奂的苹果产品。自觉学习和吸收各行各业的知识，拓宽自己的修养广度，对工作、生活和社交都会有一定的帮助。

朱献文的"现实扭曲力场"

二十多年前，小型私营企业的老板一方面希望建立自己品牌的影响力，另一方面由于管理的不规范，担心监管部门"枪打出头鸟"而不敢宣传推广，陷入两难。2003年10月朱献文从英国回国后，作为可能是当时全国唯一一位从中外名校均获得MBA（工商管理硕士）学位的留学生，朱献文应广东人民广播电台教育台之邀，和听众分享了留学经历和体会。之后，朱献文受到了广州各大报纸的关注。当时的《羊城晚报》用半版的篇幅发表了《访广东乐美文具有限公司总经理朱献文》（当时真彩文具公司名是"乐美文具"）的访问录，通过报纸的宣传把公司免费推广出去，这在当时是非常难得的机会。

意外的是，文章见报后，有好多朋友紧张地转告了董事长，说朱献文这么高调可能会引起麻烦。董事长马上从外地回来向朱献文提出警示，以后不能在报纸上出现公司名字，以免遭"枪打出头鸟"之祸。朱献文只好用学到的营销基本知识，悄悄发出"现实扭曲力场"，阐述公司发展已经到了打造品牌力阶段，只有公司把管理规范起来，才能在发展壮大的同时经得起各种风浪。当时董事长虽然没有明确支持朱献文的做法，但此举消除了董事长大部分的疑虑。从此以后，朱献文对各大报纸的约访来者不拒，在很短时间内，"乐美文具"在广州的知名度大增，由产品阶段进入了品牌经营阶段。

简约

比尔·盖茨曾经说过："乔布斯在设计上有一种天赋，他能让所有的事情符合一种特定的美学标准。其实他几乎没有工科背景，但他的设计方向总是正确的。正是这种才华，使他不断地创造出奇妙的产品。"乔布斯的美学可用两个字概括——简洁。

乔布斯认为万事万物越是简单越是让人喜欢，让人能够接受。乔布斯崇尚极简主义，他看不上任何家具设计时，家里宁可不放家具，就只有一幅他非常崇拜的爱因斯坦画像、一盏蒂芙尼台灯、一张床和一把椅子。

1981年6月，乔布斯参加了在阿斯彭举办的一年一度的国际设计大会，乔布斯接触到了包豪斯运动干净、实用的设计理念，并对其极为推崇。1983年的阿斯彭设计大会上，乔布斯在演讲中公开表示他对包豪斯风格的喜爱。乔布斯反复强调苹果公司的产品会是干净而简洁的，"至繁归于至简"便是苹果产品的设计理念，也是它能风靡的原因之一。

"大道至简"，让用户直接感到简单易用……乔布斯这么说，也是这么做的。不管是风靡全球的iPod、iPhone，还是iPad，都告诉世人：播放音乐的"小东西"可以像艺术品一样精致、美观；电脑亦可以没有鼠标和键盘；手机外观可以很个性化。乔布斯讨厌复杂的操作程序，希望自己的产品只要一个按钮就可以运行。

第三章
成长，不走寻常路

逐梦小语

包豪斯

德国包豪斯学校的第三任校长米斯·凡德罗是极简主义的创始人。这种风格提倡"Less is more"，要求产品在满足功能的基础上做到最大程度的简洁。简约风格的特点在于设计上对细节的极致追求，对每一个细小的局部和装饰都要经过深思熟虑。在施工上更要求精工细作，以简洁的表现形式来满足人们对空间环境的感性、本能和理性的需求。乔布斯创造性地将简洁明快的简约主义用在电脑设计上，开创了一个工业设计的新纪元。

科技与艺术

乔布斯作为一个科技巨人，不但走在行业的前沿，更超前一步，从艺术大师和工业设计大师中汲取养分，用艺术的审美去引领潮流。这对我们是一个很好的启示。虽然在21世纪的今天，工业设计的理念已成共识，但作为企业，特别是中小企业的老板，如何高效地整合并利用各种资源，恐怕是一个值得深思的课题。

精益求精

乔布斯特别重视电脑的外观。他曾研究过很多家用小电器，比如"厨艺牌"厨具。他从中感悟到，电脑的外观不应是一个长方形盒子，应更高更薄，占用的空间更小。为此，他还在1981年与公司的创意总监詹姆斯·费里斯激烈地争论过。乔布斯要把麦金塔电脑的外形做成像保时捷那样，他认为"伟大的艺术品不必追随潮流，它们自身就可以引领潮流"。设计师提出了几种方案，但都难以令乔布斯满意。最终乔布斯批准了Mac的机箱设计——一张像人脸的电脑。

乔布斯认为矩形圆角最能体现友好，所以圆角矩形也成为Mac电脑的基本要素。不信你看看苹果产品的外形都是矩形圆角的，屏幕上的图标也都是矩形圆角的。实际上，正是在乔布斯的强烈要求下，苹果工程师比尔·阿特金斯在苹果电脑上第一次画出了矩形圆角。此后，丽萨和麦金塔及后来几乎所有的苹果电脑中，对话框和窗口都带上了圆角。

乔布斯还坚持让麦金塔电脑采用位图显示，它能支持无数种漂亮的字体。这些字体结合激光打印技术和强大的图形功能，深受顾客喜爱，为苹果公司带来了不少利润。

乔布斯甚至让设计师重新设计电路板的绕线，使电路板更漂亮、更吸引人。有人表示不解："电路板只要清晰、容易维护就行了，为什么要吸引人呢？谁会去看机箱里的电路板呢？"乔布斯说："我会。"乔布斯曾这样评价操作系统 Mac OSX："我们把屏幕上的按钮做得漂亮到让人忍不住想要舔一舔。"仅仅为了完善操作系统里的滚动条，设计团队就用了 6 个月的时间，修改了一个又一个版本。哪怕是一个小箭头，针对它的尺寸、位置、颜色等都要反反复复地修改。很多人都承认，正是乔布斯几近残酷的完美主义，让他们做出一些超出自己能力的成果。

为了选拔顶级设计师，乔布斯还举办了一场名为"白雪公主"的选拔赛。他到德国专程拜见了哈特穆特·艾斯林格。哈特穆特·艾斯林格是一位被业界视为教父级的工业设计大师，也是青蛙设计的创始人。哈特穆特·艾斯林格向乔布斯展示了自己制作的 40 个模型，乔布斯看过之后便与其签订了一份合同——唯一条件是哈特穆特·艾斯林格必须搬到加州居住。之后，他和乔布斯一起开创了苹果的设计风格。

所有的设计方案确定后，乔布斯召集 45 名麦金塔团队的成员举行了一个仪式。他说："真正的艺术家总会在自己的作品上留下印记。"于是他让人在电脑板上面刻上了工程师和团队所有成员的名字。

逐梦小语

意识的作用

乔布斯自小受养父的影响，对汽车有特别的感情。所以在设计麦金塔电脑时，他试图参照名车的设计概念。每个人的行为都由他的思想控制，而思想的形成有一个从潜意识到意识的转化过程，潜意识又源于人们自小的所见、所闻、所想。因此，作为领导人，除考察团队成员的外显能力外，挖掘他们的潜能更是值得一试。

引领潮流

"伟大的艺术品不用追随潮流，它们可以引领潮流。"这是一个极具魄力的理想。在苹果还处于发展初期的时候，乔布斯就将产品定位为伟大的艺术品。这不但需要准确地把握行业脉搏，更要有勇气和底蕴。但对于大多数中小企业而言，高瞻远瞩的气魄固然值得敬佩，紧贴潮流、满足市场需要却更为重要。"在发展中创新"是既能保证生存，又能促进发展的中庸之道。

领军人物

乔布斯抢走了麦金塔的领导权后，他便开始为团队忙前忙后、招兵买马，事无巨细地推动项目前行。就像大山特里说的，没有乔布斯，我们连什么是电脑都不懂。作为公司的创始人和大股东，乔布斯能将"无限"的资源用于项目，而他的专业性和前瞻性则保证了项目的成功。麦金塔电脑可称得上是含着金钥匙出生的幸运儿。

不在其位，也谋其政

在苹果公司的管理架构上，乔布斯只是个非执行董事，唯一的实权岗位是麦金塔电脑团队带头人。但作为苹果公司的联合创始人和实际推动者，他对公司的前景比任何人都关注。所以，在推动麦金塔电脑项目的同时，他也在考虑苹果设计风格的统一，并为它四处招揽人才。"不在其位，也谋其政"对于老板而言是理所当然和无可非议的，而对于经理人来说，则要慎之又慎。一旦越轨，就有可能人仰马翻。

细微之处见精神

我们经常说"细节决定成败"，但又有几个人能像乔布斯一样记住父亲的教导，把它实实在在地应用到工作中呢？"看不见的部分也必须做得很漂亮"的精神是难能可贵的。在日常工作中，我们可能会从成本效益的角度出发，忽略或"优化"掉一些细节。因此，如果真想做精品、做品牌，就必须排除诱惑，坚持原则不动摇。

荣誉

乔布斯把自己和45个队员的名字刻在麦金塔电脑的内部，虽然只有他们自己知道，但这依然是一个巨大的荣誉。乔布斯为人野蛮无礼，大家对他又爱又恨。如果没有足够的人格魅力，团队早就不为他效力了。但他的这份礼物却令人终生难忘。前文中的乔布斯是尖酸刻薄、不讨人喜欢的，此刻的乔布斯却十分值得我们敬重。这种不费一分一毫增强团队聚合力的能力，确实值得我们学习。

破解"笔尖难题"

2010年,一位专家给全国政协领导写信,反映了圆珠笔头大量依赖进口的情况。当年7月,全国政协教科卫体委员会组成调研组,赴浙江、上海等地对这一现象展开调研。正是这次调研让许多曾经抱着"我们都能造潜艇、探月设备和大飞机,怎么可能连一支笔都造不了"想法的调研组成员看到了现实的残酷,也看到了创新驱动的重要性、必要性和迫切性。

2011年,科技部启动了"制笔行业关键材料及制备技术研发与产业化"的专项课题。作为国内制笔行业的领军人物,真彩文具主动承担了其中"高精度多工位笔头加工机床""中性墨水关键技术开发与产业化"两个关键课题,并成为该课题示范点建设单位。

科技部的项目在关键时刻推了董事长一把,让他重新充满干劲。2014年,真彩文具自主研发的两台笔头加工机床样机顺利通过了科技部的验收。在研发过程中,多项替代技术甚至超越了进口设备——原本进口机床使用的PLC(可编程逻辑控制器)控制系统,已被更为先进的数控系统所取代;进口机床电机的最高转速从1.5万转提升至6万转,相当于每个加工位的效率提高了4倍……

多年的投入终于打破了中国造不出圆珠笔笔头的尴尬局面,也让真彩文具收获了经济上的回报。"从设备本身来说,一台进口机床售价400多万元,国产机床即便卖200万元也能有相当的利润。制造成本就更不用说了。"据董事长透露,使用自主研发的机床、材料和墨水,每生产一支零售价为一块多钱的笔,制造成本会降低四五分钱。真彩文具每天生产数百万支笔和笔芯,成本就能降低数十万元,一年下来降低的制造成本达到六七千万元,经济效益非常显著。

对手

1981年8月12日,IBM公司推出了首台IBM个人计算机,这是一台16位的个人电脑。为了便于研究,苹果公司也购买了一台。他们认为IBM的PC没有什么先进的技术，根本无法跟苹果公司的产品竞争。乔布斯还说："我真纳闷，IBM 怎么也算是世界上最大的计算机公司了吧？它怎么还比不过苹果？6 年前，我们在车库里设计出了 Apple Ⅱ，而今 IBM 只是重新包装了一下，或是在技术上稍微有些提高而已。"

但是一年后，乔布斯等人慢慢意识到自己错了。1981 年年底，IBM 就销售了 5 万台个人计算机。1983 年时，苹果公司产品的市场占有率是 20%，而 IBM 的市场占有率则是 23%。1985 年，IBM PC/AT 所占市场份额已超过了 80%。

为了不被 IBM 挤到市场一隅，苹果推出了 Lisa（丽萨）和 Macintosh 个人计算机。乔布斯于 1985 年接受《花花公子》采访时说："如果苹果犯错而被 IBM 战胜，我个人认为我们将进入电脑的黑暗时代，这个黑暗时代会持续大约 20 年。一旦 IBM 垄断市场，他们会遏制创新。"

1984 年 2 月，苹果公司推出麦金塔，而且花费 150 万美元在电视上做广告。但是，乔布斯将 Mac 重新定义为拥有图形用户的台式机——一台小尺寸的丽萨，这无疑会削弱丽萨的市场竞争力。乔布斯把 Mac 变成了丽萨的直接竞争者，并为其配备了与 Apple Ⅱ 互不兼容的软件。这就为以后的失败埋下了伏笔。

逐梦小语

自信与自负

苹果的成功无疑源自乔布斯极端的自信（"现实扭曲力场"），但是，自信过头就是自负。自负会遮掩你的眼睛，令你的判断失真，最终要付出代价甚至带来灭亡。幸运的是，乔布斯只浪费了一年。

私心

常言说"屁股决定脑袋"，意思是即使最伟大的人，其行动都会受其潜意识左右，而潜意识则由私心主宰。乔布斯也不例外。由于他的私心，让投入巨大的丽萨被扼杀在公司内部；但也是由于他的私心，苹果创造出了更有竞争力的麦金塔。这让人该如何评价呢？

真彩，商超之王

文具的销售旺季在每年的二、三月和八、九月，对于每一个文具厂家、经销商、代理商、零售商来说，旺季销售直接影响年度的总体业绩。在终端大卖场方面，特别是九月的开学季促销更是全年业绩的重中之重。按以往的推算，九月的开学季促销起码可以占到全年销售额的30%。

国内文具零售卖场的促销状况是，虽然各厂家、经销商无论从供应的品种上、价格上都比往年有一定的变化，但终究还是脱离不了"低价促销"这一怪圈。纵观全国各大城市终端卖场的开学季促销，可喜的是零售商对于开学季的重视程度不断提高，在品种选择上实现了不同程度的丰富与多样化，并扩大了促销的范围，从以往较为看重的书包、本子、笔、笔盒等为主，增加了如橡皮擦、尺子、胶水、笔袋等其他用品，还有不少新潮学生文具用品逐渐成为促销的重点，而传统的笔、本子、书包等也增加了不同的规格、种类、款式，以适应多变的学生用品市场。但是多年来传统的促销方式已经越来越不适合现实的市场需求，导致很多供应商在开学季促销中并不能达到预期目标。

由于某商场举办的"带史努比去上学"的主题促销活动已在行业内声名远扬，而另一个大卖场的文化用品部门受市场的过度竞争的冲击，加上自身在采购、营运方面人员的调整，导致文化用品的销售量严重下降。再加上新上任人员对于文化用品市场状况、商品结构等缺乏一定的了解，业绩迟迟不见起色。真彩文具与该大卖场有多年的供货合作，其市场规划管理、运作能力强，业绩也一直表现良好，是该大卖场文化用品的重要供应商，因此该大卖场采购部负责人希望真彩公司市场营销人员能够提供相应的解决方案，以达到厂商联手共同提升业绩的目的。

为了加深客户关系，提升真彩文具在该大卖场的专业影响力，真彩文具公司在大量的门店市场调查基础上，有针对性地提出了该大卖场文具相关商品销售的解决方案，方案受到了该大卖场的高度认可，并且通过该方案的实施，真彩公司的文具产品在该大卖场的销量明显提升，从而达到了共赢的目的。

在成为当时门店数量多、规模强大的沃尔玛的文具商品管理厂家后，真彩就成了当之无愧的商超之王，真彩商超总监缪亦锋也就自然成了中国厂家商超业务的第一人。

第三章
成长，不走寻常路

唯我独尊

乔布斯的控制欲十分强烈，尤其是在对待产品上。所有苹果产品的生产决定都是由乔布斯做出的，所有的软件和应用程序必须适合他的设计。比如，他不想让 Mac 兼容丽萨的架构，因此 Mac 和丽萨是无法兼容的。再如，乔布斯推出的产品不管是 iPhone、iPad，还是 Mac 都是封闭的系统，从硬件到软件，全部牢牢控制在苹果的手中，从不把操作系统授权给其他厂商，以保证一切都在它的完全控制之中。因此麦金塔电脑的操作系统只能在自己的硬件上使用。

此外，乔布斯始终坚持"从头到尾"的原则，从制造端（头）到使用者（尾）全程掌控，以极致的控制力去设计打造苹果产品的每个部分、每个细节，甚至连电脑显示屏的弯曲角度这样的细枝末节他也要插手。

新上任的麦金塔营销总监迈克·默里曾想将麦金塔的操作系统授权给坦迪公司，遭到了乔布斯的强烈反对。他无法接受把他一手创造出来的东西交给别人，而自己无法控制。

逐梦小语

艺高人胆大

乔布斯在 Mac 上充分体现了他的控制欲。他不但让 Mac 的硬件对外不兼容，其使用的软件也是专用的。与微软和安卓的普适理念不同，他是真正意义上的引领市场。虽然这会使苹果失去部分客源，但任何事物本来也不可能为所有人接受，倒不如以独特的方式锁定顾客的忠诚。这是乔布斯的过人之处，但"大胆"的基础其实是"艺高"。

鱼与熊掌

若苹果想将自己的系统打造为行业标杆，就需要在行业中推广，但这会导致乔布斯失去对系统的绝对控制；但控制太多，系统的普适性将被严重制约。在这种鱼与熊掌不可兼得的情况下，乔布斯没有丝毫的动摇，他坚持控制住自己的作品。这种坚定的立场，给苹果树立行业地位增加了额外困难，但也使苹果在克服了困难之后建立了自己的市场地位。

告捷

随着苹果霸主地位的确立，乔布斯本人也走向辉煌。1982 年，美国三大时事周刊之一的《时代》将乔布斯和 Apple Ⅱ 放在了封面上。封面上的乔布斯留着分头，两眼炯炯有神，身着一件红色的衬衣，头顶着一个红色的苹果，身后是他发明的电脑。《时代》杂志还发表了一篇关于乔布斯的报道。报道出自一位名叫迈克尔·莫里茨的年轻记者之手，报道中称乔布斯为"爱冒险的亡命之徒"，并提到 26 岁的乔布斯几乎是白手起家，而这个退学学生现在拥有 1.49 亿美元的资产。但是这篇报道首次将乔布斯的私生女曝光，这让乔布斯大为光火。

乔布斯本以为自己肯定是当年的"年度人物"，甚至准备好了获奖感言。但《时代》杂志将"计算机"选为 1982 年年终刊的主题，并称之为"年度机器"，这让乔布斯非常失望。

1983 年 1 月，苹果公司推出了研制费用高达 5000 万美元的丽萨（Lisa）电脑，这也是世界上第一台商品化的图形用户界面的个人计算机，同时这款电脑也第一次配备了鼠标，而且鼠标中还配备了机械球，完全站在了时尚的最前沿。丽萨电脑的推出比 Mac 早了整整一年。作为苹果公司的董事长及形象代言人，乔布斯在纽约为丽萨做宣传。令人费解的是，乔布斯把大部分时间用来介绍麦金塔。这暗示了即将推出的麦金塔才是真正令人惊叹的奇迹。

逐梦小语

年度人物和年度机器

乔布斯在得知他本人未当选为《时代》的"年度人物"时，觉得受到莫大的伤害。他不但怀疑主编莫里茨嫉妒他的成就，还迁怒于战友科特基。这体现出年轻的乔布斯虽然在事业上风头正健，但其内心深处依然存在自卑。他那被亲生父母遗弃的阴影，需要一个被大众崇拜的正面形象来填充。同时乔布斯犯了一个普通人容易犯的毛病：高估自己。他的很多不快乐都是由此引起的。

麦金塔，丽萨的掘墓者

丽萨的发布之日也是其死亡之日，宣布丽萨诞生和死亡的都是乔布斯。一方面，这是因为苹果公司总裁马库拉没有掌控全局的能力；另一方面，乔布斯也不追求最高权力，但他感到苹果的未来需要麦金塔。作为苹果创业的第一人，乔布斯必须义无反顾地对公司负起责任。因此，即使在大权旁落时，他也设法推动麦金塔前进。

"带史努比去上学"

商超是实力厂家必争之地，它们流量大、购物环境好，可衬托出品牌的档次，更重要的是，厂家可以通过二次包装改造，在商超处理大量的过季产品。营销成熟且有实力的日化品牌厂家，还经常利用不同的节假日，使出浑身解数争取和商超合作，在平时人流量大的地方集中陈列商品，进行各种主题的促销活动。

通过集中陈列，厂家会达到五大目的：①传达，利用视觉语言传递商场相关的信息，用最直观、最直接的信息传达路径——视觉，迅速与消费者心理产生共鸣，激发消费者联想；②传播，强化消费者体验，形成口碑传播，随着移动社交的地位逐渐提升，话题传播达到更快的速度与渗透深度；③情感，美化商场环境，提升节日或季节氛围，通过场景的打造，实现人与人关系的建立与维系，将空间赋予人文元素，形成有温度的场所；④品牌，强化品牌及定位，形成品牌信任感，通过美陈包装来体现商场品位，在消费者心中建立起良好的印象，深化品牌形象；⑤销售，增加与消费者的互动，提升项目黏性，产生销售，这个目标最为直观但也最难检验实际成效的价值，需要商场与品牌商户共同努力。

当时，朱献文回国重返真彩，正重点打造市场部，商超经理缪亦锋找到刚从合资企业加盟真彩的于连波经理，探讨在商超推广的方案。恰逢某大型超市的主管在与商超经理缪亦锋做文具的生动化陈列，以堆头、专架等形式，把所有文具挂上去，在开学时做两周的促销活动。

缪亦锋和于连波征得董事长支持，一起策划文具行业的第一个开学季生动化陈列促销活动。他们确定要以一个主题、一种形象出现，比如以"带史努比去上学"为主题、史努比为主形象,统一产品展示、POP宣传、生动化陈列、活动促销,并强调活泼、健康的调性。确定主题和形象后,他们分头行动,缪亦锋去跟商超确定活动区域大小后,马上组织产品组合,重新设计包装。于连波与设计部合作设计以"带史努比去上学"为主题的生动化陈列方案并准备所需的物品,包括大排面集中陈列、花车集中陈列、KA新铁柜陈列、KA新铁丝架陈列;主宣传物包括海报、易拉宝、吊牌、端架侧牌、座牌、档位牌、围布,以及次宣传物,如气球、KT板围栏等。

史努比这个卡通形象自问世以来一直拥有着高人气,很多人被它笑眯眯的眼睛和大大的鼻子所吸引。设计部根据真彩文具不同的产品设计出不同的表情,以吸引不同喜好的学生消费者。

于是,在开学季时,这个商超就像突然建了一个史努比游乐园,不但为真彩文具带来了很大的业绩提升,而且为商超带来了很大的人流量,达成共赢。缪亦锋和于连波这次成功的形象化的促销陈列,为以后市场部在全国范围内多渠道的陈列积累了宝贵的经验。

海盗式团队

乔布斯加入麦金塔后,将这个团队取名为海盗。乔布斯说:"当海盗比加入海军更快乐。能当海盗,为什么还要当海军?"他还在办公楼前挂了一面画有骷髅骨的海盗旗。他要团队有一种反叛精神,能破坏性地创新市场,能速战速决。

乔布斯有时对员工的批评有些尖酸刻薄,甚至是无理,以期让员工确保每项工作都达到最好。

1982年9月,在蒙特雷附近的帕加罗沙丘麦金塔项目团队举行了一场集思会。在集思会上,乔布斯提出了一些观点,比如"决不妥协""过程就是奖励"等。乔布斯说:"没有完工时间,直到上市,产品才算完工。""Mac团队的使命崇高,任务特殊,这段奋斗的苦日子将成为每个人一生中奇妙的巅峰时刻。""我们正在创建一家基业长青的公司,一家开创未来的公司,50个人做的事情将对世界有深远的影响。"乔布斯承认理想和现实之间还有一段距离，但希望 Mac 团队能够不畏艰难，再接再厉，争创佳绩。

1983 年 1 月底，麦金塔项目团队再次召开集思会。这一次，乔布斯的格言变成了"真正的艺术家总能完成作品"。

乔布斯利用自己的"现实扭曲力场"，让 Mac 团队为这个伟大的目标去奋力冲刺，解决了无数的疑难问题，成功地给 Mac 团队制造了一个士气高涨的氛围。正是因为苹果员工都有着最为单纯的使命感和责任感，才促成了 Mac 电脑的成功上市。

逐梦小语

叛逆与创造力

企业中，组织建设、团队建设、制度建设、文化建设是关乎企业发展的大事，而所有这些都是通过"人"来实现的。乔布斯自身的经历和性格特征，决定他喜欢与众不同的人。"当海盗，不要当海军"，只要你真有才，不但可以勇敢地挑战乔布斯，还可以不服从他错误的命令。当然，绝顶聪明和富有创造力是挑战的前提，叛逆只是与此相似的性格而已。可见，乔布斯的用人之道是他成功的核心元素之一。

大棒与胡萝卜

乔布斯的尖酸刻薄令他不受周围人的喜欢，但任何聪明的老板都会对能干的员工表现出尊重，尽管有时（甚至经常）"打骂"属下。实际上，绝大部分的老板都很强势，只是表现方式不同。乔式的粗暴，搞不好就像踢向积木砌起的大厦一样，令项目组轰然倒塌；好在他对事业的激情又像强大的磁铁，令手下着迷。老板如何运用好"胡萝卜加大棒"，是他们智慧的另一个重要体现。乔布斯高明之处还在于用不经意的自嘲："我有一点点难相处。"来获得大家的体谅。

集思会——乔式头脑风暴

乔布斯的麦金塔项目团队每月举行的集思会其实是一种头脑风暴。乔布斯利用集思会的时间，让大家有机会表达，同时向属下灌输自己的思想。更重要的是，集思会可以帮助团队随时"破冰"，加强团队建设。每次集思会都推出新的主题，持之以恒，就能打造一支过硬的团队。

巧妙地引导

乔布斯用他的激情鼓动团队："我们正在创建一家基业长青的公司，一家开创未来的公司，50个人做的事情将对世界有深远的影响。"他的下属顶住各种压力，唯他马首是瞻，正是为了这个美好的愿景。有时我们说，作为领导者首先要有目标和理想，然后才能聚合群雄。通俗一点，就是先说服自己，再巧妙地引导别人，坚信自己的梦想一定能实现。

朱献文的职场寻常路

刚到真彩文具出任副总经理时，作为初入行的文具"新人"，为尽快熟悉行业和企业，朱献文利用在暨南大学学到的市场营销知识，对公司几年来的产品销售状况进行分析，发现当时只是边缘产品的"中性笔替芯"虽然经常缺货，但却没有受到重视。朱献文马上提醒当时的总经理关注这个产品。虽然总经理有丰富的销售经验，但他难以理解统计数据背后的信息，戏称玩"数字游戏"。幸运的是，有着硕士学位并且当过大学老师的董事长一点即通，马上对"笔芯产品系列"加大投入，提升产能，使其很快成了公司的"金牛"产品。

初战告捷，不但激发了朱献文这个文具"新人"的信心，而且使公司对朱献文有了初步信任。在加大产能建设之后，如何使真彩文具在其他文具企业还没觉醒之前占领市场、发展壮大呢？当时文具行业的企业普遍还没有很强的品牌意识，而生产成本占总成本绝大部分的文具行业又不可能像日化行业那样，投入很多资源去进行品牌推广。通过分析当时文具行业的状况，朱献文发现了一个低成本打造品牌的机会。

朱献文联想到真彩文具和学生的相关性，决定把教育系统当作拓展品牌的渠道。2000年，经过艰苦的谈判，公司同教育管理部门敲定了由真彩文具赞助广东美术教育的方案，即以在广东省所有的中小学、幼儿园举行"真彩油画棒"绘画比赛为契机，让真彩品牌进入千家万户。这种在今天看来习以为常的活动促销方式，在20年前的中国文具行业却是一种突破性的创新。

但是朱献文不满足于仅在校园内进行的推广活动，他又瞄准了遍地开花的麦当劳，计划在麦当劳的少儿活动区开展"真彩油画棒"绘画比赛。合作意向谈判历时半年之久，最终，真彩文具成了麦当劳在全球的第一个文具合作伙伴。

作为空降的职业经理人，朱献文结合公司实际情况，在董事长的支持下灵活应用专业知识，不但使公司的品牌知名度得到快速提高，而且使已连续徘徊多年的销售额实现增长，因此得到公司的认可，工作也渐入轨道。

业绩提升本应该是值得高兴的事情，但却引起了当时的总经理的不安。"朱总是董事长派来监视他的"传言在公司四起。为避免矛盾进一步加深，加上在当时的管理结构中朱献文也难以进一步发挥，于是他以出国留学的名义离开了公司，到伦敦帝国理工学院再次学习MBA课程。

2003年9月，朱献文获得伦敦帝国理工学院MBA学位后，在董事长的盛情邀请下，重回真彩文具公司出任总经理。由于有合作基础，董事长对朱献文的工作能力有了初步的信任，让他这次的工作开展得如鱼得水，真正开始了打造一个著名品牌的历程。从战略制定到产品规划、从销售管理到品牌塑造、从日常运营到团队建设，朱献文都取得了可喜的成绩，使董事长对朱献文的信任不断增强。2007年年底，真彩文具成为行业内唯一集"中国驰名商标""国家免检产品"、两个"中国名牌产品"三大荣誉于一身的标杆企业。

第四章
CHAPTER 4

成熟，
第三个里程碑

钓鱼

公司总裁的人选依旧是个难题。迈克·马库拉在苹果公司的总裁位置上坐了两年后,终于顶不住妻子的压力提出了辞职。而乔布斯仍不够稳重,乔布斯自己也知道这点。他们只得把视线转向了营销奇才、百事公司百事可乐部门总裁约翰·斯卡利的身上。

当乔布斯说想要挖走斯卡利的时候,大家都认为这简直是不可能的事。当时斯卡利在百事正春风得意,年仅38岁就当上了百事总裁。更不要说他还是百事可乐公司老板的乘龙快婿。乔布斯说服了猎头公司,让他们打电话给斯卡利,约其到加州见面并好好聊聊。斯卡利去了苹果公司之后,直截了当地说:"我事先说明,我不是来应聘的,也没打算在这里任职,我只是想跟你聊聊。"让斯卡利感到奇怪的是,乔布斯的办公室里居然没有电脑,只有散落一地的电子配件和包装箱。

在1983年1月丽萨发布会上斯卡利还观看了约翰·库奇的演示,乔布斯自豪地说:"这是一场革命,等丽萨问世后,我们会让IBM找不着北的。"那一刻,斯卡利心里也承认丽萨就是奇迹,这个世界上几乎没有一家公司能和苹果媲美激情和创造力!之后他还与乔布斯共同进餐。这次会面双方都很高兴,但斯卡利还是对苹果公司不太感兴趣。

2月的一天,乔布斯又拜访了斯卡利。他到斯卡利的家里做客,并对其新盖的豪宅上一扇300磅重的橡木门表示欣赏。他还参观了百事公司奢华的总部。

在库比蒂诺,乔布斯和斯卡利再次会面。乔布斯向斯卡利讲述了麦金塔电脑的美好前景,并带来了麦金塔电脑,他说:"这是一群天才工程师,更是一群艺术家!"在看到麦金塔电脑美丽的外观以及亲自感受到那神奇的操作后,斯卡利也不禁感叹道:"你们真的是在创造奇迹啊!"

3月,乔布斯再次来到纽约找斯卡利谈判。在百般劝说无果的情况下,乔布斯说出了那句极具煽动性的话,打动了斯卡利磐石一般的心:"你是想卖一辈子糖

第四章
成熟，第三个里程碑

水，还是想跟我们一起去改变世界？"相信对任何有志向的人来说，这都是一句无法抵挡的话。斯卡利终于答应他到苹果公司担任 CEO。

逐梦小语

人各有志

百万富翁马库拉被逼任苹果总裁两年后，又迫于压力太大要让位了。马库拉有丰富的企业管理经验，也是新苹果的创始者之一，只要他愿意，完全可以长期坐在总裁的位子上。但他个性洒脱，喜爱享受生活胜过工作，这个令无数人向往的位子于他而言却是个负担。站在公司的立场上，勉为其难地让他负此责任也难以起到总裁应有的作用。

"不经意"的影响力

很多时候，不经意的一句话、不经意的一件事、不经意的一个表情，都可能成为影响你决策的一个重要因素。比如斯卡利就是因为儿子们对乔布斯的崇拜才引起了对苹果的好奇，从而打下了加盟苹果的基础。这样的事情在工作和生活中屡见不鲜。影响决策的理性分析是基础，但起决定性作用的往往是一瞬间的思想火花。

文化营销

今天我们都知道整合营销的力量。但在 1983 年，技术出身的乔布斯就能理解营销专家斯卡利的营销理念，实在是难能可贵。"百事新一代"和"百事挑战"已上升到营销的最高境界——文化营销。

英雄重英雄

乔布斯对斯卡利的"求爱"过程，再次体现了乔布斯对人才的渴望。这个过程也是雇主和雇员之间博弈的优秀范例。在志同道合的前提下，雇佣双方以利益（物质和精神）最大化为目标展开沟通、互相了解，以达成合作的共识和条件。这与我们的商务谈判基本上并无二致。

朱献文也钓鱼

事无巨细，都需由人去执行完成。2003 年 10 月，朱献文应邀从英国回归真彩，他认为首要工作是打造一支能够支撑公司下一步发展的团队。

虽然现在回看结果是令人满意的，但团队建设的过程并非一帆风顺。因为创业企业家大多已习惯了由血缘关系带来的凝聚力，对自己吸引和管理职业经理人的信心不足，导致他们在经理人招聘、使用问题上犹豫不决。在朱献文组建真彩文具的第一个市场部时，一位曾在外资日化行业工作（当时日化行业是国内营销最成熟的行业）的高级经理来应聘，正好符合了朱献文要把文具做成消费品的想法，这位经理也正是朱献文想要物色的人才。当朱献文把经理推荐给董事长时，他赞不绝口，朱献文以为董事长已同意录用。但过了一段时间，朱献文询问人事部门才知道董事长并没有签字同意录用。

大多数企业家会陷入一个误区，就是认为自己的企业很特殊、很高深，外行的人不容易搞懂。朱献文向董事长解释道，管理是相通的，共性占80%，有10%是行业的特性，还有10%是企业的特性，除了技术岗位必须由专业人才主持外，越高层次的管理岗位对专业的要求越低，跨界的人才更容易创造性地执行公司的战略。针对文具行业本身人才缺乏的现状，公司必须从不同的行业招聘各种专业人才，才能适应公司的发展需要。

董事长最后半信半疑地录用了这位经理人。事实证明，董事长的决定是非常英明的，这位经理人的到来，使"文具快消化战略"得以顺利实施。自此，真彩文具在媒体上广发"英雄帖"（实际上也是兼做品牌宣传），引来各路英雄争相应聘。功夫不负有心人，营销中心从2003年年底的五六十人，发展到2007年年底全国有36个分公司、700多名员工的优秀营销队伍。正是他们，在董事长的带领下书写了一个文具行业的传奇。

上钩

1983年5月，斯卡利第一次参加了苹果公司管理人员在帕加罗沙丘的集思会。在这次会上，斯卡利尝试性地提出了一些新的管理方案。但这场集思会渐渐变成了一场提建议、发牢骚和进行争辩的活动。看到有人公然反对乔布斯，斯卡利很吃惊，因为在百事这可是难以想象的事。但斯卡利也通过这次集思会发现这个团队做事有分歧且优柔寡断。

乔布斯还曾邀请斯卡利及其妻子一同到家里吃早餐。斯卡利来到乔布斯的家后，发现屋里没有一件像样的家具，甚至连沙发和椅子都没有，只有用泡沫塑料制成的垫子，但一点儿也不影响乔布斯和斯卡利聊他们的人生和理想。

后来，他们经常聊天，几乎每次都能找到共鸣。他们还发现彼此有很多相似之处，为此欣喜若狂。但几个月后，乔布斯就发现自己与斯卡利在世界观、人生观、价值观上有很多不同。比如斯卡利在管理上有一个弱点，就是总不由自主地想讨别人喜欢；再比如斯卡利待人彬彬有礼，而乔布斯则截然相反，对人粗鲁蛮横。

乔布斯并不想让斯卡利看出这点来，他仍然让斯卡利相信他们有诸多共同之处，以便于操纵斯卡利。但乔布斯越能对斯卡利进行操纵，越从心底里瞧不起他。很自然地，乔布斯与斯卡利之间的友情即将破裂。

在给麦金塔电脑定价时，他们之间产生了重大的分歧。当初苹果公司将麦金塔定位为大众商品，定价为1995美元。可是在设计的过程中，乔布斯对很多设备进行了改善，结果成本提高了不少，因而斯卡利提出应将麦金塔的售价提高500美元。最后，斯卡利赢了。为此，乔布斯勃然大怒，甚至在25年后提及这件事时，乔布斯还愤愤不平。他说："这是麦金塔销量惨淡的原因，正因为如此，微软才有机会占领市场。"

逐梦小语

空降兵

斯卡利由乔布斯亲自引荐，当然能得到他的全力支持。可斯卡利能否存活，依然取决于他能否适应苹果公司的状况。"空降兵"，尤其是来自成熟企业的高管，要想掌控新企业绝非易事。当揭开帷幕后看到与想象相差十万八千里的现实，一定会有巨大的心理落差。加上企业文化的不同，更是会给工作添上重重困难。"空降兵"需慎防新官上任的"三把火"烧到自己身上，为今后推动工作埋下障碍。

用心良苦

乔布斯为使斯卡利尽快适应自己的风格，建立顺畅的沟通渠道，用心良苦地邀请斯卡利夫妇去家中共进早餐。和大部分老板一样，乔布斯也希望通过私下的非正式交往对斯卡利施加影响，发挥非正式权力的作用。

光环褪去

尽管斯卡利努力寻找与乔布斯的共同点，但世界观、人生观、价值观的不同决定一切均是浮云。在昔日光环的烘托下，两人的"恋爱"还堪称"甜蜜"，但"过日子"的时候，才发现对方并不是自己所需。大多数高管空降不成功也是这个原因。作为经理人，在诱惑面前要慎重考虑跳槽不成功的风险；作为企业，对高管的引进也要进行全方位考量，力求双方都能在志同道合的基础上各取所需。

隐患

乔布斯希望利用斯卡利对自己的误解来控制他，这件事本身就是一个定时炸弹。高管能在机构有效发挥作用的基本条件是互相信任，否则老板和高管同床异梦，唯一的结果就是两败俱伤。

上朱献文的钩了

新来的市场部经理上任之初，为参加展会制作了一辑公司专题片。当时，朱献文和董事长像乔布斯开始拍第一部广告片《1984》一样，由于不得要领而朝令夕改，令这位经理在制作公司和上司之间左右为难。一方面，制作公司难以忍受无休止、无方向的无效劳动；另一方面，董事长不自觉的摇摆使他摸不着头脑，无从下手。在双重压力之下，经理人也难逃"三月魔咒"（新员工在三个月内由于不适应而离职），向公司提出辞呈。朱献文十分理解经理人的处境，和他进行深入的交流后，发现只是由于他来自管理规范的外企，对发展中的民企管理风格还没有适应而已，于是鼓励他在做好专题片后再做决定。适逢"五一"假期，朱献文和他一起在专题片制作公司蹲点：一边协调专题片的修改；一边跟他交流自己"游过洋的土鳖"兼"读过MBA的农民企业家"的求生之道。而三天后，经理人因"有朱献文这样的上司而感到幸运"留了下来，就这样，他上了朱献文的钩。当然，他自己现在也成了文具行业屈指可数的几个优秀经理人之一。

第四章

成熟，第三个里程碑

有志者，事竟成

1983年10月，苹果公司在夏威夷召开销售会议。当时，微软还只是个小角色，比尔·盖茨表示"微软期望1984年全年收入的一半都来自为麦金塔电脑研发的软件"，他也承认麦金塔电脑的新操作系统符合成为行业新标准的条件。然而实际上，微软正在逐渐由苹果公司的合作者转变为竞争者。

就在苹果销售人员在夏威夷举行销售会议时，《商业周刊》宣布IBM成了PC大战中的获胜者，这无疑给将在3个月后（即1984年1月）推出的麦金塔电脑带来巨大的压力。

在销售会议上，乔布斯准确地总结了自1958年以来的所有失误，然后播放了一段宣传麦金塔电脑的广告。几个月之后，这则广告引起了极大的轰动。

本来，苹果公司定于1984年1月16日完成麦金塔电脑的编程工作，但在距离约定日期的一个礼拜前，工程师们仍觉困难重重，难以按时完工，于是要求推迟日期，没料到乔布斯还是斩钉截铁地说："你们决不能推迟！"并承诺将在计算机上标上他们的名字，结果工程师们按时完成了任务。乔布斯曾说，真正的艺术家总能完成作品，现在他们名副其实。

逐梦小语

利益是社会驱动力

强强合作，双方利益相等，多赢才是真赢。一旦天平失衡，曾经的承诺也就变成了逢场作戏，就算是父子兄弟也抗衡不了利益的诱惑。当然，也有仗义出手相助的情况，但那也是基于利益的驱动，至少是没有利益冲突。所以，"男儿当自强"才是永恒的真理。

重压之下的坚定

Apple Ⅱ已老，IBM咄咄逼人，这给苹果带来了前所未有的生存压力。唯有乔布斯这种"反叛者"领袖才能带领团队突出重围，才能有无视现实、我行我素、以我为王的坚定信心。在最困难的时候，只有自信、霸气的主心骨才能将信心灌输给追随者，率领团队扭转乾坤。

真正的艺术家总能完成作品

"现实扭曲力场"在关键时候再次发生作用。它的物质基础是苹果公司拥有优秀的工程师，他们有潜能，才有被激发的可能。在现实生活中，大多数计划性不强的年轻人总喜欢将事情拖到最后再做。而在重压之下，他们就有可能完成貌似不可能完成的任务。

真彩的彩色铅笔

在文具行业的儿童和学生领域中，美术画材类的产品是一个非常重要的板块。真彩文具自从首创油画棒以来，通过在全国大量举办"真彩杯"绘画比赛进行产品推广，很快就在儿童美术领域奠定了行业领导者的地位。但是随着儿童逐步成长为小学生、中学生，他们很少会再使用油画棒绘画，而是更多地用彩色铅笔创作。如何巩固真彩在美术画材领域的领导地位？如何保持并扩大消费群体？成为真彩营销人员的一个迫切课题。

当时国内的彩色铅笔市场，主要以德国辉柏嘉为标杆，各厂家产品基本走模仿、跟随欧洲品牌的道路：产品包装基本照搬，以红色、绿色为主色调，配上专业绘画的作品作为封面包装，包装方式主要是纸盒装与铁盒装两种。由于大部分学生对彩铅的质量要求不是特别高，因此众多品牌产品同质化严重，价格上非常内卷，整个学生彩铅品类似乎已没有太多的吸引力。真彩产品的战略目标就是要开发一款既具差异化，又经典且有利润的产品。

通过对大量用户购买情况的观察和使用访谈，真彩挖掘出了彩铅包装的痛点：①用纸盒包装的彩铅，抽取小盒不方便，摆放铅笔也不方便，且纸盒放书包里容易被压坏。②用铁盒包装的彩铅，除了价格高以外，在包内受压还容易变形，开盖时有响声。而学生书包一般两侧都有网袋，一边用于插水杯，另一边基本空置。因此，真彩的彩色铅笔可以考虑开发一款方便携带、容易取放的圆桶包装。

彼时，中国消费者的审美已与世界接轨，"韩流"在中国开始走红，一批韩日卡通风格，以及清爽、Q萌的设计风格在文具行业异军突起。真彩的CUYA（酷吖）也是其中很受欢迎的一员，其图案设计主要以粉红和浅蓝为背景，整体风格适用于油画棒、水彩笔等儿童产品，用在彩色铅笔的包装设计上则显得低龄，不太合适。产品经理余敏雄经过和采购经理张永琴、设计师何智伟多次创意讨论、打样验证和客户测试，最终对这款彩色铅笔的设计如下：①首次将纸筒加透明盖的创新性包装设计运用到文具产品上；②纸筒的外观设计以光鲜亮丽的黄色为主色调，区别于市场上常规的红色、绿色、粉蓝、粉红；③全新设计一个戴墨镜的酷吖形象，迎合小学生、中学生新奇潮流的消费特点；④推出彩色的展示装陈列、中箱包装，便于在零售终端抢占黄金的陈列位置；⑤定价结合中学生购买能力，以及铅芯等级、友商竞争等，将18色彩铅零售价控制在10元。

通过充分的调研和精准定位，结合媒体投放、渠道买赠、生动化陈列、校园推广等一系列活动，使得该产品一上市就受到经销商和消费者的喜爱，销量节节攀升。真彩这款彩色铅笔的推出，在中国文具行业创造了神话，不仅巩固了真彩在儿童及学生美术市场的领导地位，还引领了该领域的潮流。

改变世界的一天

安迪·赫茨菲尔德和其他工程师完成麦金塔软件的那个早晨，连续的熬夜让他特别想回家美美地睡上一整天。但他还是在下午的时候来到办公室，因为他担心软件还存在问题。其余的同事跟他一样，当乔布斯推门而入的时候，他们正躺在地板上小憩，他们紧张、疲惫但却兴奋和满足。乔布斯布置给他们一个任务——在周末前为麦金塔电脑做一个演示。乔布斯想在观众面前戏剧性地推出麦金塔电脑。

麦金塔电脑的发布仪式定在8天后的1月24日，与苹果年度股东大会同期举行。时间紧迫，赫茨菲尔德需要在两天内编出一个音乐播放器程序，让电脑能够播放《烈火战车》的主题曲。乔布斯对音乐播放器程序非常感兴趣，他决定以此作为演示的一部分。经过一番苦战，他们如期完成了任务。但在发布会的预演中，不管是舞台灯光，还是音效，都难以令乔布斯满意。斯卡利建议他稍微修改一下演讲稿。

在1984年1月24日的发布会上，可容纳2600人的弗林特礼堂被挤得水泄不通。乔布斯先发表了极具煽动性的演讲，目标直指自己最大的竞争对手IBM。他说："现在是1984年，IBM想独霸一切，苹果成了唯一能与之抗衡的对手。很多经销商一开始是欢迎IBM的，现在反而担心他们掌控未来，他们回到了苹果的怀抱。因为他们觉得苹果能给他们一个有保障的未来。IBM想占有一切，我们能让它主宰整个电脑产业、控制整个信息时代吗？"随即，现场一片黑暗。突然，《1984》电视广告出现在屏幕上。广告播完后，全场起立，掌声雷动。

之后乔布斯走到一个布袋前，拉开拉链，取出一台电脑，启动它，麦金塔的英文名字在电脑屏幕上横向滚动，其下面还有一行"酷毙了"的字，然后书写工具、各种字体、图画工具相继出现在电脑屏幕上。人群沸腾了。乔布斯说："在过去，我们这个行业一共有两个里程碑，一个是1977年的Apple，另一个是1981年的IBM个人计算机。今天，我将向大家揭晓第三个里程碑——不过我要让它自己介绍自己！"接着乔布斯按了一个键，台上的麦金塔电脑发出了合成声音："你好，我是麦金塔。非常高兴能与你们见面，从那个袋子里出来确实很棒。我还小，正在努力长大。我愿意骄傲地向各位介绍一位非常了不起的、值得信赖的、像我的父亲一样的人，他就是我们的史蒂夫·乔布斯。"之后，全场欢呼！观众报以雷鸣般的掌声，既为这台小电脑的有趣表现，也为回到舞台的这个人。乔布斯泪流满面，向台下频频挥手。

发布会上的所有过程、一切细节都独具匠心。当天乔布斯送给团队成员每人一台麦金塔电脑。接下来的几天里，大量消费者不断涌入商店，想要亲眼看见麦金塔电脑的"芳容"，而订单也蜂拥而至，在头三个月内，麦金塔的销量就达到了乔布斯原先提出的7万台的目标。

逐梦小语

责任心

为了麦金塔的软件，安迪·赫茨菲尔德已一周没睡。完工后补觉一天毫不为过，但强烈的责任感依然驱使着他回到办公室，和同样疲惫不堪的同事们接受新的挑战。在光芒四射的苹果背后，是一支有着高度责任感的团队。在所有成功的企业中，这一点都是相同的。

第四章
成熟，第三个里程碑

无心插柳

本来安迪·赫茨菲尔德编音乐播放器程序，是为了让电脑能够播放《烈火战车》的主题曲。虽然播放器没能播放音乐，但乔布斯依然认识到这将是个伟大的创举，使电脑往人性化的道路前进了一大步。对于科技企业来说，一个既懂市场又懂技术的老板是何等的重要！

黎明前的黑暗

麦金塔承受着苹果复兴的重任。乔布斯深知 Apple II 这匹老马已老，如果想和 IBM 决一死战，苹果就必须依靠麦金塔。和所有的老板一样，乔布斯在发布会前压力巨大，将自己的焦躁不安展露无遗，无名火快把下属逼疯。也正是在这黎明前的黑暗中，他们一起创造了一个奇迹。在企业最困难的时候，老板的自信和坚毅就是团队的脊梁。

标杆

IBM 是老牌电脑公司，其个人电脑业务在当时已显著超越苹果，而且势头凶猛，看似无懈可击。如何在不利的环境中鼓舞经销商的斗志并给股东信心？以己之长比他人之短，以凸显自己的优势；以饱满的信心、高昂的激情来展示自己的新意；以己之特长，彰自己的唯一。乔布斯在这几方面都做到了淋漓尽致。

激励

激励团队是世界性难题，尤其当老板本身性格孤僻，脾气暴躁，维系团队更是困难重重。乔布斯在胜利召开麦金塔电脑发布会和股东大会后，马上给麦金塔团队成员每人发一台贴有个性化铭牌的电脑。收到礼物的员工荣誉感油然而生，昔日的艰辛随风飘去，所受委屈一扫而光。以心交心是金钱换不来的尊重，地位换不来的感动。

改变中国文具行业的一天

2004年5月，借中国文具展览会在长沙召开的机会，真彩文具邀请了与会的全国省级代理和商超大客户代表及中国制笔协会领导近百人出席真彩文具的招待晚宴。当董事长在宴会开始请大家观看一段视频时，大家都好奇地把目光投向了屏幕。

只见在激昂的音乐伴奏中，一支009中性笔拔地而起，直冲云霄！这一幕模拟成火箭发射的场景，不禁让人联想到中国的神舟五号（以下简称神五）宇宙飞船载着宇航员杨利伟首次进入太空的壮举，那不仅引起了全世界的高度关注，更极大地振奋了中国人的志气。这段视频是朱献文回国后，从行业外招聘的真彩文具市场部经理于连波的杰作。作为他展示专业水平的处女作，于连波以很低的成本，指导广告公司制作了这部时长5秒的广告片。他巧妙地借用了神五的成功发射的辉煌时刻，将这份国家自豪感与真彩文具的品牌形象紧密相连，深深触动了在场的营销高手的心弦。当视频播放完毕，欢呼声响彻大厅。当董事长宣布未来一个月，将在中央电视台投资1000万元，由5个频道播放真彩文具的这部广告，也是中国文具的第一个电视广告时，代理商们激动的情绪被进一步点燃，纷纷举杯祝贺并表示在次日的订货会上加大订货量，为大学汛销售旺季做好准备（大学汛是9月开学前的销售旺季，往往两个月的销量能占全年一半以上的销量）。

就这样，真彩文具在文具行业率先正式启动了以快消品营销方法推广产品的销售模式。在公司已在产品和渠道打下良好基础的前提下，从品牌打造上寻求突破。

看到现场的巨大成功，性情中人于连波经理忍不住热泪盈眶，深知他为此付出太多的朱献文，穿过群情振奋的代理商，走到他身边，为他倒上酒，含泪干杯，一切尽在不言中。

英雄见英雄

乔布斯和比尔·盖茨既是竞争对手，又是同事和朋友，他们都出生于1955年，都在大学辍学研究计算机，但他们却以两种完全不同的风格改变了个人电脑产业——盖茨理性，偏重技术；乔布斯则看重设计。

1981年，乔布斯决定按计划推出麦金塔电脑，让微软公司帮助麦金塔电脑开发软件。当时，微软最重要的产品就是基本程序语言，最成功的运用平台是苹果公司的Apple II，随着Apple II的热销，微软公司的利润及影响力也成倍增长，就连电脑巨头 IBM 也都找微软公司编写软件。

乔布斯来到微软总部，为盖茨勾勒出麦金塔的诱人前景，但盖茨不看好个人电脑市场，认为电脑不过是实用性的商业机器，不可能像乔布斯说的那样让人们争相购买。为此，乔布斯又邀请他及其属下前往苹果公司，观看令人惊叹的麦金塔操作系统演示。这一次，盖茨等人被征服了，他们感叹苹果公司果真与众不同，终于答应为麦金塔开发软件。

微软很快组建了一个大型团队负责这个项目。乔布斯和盖茨还签署了一个秘密协议，协议中规定：倘若微软在未来两年之内专为麦金塔做 Excel，而不开发 IBM 个人电脑版本，乔布斯就将麦金塔电脑的 BASIC 团队撤掉，而无限期使用微软开发的 BASIC 程序。盖茨欣然接受了这个提议，让微软在日后的谈判中获得了优势。

在与乔布斯的合作中，盖茨也发现乔布斯是个执着、追求完美、具有强大的"现实扭曲力场"的人。他们最初的合作还算愉快，但一段时间之后开始出现问题。他们原计划将微软的应用程序打上苹果的标识和麦金塔进行捆绑销售，每台电脑能让微软获利 10 美元，结果遭到了其他软件商的反对。乔布斯引用合同中的某一条，决定不预装微软的软件，如此一来，微软就必须直接向消费者推销自己的软件了。

盖茨并没有指责乔布斯，相反，他认为这不见得是件坏事。他将软件卖给了其他各种平台，并为 IBM 个人电脑开发文字处理软件，还推迟了开发麦金塔 Word 软件的时间。毫无疑问，乔布斯退出捆绑销售的决定是错误的，它让苹果承受了比微软更大的损失。

逐梦小语

竞合

麦当劳与肯德基、可口可乐与百事可乐、中联重工与三一重工、中兴与华为等企业之间的竞合作用原本就是一种自然界中普遍现象（即双星系统）的社会化表现。甚至在英雄人物中也会出现"双星系统"，这说明竞争其实是发展的重要动力。

英雄莫问出处

乔布斯出身于普通平民家庭，性格偏激、脾气粗暴，号称反主流文化人士；盖茨出身富足、性格温和、学业优秀。他们的价值观和世界观截然不同，但他们都对计算机事业充满激情，均为行业的巨人。两人的经历证实了"英雄莫问出处"这个道理。

个性决定方向

乔布斯的孤僻个性使他喜欢走以"我"为主的产品路线，盖茨的温和个性令他走兼容开放的路线，他们都以各自的方式取得了成功。不同的老板有不同的性格和不同的工作方式，有时还不是那么令人舒服。作为下属，要特别清楚地认识到这是性格和习惯问题。对老板来说这不存在对错，而作为下属，要么适应，要么离开。

共同目标与偏见

尽管乔布斯与盖茨、麦金塔团队与微软团队之间心存芥蒂，但在"将个人电脑带入一个新境界"的共同目标之下，他们暂时抛弃偏见，为了共同的利益一起奋斗。在工作中，我们应该坚持理性的处事方式，而不能为了一时之气，拿整体利益当儿戏。

塞翁失马

乔布斯不在麦金塔电脑中预装微软的软件，令微软失去了一笔大生意；但同时，却也给了盖茨一个宝贵的商业模式——直接卖软件给消费者。所以，有时我们遇到不顺心的事情时，不妨换个角度去思考，可能会发现奇迹呢！

真彩英雄惜英雄

2005年，真彩文具经过十多年的发展，又经历了一轮"野蛮成长"，已连续几年成为我国文具行业的头部企业，当年年销售额已达5亿元。加强企业管理已成为当务之急，于是，朱献文把合资管理咨询公司的资深顾问唐峰先生挖了过来，请他协助董事长，从集团的管理层面开始梳理。

集团管理的难点在于高层管理人员的思维转变。从角色意识、管理心理等各方面，都要求有较大的转变，这是一个痛苦的过程。我们知道企业变革，如果不能获得多数高管的支持，是很难有所作为的，在董事长的放权、朱献文等一批高管的大力支持下，唐峰的工作井然有序地展开了。

唐峰将集团管理上存在的问题进行了梳理和归纳，针对企业管理的不同阶段提出了不同的解决方案。他在工作中倡导简单文化，创造性地在营销系统奖金分配方案中采用权重积分制的方法，解决了董事长常年头痛的问题。同时，他首次系统性地规范了企业内部和外部的指标评价体系，并明确界定了组织架构图和岗位职责。除此之外，他设计和完善了集团及营销中心的管理系统，明确了管理风格转变的方向，以及授权的范围和相应的方法。在此基础上，他采用目标管理的方法，成功组织和实施了真彩文具营销系统的首次年度规划。后来，唐峰由于个人原因暂时离开了公司。

2010年，真彩文具年销售额已突破10亿元，公司从青春期向盛年期迈进。公司发展迅速，建立ERP（企业资源计划）系统不得不提上日程。为保证项目的实施，董事长三顾茅庐，请唐峰回公司分管该项工作。当时公司内部的条块分割现象非常严重，而ERP系统的实施则要求将这些分散的部门融合为一个整体，难度是非常大的，但如果做好的话，它将极大促进公司的决策效率与整体发展。

ERP的实施是个系统工程，它横跨生产、营销、财务、采购、管理，几乎涉及了公司的每个方面，牵涉公司整体的项目管理。当时社会上流传着"不搞ERP就是等死，搞ERP就是找死"的戏言，当然，对真彩文具而言更是个挑战。在董事长的大力支持下，项目开局很好，大家充满了信心。

许多参与ERP项目的同事事后纷纷表示，这段经历让他们有一种脱胎换骨的感觉。公司在集团最好的窗口期时，ERP项目成功上线了。为此，唐峰还荣获了"2010年全国轻工业企业信息化优秀领导奖"（由中国轻工业联合会颁发）。

名利之争

自从与微软合作以来，乔布斯就担心微软窃用麦金塔的图形用户界面。事实证明乔布斯的担心并非多余，当看到麦金塔电脑的操作过程时，盖茨就预感到图形界面是未来的主流。再者，他认为自己也有权模仿施乐PARC开发自己的图形界面。那时，为乔布斯打工的盖茨获悉了苹果公司的一个天大的秘密，并将之转化成微软崛起的重要契机。

聪明的乔布斯也看出了这点。1982年1月22日，乔布斯强迫盖茨与之签署了一份协议。协议中规定，微软不得把为苹果开发的软件应用于非苹果公司的电脑上，其中剑指IBM。但百密一疏，该协议并没有禁止微软编写与麦金塔类似的操作系统与苹果展开竞争。

麦金塔原定于1983年1月发布。在原合同中，盖茨承诺微软一年之内不得将任何图形软件卖给其他公司。不幸的是，麦金塔推迟了一年发布。1983年11月，当微软宣布旗下首款图形界面操作系统Windows发布时，乔布斯气势汹汹地指责他们剽窃，盖茨则冷静又尖锐地反驳："史蒂夫，我们都有个有钱的邻居叫施乐，我闯进他们家准备偷电视机的时候，发现你已经把它盗走了。但这并不意味着我不能取走立体声音响。"这段话堪称IT史上最经典的反驳，乔布斯也拿它没办法。

为了能让微软继续为麦金塔编写应用程序软件，乔布斯最终做出了让步。苹果与微软约定，微软有权在其即将推出的Windows系统中使用苹果公司的部分图形功能；作为回报，微软继续为麦金塔编写软件，并在一段时间内只允许苹果独家使用Excel软件，而不用于IBM兼容机中。

即便这样，乔布斯依旧很沮丧。苹果公司始终坚持完美、永远创新，但微软却成了操作系统之争的大赢家。

逐梦小语

"学习"

知识产权的保护在全世界都是极其重要的。苹果在施乐处学习了PARC的概念，将其改良为了麦金塔图形界面；而微软从苹果麦金塔图形界面演绎成Windows操作系统。一个PARC成就了两个世界级的IT企业。从后来者的角度来说，各种学习机会都应抓住；而对于发明者来说，保护知识产权的意识一刻都不能松懈。

保护

当今世界，发展、竞争与合作是共生共存的三兄弟。在合作过程中订立的保护条款需深思熟虑，最好由知识产权专家参与。从微软的角度来看，这次合作天从人愿，除了合理合法地从苹果那里学习到了图形界面的技术外，还学到了营销方法，更无意中得到了新的盈利模式。夸张点说，乔布斯的另一个贡献就是打造了另一个世界首富。

竞合

苹果与微软在图形界面上的竞争虽然令乔布斯很愤怒，但为了利用微软的软件技术，他不得不向盖茨妥协。对苹果来说，虽然图形界面技术的流失很可惜，但毕竟换来了麦金塔在微软帮助下的成功。因此乔布斯的妥协也显示出他的聪明。

叫好与叫座

在电影市场，有些被专家高度评价的影片却票房不高，评价普通的却票房大丰收。在网络发达的今天，民众的好恶更加难以捉摸。乔布斯不理解为何Windows系统能独霸世界，其实Windows的成功恰恰在于它巧妙地满足了绝大部分消费者的审美和使用要求，在合适的营销策略推动下，自然获得了意想不到的效果。

第五章
CHAPTER5

衰败，
大自然的规律无处不在

"六旺"

1984年，麦金塔电脑上市的当天，全美各个计算机零售商店的门口都排起了长队，人们争相抢购。社会各界均以拥有一台麦金塔电脑为荣，乔布斯更是巧用了"名人效应"。他将麦金塔电脑送给滚石乐队的主唱米克·杰格和披头士乐队成员约翰·列侬的儿子肖恩·列侬。

麦金塔的成功上市让苹果公司全体员工都沉浸在兴奋中，乔布斯在苹果公司的地位也慢慢恢复。斯卡利决定将丽萨团队和麦金塔团队合并，由乔布斯担任合并后的团队负责人。合并后，乔布斯高调地宣布，今后所有的高层职位都将由麦金塔部门的成员担任，他还轻蔑地对丽萨团队说："你们真是一群饭桶！"这样的公开侮辱，深深地刺痛了丽萨团队所有成员的心。乔布斯还说，要裁减掉丽萨团队四分之一的员工。

比尔·阿特金森认为乔布斯的做法冷酷无情，但乔布斯却不以为然。当时，乔布斯和斯卡利相处得还很融洽。1985年5月3日，是斯卡利加盟苹果的一周年纪念日，乔布斯在黑羊餐厅为其举办了庆祝晚宴，参加者还有苹果公司的董事会、高层管理人员和东岸投资者。乔布斯当着众人说："最快乐的日子有两个，一个是麦金塔成功上市之时，另一个则是约翰·斯卡利答应我加入苹果公司那天。"宴会上，斯卡利也说了令乔布斯很感动的话："苹果的领导者，只有我和乔布斯。"

斯卡利的这句话让在场的高层们有些担心，因为他们聘请斯卡利本是为了制约乔布斯的。但有着强大的"现实扭曲力场"的乔布斯又怎么能受控于他人呢？随着与斯卡利接触得越来越多，乔布斯更加激烈地表达自己对公司各方面的意见，并试图强迫斯卡利按照他的意愿行事。对此，斯卡利也无可奈何。

为了扩大麦金塔的生产规模，乔布斯准备在弗雷蒙建一家工厂。在去工厂查看的时候，他一会儿挑剔机械的颜色不好看，一会儿嫌下属工作不到位。他的挑剔把生产总监马特·卡特气得辞了职。但乔布斯根本不在乎这件事，他把原来在麦金塔团队任财务主管的黛比·科尔曼找来接任生产总监。

第五章
衰败，大自然的规律无处不在

当乔布斯的父亲来工厂参观时，他对工厂严格的工艺十分赞赏，这让乔布斯十分高兴。但是，有一次法国总统密特朗的夫人参观了这家工厂，问了许多关于工人的权益和福利方面的问题，乔布斯很不高兴，对她的翻译说，如果她对这里的福利感兴趣，随时欢迎她来这儿上班。事后乔布斯为了宣泄心中的愤怒而在高速路上飙车，被罚后仍冒着被送进监狱的危险再次超速开车泄愤。

乔布斯还去欧洲市场进行了考察，但他总是反复无常。比如他本来与法国的软件开发商约好了共进晚餐，却又突然想去拜访艺术家福隆。并且他曾非常无礼地对待意大利的销售总经理和殷勤的餐厅服务员。

在销售预测上，乔布斯与欧洲团队也有着不同的看法。乔布斯总希望自己的团队能做出更高、更准的预测，否则就不给他们拨款。但下属坚持从实际出发，霍夫曼不得不从中进行调和。

逐梦小语

温柔的刀

乔布斯在获得麦金塔团队和丽萨团队的整合权时，不但高调重用"嫡系"麦金塔团队，还直接打压甚至诋毁丽萨团队成员。这体现了青年乔布斯的低情商和不成熟的领导风格。人事调整是每个公司都会遇到的问题。但尊重员工、好聚好散不但能体现公司对员工的关怀，还有利于公司的口碑传播。与简单粗暴的遣散方式相比，温情辞退在金钱、精力、时间上的成本增加并不显著。尽量用好"温柔的一刀"，是管理者务必关注的方面。

用人就用精英

"要建设一流的团队就一定要狠！"这句话表达的意思是，在人才选拔时，一定要从严要求，选择最优秀的人才。一般情况下，就算上司有宽大的胸怀、容才之心，但由于水平的局限性，最多只能招募到与自己水平相当的人。而且大部分人都会有意无意地"向下招聘"，出现乔布斯所说的"二流引入三流"的现象。

经理人的生存

斯卡利为讨好乔布斯，当面表示了对乔布斯的依赖。但他没有想到，这违背了大多数管理层对他的期待——控制住乔布斯。经理人要生存，当然首先要处理好雇佣关系，但更重要的是自己的整体业绩。所谓"识英雄，重英雄"，如没有业绩支撑，再好的关系也只是浮云。记住：老板是请你来赚钱的。

失控

由于斯卡利的不作为，乔布斯可以根据自己的意愿干涉生产经营活动，令苹果各项产品的工期和成本都偏离了预算。追求完美固然好，问题是你对完美的定义是否完美。比如令乔布斯骄傲的是他做到了父亲曾做到的，而密特朗夫人关心的却是员工的权益福利是否有保障。所以，权力一旦失控，就会变成"我即是法，法即是我"的"无法无天"了。

乔布斯风格

乔布斯的反主流风格一直保持至今，不管他在何时何地，都看不到他对别人的尊重——除非他有求于你。其实很多老板都会有点脾气，但像乔布斯这样无礼到近乎无耻，也算是人间极品了。但老板们请记住：无礼和脾气都是需要成本的。

有规矩才能有方圆

中小企业快速发展的过程中往往会忽略了管理和规矩，当小企业还是几个人的时候，大家还可以及时与老板沟通，提升执行效率来解决管理问题，可当公司成长为上百人规模以后，这些方式就必须变成规范化的管理。

在公司内部管理与人性化之间寻求平衡是永远的难题。企业的老员工创新精神比较缺乏，但是经验丰富，对企业的忠诚度高，是企业的根基。因此，我们不能轻易替换原有团队，而应适度补充差异化的人才进入企业，以能达到强强联手的目的。

"三衰"

乔布斯从欧洲回来后，即麦金塔推向市场的第二年，苹果公司开始亏损。之所以出现这样的情况，是因为麦金塔在使用中暴露出了越来越多的问题。比如麦金塔内存不足，运行缓慢；没有硬盘驱动，没有风扇，容易造成硬件故障；屏幕尺寸较小；电脑是全封闭的，不能扩展其他功能。由于首次采用图形用户界面技术，导致当时兼容的应用软件还不到10种，而IBM的个人电脑则有千种软件可供选择。

第五章
衰败，大自然的规律无处不在

到 1984 年年底，原先开发的丽萨电脑的销量几乎是零，麦金塔的销量跌至每月不到 10000 台。乔布斯命人将仓库中的丽萨电脑上安装上麦金塔的仿真程序，并给其起名为"Mac XL"，然后作为新产品推向市场。霍夫曼说："它的销量还行，即便这样，我们也得尽快结束这个骗局。不久，我也因此离开了苹果。"

1985 年 1 月，苹果再次推出一则广告，希望能引起像《1984》那样轰动的效果。但这次的故事脚本未能正面宣传苹果的产品，甚至还公然侮辱了 IBM 的客户，全美国人的抗议如潮水般涌来。

乔布斯前往纽约接受记者专访，他表示对苹果的现状和未来十分担心。回到酒店后，他对所有的东西都表达出了强烈的不满，甚至还挑剔工作人员的服装。工作人员坎宁安想让乔布斯平静下来，她说："我知道你在生气，我也知道你的感受。""你知道个啥！"乔布斯怒吼道，"我的感受，你怎么会知道！"

逐梦小语

产品与广告

麦金塔电脑依靠成功的广告发布而红极一时。但不到一年就因无法解决的缺陷而被消费者抛弃。广告的创意和制作当然可促进销售，但只能锦上添花，却不会雪中送炭。好的广告帮助我们告诉消费者产品的优点，或把好东西说得更好，但绝不能长期把坏东西说成是好东西。产品本身是"1"，广告等营销活动可以往后面加"0"；但如果没有"1"，再多的"0"也还是 0。

经验与毒药

由于《1984》广告的巨大成功，广告公司坚持"真理只掌握在少数人手里"，拒绝乔布斯的修改意见。结果 1985 年的麦金塔电脑广告不但得罪了全美的商务人士，还严重打击了苹果公司的士气。当经验与现实匹配的时候，经有关人员再加工，它就可能成为生产力。这就是我们要学习的原因。但如果不顾条件的变化，盲目套用经验，它就可能变成毒药，置人于绝境。

不安

本来乔布斯指望盛装登场的麦金塔能取代渐渐老化的丽萨使苹果再续辉煌，但销量下降的"破屋"，又遇到"1985 广告"的"连夜雨"，使乔布斯陷入极度不安之中。在困境中，这位科技天才也发出了"我的感受，你知道个啥呀"的无奈之吼！事业有起有伏，人生也有起有伏，作为领导人，情绪的把控有时真的会影响企业的发展。

真彩首遇的挫折

2004年3月起，湖南电视台地面频道试验推出《2004超级女声》。同年5月，该节目面向全国播出，节目吸引了各地的选手报名参加，并逐渐形成了自己的品牌影响力。2005年，湖南卫视携手天娱传媒联合推出《2005超级女声》。

在高强度的炒作下，《2005超级女声》在中国几乎家喻户晓。节目最终依据场外投票数产生了"年度全国冠军"李宇春、"年度全国亚军"周笔畅、"年度全国季军"张靓颖。针对广州歌手"周笔畅"的名字，朱献文马上组织市场部策划了"中国笔，畅中国"的产品推广方案，同时组织设计部设计了拟人化的漫画图案，生产了"超女系列"大学汛产品，试图借"超级女声"的热度来提升这些产品在市场中的关注度和销量。

虽然市场部投入巨大资源，为经销商准备了一系列的宣传物料，令全中国的文具批发市场和大多数文具店充斥着"超女系列"的宣传广告和产品。但大学汛结束后，该产品在整个销售渠道中出现了滞销和积压，后来不得不低价促销，花了近两年才消化完库存。

后来总结借势失败的原因时，朱献文发现最大的问题在于把当时年轻人对"超女"的狂热，误解成学生的狂热，而真彩文具当时的定位是学生文具，结果造成"差之毫厘，谬以千里"的后果。不幸中的万幸是当时的策略是先进行小范围的试水，若效果可以的话，次年再正式与"超女"方签订代言合同。因此，当年准备的产品总量并不多，并未造成"伤筋动骨"的严重后果。

危机

1985年2月，乔布斯年满30岁了，他在旧金山举办了一场有1000人参加的高档舞会。乔布斯在请柬上写着："30岁以前，你培养习惯；30岁以后，习惯培

第五章
衰败，大自然的规律无处不在

养你。欢迎参加我的30岁生日庆祝会！"

参加宴会的有计算机软件大师比尔·盖茨、歌手埃拉·菲茨等人。斯卡利还提议为"技术领域最重要的远见者"干杯。

大多数人都为乔布斯精心准备了生日礼物，比如美酒、水晶制品、初版书等，但乔布斯对这些丝毫不感兴趣，将它们统统留在了酒店里。

在乔布斯生日的当月，作家谢菲于《花花公子》杂志上发表了一篇对乔布斯的访谈。其中，乔布斯提到自己有可能会离开苹果几年，但无论如何，他都会回来的。也许乔布斯也隐隐感到了不安，预测到人生将出现突变。

逐梦小语

而立之年

和所有人一样，乔布斯到达了人生的一个里程碑——三十而立。一般而言，大学毕业后，通过3年打基础、5年见成效的过程，人们30岁时就基本形成了个人的风格特征。正如乔布斯推崇的"30岁以前，你培养习惯；30岁以后，习惯培养你"。你在前30年的各种资源储备将在后30年中迸发出相应的能量。当然，在不断输出的同时，还应有更大的输入，这样才能使能量源源不竭，人生基业长青。

危机感

当乔布斯处在30岁的顶峰时，却隐隐有一丝不祥的预感。除了公司正在困境中，各种不利因素将纷纷出现之外，幼年时被抛弃的阴影深深地影响着他的潜意识。他内心的自卑感难以消除，只能通过反主流行为进行宣泄。其实他内心也清楚这终会造成严重的后果，只是无法控制罢了。

散席

安迪·赫茨菲尔德于1981年2月加入麦金塔团队，并成为麦金塔系统软件的主要开发者之一。1984年，麦金塔电脑推出前夕，他是媒体争相采访的新闻人物，《滚石》杂志、《新闻周刊》都曾对他进行了长篇报道。麦金塔发布后，他利用这难得的空闲时间休假了。在假期中,他偶然获知乔布斯给麦金塔团队的工程师们发了高额奖金,有的甚至达到了 5 万美金,而他对此毫不知情。他立刻向乔布斯提出了离职。这次,乔布斯难得地妥协了,虽然如此,安迪·赫茨菲尔德依旧难以释怀。休完假后,他与乔布斯一起吃了顿饭,乔布斯本来想借此机会缓和一下双方紧张的关系,但还是未能成功说服安迪·赫茨菲尔德。最终,安迪·赫茨菲尔德离开了麦金塔团队。

伯勒尔·史密斯是麦金塔团队里天真、聪明、躁动的程序员,他于 1985 年年初离开了苹果。

1982 年 1 月,乔布斯从施乐 PRAC 挖过来的人才布鲁斯,加入麦金塔团队后成为系统软件的主要设计师之一,他编写了资源管理器、对话管理器及 Finder。1984 年夏天,他也离开了苹果,虽然乔布斯试图用 15000 份股票挽留他,但他还是决然地走了。

不过,最引起轰动的还是史蒂夫·沃兹尼亚克的离开。苹果公司把大部分精力都用在麦金塔上,导致了对 Apple II 生产线的支持严重不足,而且管理混乱,沃兹尼亚克曾明确地指出了这点。1985 年 2 月,因感觉受到了不公平待遇,以及乔布斯的冷漠无情,沃兹尼亚克决定离开苹果。随之,流言四起。斯卡利想淡化这件事情,他说:"很多时候就是这样,有些人不适应就会选择抽身离开,确实,我们会失去一些好成员,但苹果不可能永远是当年那个车库中的小公司!"乔布斯也想降低这件事的影响,但他的语气很不客气,他甚至说沃兹尼亚克这几年没干过什么正经事。

在沮丧和愤怒之下,沃兹尼亚克离开了苹果公司。1986 年,他成立 CLP 公司,想推出一种用于控制多种电器的通用遥控器——Core。当乔布斯发现为苹果公司服务的青蛙设计公司正在给沃兹尼亚克设计新遥控器时,他勃然大怒,严禁青蛙公司做沃兹尼亚克的项目。沃兹尼亚克认为这是乔布斯在借机惩罚他,乔布斯则辩解说,这个做法是为了防止沃兹尼亚克的遥控器像苹果生产出来的产品。而青蛙公司觉得乔布斯是仗势欺人。听说此事后,赫茨菲尔德也替沃兹尼亚克感到不平,他甚至拒绝了乔布斯的登门拜访。那时,乔布斯才感到自己确实做得过分了。

逐梦小语

天下无不散的筵席

虽说"天下无不散的筵席",但"好合好散"的理念在"不是英雄就是狗熊"

的极端主义化身的乔布斯身上从未体现。乔布斯对离开苹果的员工不但不施与援手，还横加干涉和阻挠，这也体现了乔布斯的情商缺陷。

忍耐的极限

无数IT天才被乔布斯对产品的激情和天才的构想所煽动，跟着他为理想奋斗，忍受他的无礼和粗鲁。但人是有尊严的，忍耐也是有极限的。受到的侮辱超过一定的极限，人总会爆发的。在"一白遮百丑"的业绩下，或许很多人会选择忍让，但高潮退去之后，所有问题都会暴露，人们都会重新审视自己选择的价值。此时，一着不慎就会"兵败如山倒"。

胸怀

身边很多老板在员工外出创业时都会给予支持。老板们会为老部下提供技术、业务甚至资金上的帮助，至少在精神上给予鼓励，尽力帮老部下度过艰难的生存期。他们从雇佣关系变成朋友关系或合作关系，保持着良性互动。但乔布斯在对待沃兹尼亚克再创业的态度上，实在让人觉得有点不可理喻。在30岁的乔布斯身上，找不到企业家应有的胸怀。

裂缝

当沃兹尼亚克走后，乔布斯和斯卡利之间的矛盾日益加剧。最初，乔布斯讨好斯卡利是希望对方不要约束他，而斯卡利则认为乔布斯会始终如一地对自己好。当乔布斯发现自己无法左右斯卡利，而斯卡利也感到乔布斯对自己的态度越来越粗暴时，他们之间的战争终于爆发了。

麦金塔销量的惨淡也加剧了乔布斯与斯卡利之间的矛盾。1985年，苹果公司的账簿上再次出现赤字，董事会将矛头指向乔布斯。但乔布斯把失利的原因都归结到斯卡利身上，说斯卡利不懂电脑，没有理解苹果产品的精妙所在。而斯卡利认为乔布斯没有修养，不懂管理却随意干涉公司的经营决策。

董事会试图去调节他们之间的矛盾，但失败了。1985年4月，斯卡利在董事会上说："现在公司相当于两个人在掌控，这对于公司的运营和发展都将产生不利影响。乔布斯必须明白，我才是公司的唯一管理者。"最后，董事会决定倒向斯卡利一边，免去乔布斯麦金塔部门总经理的职务，但保留他董事会主席的头衔。乔布斯得知后勃然大怒，他找到斯卡利，想说服他还让自己担任麦金塔部门的总经理，同时保证以后绝不随便插手公司的其他事务，但遭到了斯卡利的拒绝。

逐梦小语

企业家与经理人

只有当企业家与经理人形成互补合作的关系时，管理的功效才能发挥出来，双方的合作才能持续和深入。但当蜜月期结束，双方光环褪去，各自的弱点不断显现，这时经理人需要将重点放在业绩上。只有取得业绩的增长，才能争取到改善管理的时间，否则，经理人在企业家心中的地位会不断下降，且双方意见不合，互相指责，最终将走向对立甚至分裂。

得道多助

在与乔布斯的斗争中，斯卡利得到了大多数人的支持，包括乔布斯的老部下，苹果公司上下都认可他的管理经验和温和性格。同时，由乔布斯主导的麦金塔电脑销售堪忧，平时受尽谩骂的麦金塔员工都希望乔布斯早日离开。对于一个企业的创始人和大股东，如能对"得道多助，失道寡助"多些理解，或许能避免如此严重的倒戈吧。

公司治理

乔布斯是苹果的创始者，又是大股东，但除了公司代言人的角色难以被人取代外，他的职责也被限制在公司的管理机制之中，当然，这需要一个强有力的最高管理者——总裁对他加以管理。否则，最好的公司制度也形同虚设。

不甘

1985年5月初，乔布斯与斯卡利在办公室互相指责，乔布斯大嚷着让斯卡利辞职，斯卡利被气哭了。5月14日，乔布斯带着麦金塔团队向苹果公司的董事会进行季度回顾。乔布斯提到目前该团队的主要任务就是将麦金塔电脑销售出去，而斯卡利则不讲情面地批评了麦金塔团队的工作情况以及乔布斯的管理状况。这次，他们又争执了一个多小时，当着众人的面，斯卡利再次拒绝了乔布斯想留任的请求。

乔布斯认为自己被逼上绝路了。他准备反戈一击，他想利用斯卡利到中国出席会议的时机，在公司内部发动一次"政变"，将斯卡利轰出苹果公司。但乔布斯万万没想到，由于自己平时待人刻薄、树敌太多，且不善于搞阴谋诡计，许多人将他的这一计划四处宣扬，以至于他的计划尚未实施就被斯卡利知道了。

逐梦小语

内耗

尽管乔布斯对另起炉灶也有几分动心，但想到自己的公司被自己痛恨的人握在手中，他就无法接受，他也无法平息被斯卡利抛弃的愤怒。在两次争取留任未遂后，乔布斯受心腹员工的鼓动，决定策划"政变"。此时的他已经进入了一个绝不属于自己的领域：政治。

任何人都有自己的个人利益，高管更是难以避免地会有一帮铁兄弟，这帮兄弟的利益会随着老大的变化而变化。所以，他们打着维护公司最高利益的旗号去煽动老大。老大如果头脑不清醒，公司就会陷入内耗。作为企业家，深刻洞察属下建议的真正目的，是一种不可或缺的能力。

不到黄河心不死

1985年5月23日，周四。乔布斯在麦金塔部门的高层例会上讲述了自己想把斯卡利赶下台的计划，他还告诉了从巴黎来准备替代斯卡利的加西。乔布斯准备在周末通过投票的方式革除斯卡利的职务。但大部分人还是支持斯卡利，很快就有人把这件事通报给斯卡利。斯卡利得到消息后，立刻取消了行程，决定跟乔布斯一决胜负。

5月24日，周五。斯卡利在苹果公司高级职员大会上控诉乔布斯想将他撵走的企图，对此乔布斯极为震惊。很快乔布斯镇定下来，他历数斯卡利的诸多不是，并说斯卡利来到苹果后从来没有帮过自己。斯卡利立刻让与会者投票：在经营企业方面，是乔布斯好还是斯卡利更好？让乔布斯感到震惊和失望的是，几乎所有的高级主管都站到了斯卡利那边。乔布斯情绪十分激动，他一句话没说就离开了会场。斯卡利丝毫没有胜利者的喜悦，他也感到自己很受伤，甚至准备辞职。

5月25日，周六。迈克·默里找到乔布斯，劝他接受产品构架师的职位，离开总部，启动苹果实验室项目，但乔布斯还是有些犹豫。第二天乔布斯主动约斯卡利一起去斯坦福大学后山散步，他想借此机会与斯卡利和解。此时乔布斯的怒火渐渐平息，他开始理智地看待这件事情了。而斯卡利也放弃了准备辞职的想法，尽管他和乔布斯之间发生了争吵，但他还是希望乔布斯能够像原来那样喜欢自己。

5月26日，周日。这天下午，乔布斯与斯卡利一起散步，他们平心静气地说出各自的想法。乔布斯希望斯卡利把权力重新交给自己，他提议"你来当董事长，我来当总裁兼CEO"。斯卡利说这个提议毫无意义，他拒绝了。乔布斯不得不同意考虑接受产品架构师的职位。

5月27日，周一。乔布斯让几名麦金塔团队成员来家中商量对策。他们准备说服马库拉站到乔布斯这边，让乔布斯夺回对苹果公司的管理权，或者至少让他保留对产品部门的控制权。马库拉也被邀请来后，他先让众人说一下具体的管理问题，当听到麦金塔团队成员的想法后，他明确地表示不赞同，并希望事情到此为止。

与此同时，高层管理人员也提醒斯卡利绝不能让乔布斯重回运营岗位。

5月28日，周二。斯卡利在征得董事会的同意后给乔布斯打电话，通知他离开苹果。乔布斯感到大势已去，泣不成声。心腹默里担心乔布斯会自杀，便开车到乔布斯的住所陪他彻夜长谈。

5月29日，周三。这天晚上乔布斯把《巴顿将军》的录像带重温了一遍。他想再次发起"政变"，但默里打消了他的这个念头。他劝乔布斯周五来公司去听斯卡利宣布重组计划，还奉劝他"做好士兵，而不是叛军司令"。

第五章
衰败，大自然的规律无处不在

逐梦小语

直率

不管乔布斯的"政变"是否具有正义性，他的"天真"在此事中暴露无遗。在天时（麦金塔销售不佳）、地利（人心不定）、人和（大部分中高层都反对他）都不在手中之时，还不分"敌友"，公开自己的"政变计划"，让对方有充足时间去反击。这种直率，真不知道是乔布斯过分自信呢，还是工作方法有问题。

两败俱伤

乔布斯毫无策略的"政变"令他和斯卡利的关系雪上加霜。他不但没有如愿赶走斯卡利，还极大地损害了自己的声誉。无论如何，斯卡利是乔布斯三顾茅庐从百事请来的，就算发现不合适，也应当好聚好散，况且斯卡利也没要非待在苹果不可。

不到黄河心不死

在与斯卡利谈判无果的情况下，乔布斯还是不死心，想与一班兄弟说服马库拉。但老成的马库拉没给他们翻盘的机会，并明确代表董事会表示支持斯卡利。在群魔乱舞的环境中，公司核心人物的立场一定要坚定，就算是不完善的方案，甚至是错的方案，只要不是伤筋动骨，就要坚持，否则，对团队士气的打击是难以估量的。

坚韧不拔

尽管这次"政变"没能成功，乔布斯的政变策略也令人捧腹，但他坚韧不拔的意志和毅力也反映了他的特质。这一点是创始企业家与经理人的重大区别之一。

实现不可能的创意计划

朱献文2003年年底从伦敦重返真彩。真彩油画棒比赛已在全国的各种场景广泛推广，成效显著。在跟广东教育杂志社合作举办全省油画棒比赛时，朱献文得知杂志社的一名员工办的广告公司在协助学校进行业务推广，就提出了一个想法：让真彩的品牌能够长期（五年以上）出现在大中小学的图书馆、教学楼及食堂，具体的实施工作由广告公司负责。

这个非凡的创意居然迎来了机遇。朱献文得知省教育厅正在开展学生的交通安全宣传工作，于是他和市场部王海丰经理向广告公司提出了一个创意——设计一款交通安全宣传海报。这款海报与以往常见的铜版纸制作方式不同，全部用亚克力塑料板印刷，既显得高档又十分耐用，用螺丝钉固定后能长期保留。但当时商业广告禁止进入学校，在广告公司的努力下，他们在宣传海报底部10厘米宽的位置印上了真彩的LOGO，而海报的其余部分则全是安全教育的内容。这样一来，这张没有了明显商业广告气息的海报，终于得以在学校中张贴了。

后来，由市场部原来主抓油画棒比赛的王海丰对接广告公司的宣传海报进校实施。由于有了之前的经验，过程进行得很顺利，全省特别是在珠三角的中小学，几乎都有真彩的品牌形象出现，大大提高了真彩的知名度。

落魄

1985年5月31日，乔布斯在默里的鼓励下去参加斯卡利召开的公司例行会议。这一次，他决定要积极配合斯卡利了。他不声不响地坐在了后排，想利用"示弱"博得众人的同情，并谴责斯卡利的"恩将仇报"。斯卡利在向与会者展示公司的组织架构时故意把乔布斯漏掉了，他还强硬地说："在苹果公司里已经没有适合乔布斯这个人的角色了，不管是现在还是将来。"可想而知，那时乔布斯的心情有多糟。

也是在那一天，斯卡利正式签署文件，解除了乔布斯麦金塔部门总经理的职务。6月1日，美国各大报纸纷纷用大篇幅报道乔布斯下课一事。

赫茨菲尔德获知此消息后，急忙开车回到苹果总部。这是他离开苹果公司后第一次回来，他安慰乔布斯，并表示，如果乔布斯需要他，他会立刻回来协助他的工作。

接下来的几天，乔布斯把自己关在家里。一些苹果的老员工前去拜访乔布斯，他很不情愿地接待了他们。乔布斯向他们抱怨斯卡利的独断专行、忘恩负义等，并说苹果没有自己管理上将会十分混乱。

第五章
衰败，大自然的规律无处不在

他的心情可以理解。被自己一手创建的公司踢出门外，遭到曾经亲如父子的同事一致的反对，这样的事放在任何人的身上都足以令其崩溃。这件事令乔布斯又体会到了儿时被抛弃的痛苦。

乔布斯想去欧洲释放一下抑郁的情绪，于是他在6月去了巴黎。他约苹果公司法国分公司的新总裁让·卡尔蒙共进晚餐，并向其哭诉自己的遭遇。随后，他又到了意大利。他买了一辆自行车和一个睡袋，白天，他骑着车在山边小镇里闲逛，哪怕是阴雨连绵；晚上他把自己裹在睡袋里，躺在果园里睡觉。他不和任何人说话，人们也不认识他。在佛罗伦萨，他对当地的建筑和建筑材料十分赞赏，他特别喜欢颜色饱满悦目的蓝灰色铺路石。20年后，他将大部分大型苹果店的地面铺上了蓝灰色的铺路石。

6月底，他去了瑞典，依旧是为Apple Ⅱ电脑做宣传。他还计划到苏联为Apple Ⅱ电脑做宣传，因为当时Apple Ⅱ电脑刚刚在苏联销售。他曾一度考虑留在欧洲做个流浪艺术家。

逐梦小语

创始人与公司

如今，在有些利用投资基金发展的公司里，创始人不占绝对控股权，所以容易出现股权与经营权的分离。对于公司来说，这是有利的一面。但另一方面，创始人是公司的灵魂，是公司重要的无形资产，一旦创始者离开公司，公司的前景就很难预测了。

塞翁失马

为远离痛苦的环境，乔布斯到欧洲散心。谁料欧洲考究的建筑启发了他的灵感，20年后还为苹果带来了专卖店设计风格的灵感，可以说是因祸得福的收获吧。这也可以给我们带来些许启示：学科的交融、多学科的修养将给人们带来意想不到的作用。正如乔布斯对书法的热爱启发了苹果电脑字体的设计，佛罗伦萨的铺路石也启发了他，为苹果公司的店面装饰增添了独特魅力。

一如既往

乔布斯在任何地方都保持自己的风格，独来独往、我行我素。这种不羁的个性在年轻时可能会得到别人的包容，但我们不应效仿。因为我们生活在一个相联互通的世界里，需要通过千丝万缕的交流来实现互动，一旦因自身礼仪原因堵塞了沟通的渠道，那就得不偿失了。

有心栽花

1992年1月，乔布斯同意授权NeXT STEP操作系统在其他品牌计算机上运行，同时，他解雇了一半以上的员工。1993年，乔布斯被迫放弃了NeXT公司的硬件业务。虽然乔布斯力争在产品的每个细节处实现完美，但唯有硬件才真正能激发他更多的工作热情。

20世纪90年代中期，乔布斯在电影产业上取得了令人瞩目的成功，但一想到个人电脑产业，他还会失望至极。他已经看到了微软正在以惊人的速度发展着，它极有可能在业内占据主导地位。微软的Windows让Mac、Unix、OS/2一一败下阵来，一个低劣的产品却取得了最终的胜利。为了维持公司的正常运营，乔布斯迫不得已做着让自己不开心的工作——把自己的软件授权给别人装在那些低劣的硬件里。

逐梦小语

理想与现实

即使是乔布斯，面对强大如微软的竞争对手时，也必须正视现实。盖茨利用公司的一技之长，以生存为目的开展业务。创业公司在生存期一定要以赚钱为目的，否则，一切理想也无从谈起。

"低劣"与市场

在乔布斯眼里，微软的Windows是低劣的产品，但事实是它打败了Mac、Unix、OS/2，几乎垄断了操作系统市场。这给我们很重要的启示：好产品不等于畅销品。公司如何应对影响产品销售的复杂因素，是其综合能力的集中体现。

真彩有心栽的花

真彩文具的油画棒比赛系列活动在全国遍地开花，画材销售也在油画棒的带动下节节攀升，朱献文马上组织研发部门开发相关新产品。经过努力，研发人员参照口红的配方和包装方式，开发出一种新型儿童画材——"晶之彩棒"。它外形设计漂亮，棒芯颜色鲜艳夺目，安全无毒，使用后小朋友的手干净卫生，在中国进出口商品交易会首次亮相时，深得外商的青睐。公司乘胜出击，在全国文化交易会上将其作为重点新产品进行了推广，同样引起了轰动，代理商的首批订货量就十分可观。

交易会之后，尽管市场部做了很多推广工作，但代理商的补单却寥寥无几，朱献文在走访市场时发现，人们都对产品赞不绝口，但销量就是上不去，代理商也对销量低迷的原因感到困惑。这款真彩有心栽培的美丽鲜花——叫好不叫座的"晶之彩棒"，就这样成了真彩文具的鸡肋，食之无味，弃之可惜。

衰败

在把乔布斯赶出苹果公司后的几年，苹果公司的日子也不那么好过。Apple II 已不再受人追捧，麦金塔和随后推出的激光打印机虽然引发了桌面出版系统的革命，但麦金塔的销量也不容乐观。20 世纪 90 年代初，苹果在斯卡利的领导下市场占有率从原来的 20% 下降到 8%。

面对微软，苹果节节败退。微软用了好些年来模仿麦金塔的图形用户界面，它在 1990 年终于推出了 Windows 3.0 系统，从此逐渐统领台式电脑市场。1995 年 8 月，微软又推出了 Windows 95 操作系统，微软以强大的攻势发布产品信息，还花了几百万美元使用滚石乐队的《Start Me Up》作为宣传歌曲。结果，人们竞相购买，在短短 4 天内，Windows 95 就卖出 100 多万份。业界也将 Windows 95 看成有史以来最成功的操作系统之一。与此同时，麦金塔的销量仍在下滑。人们的普遍心理是，为什么要买一台昂贵且没有任何应用程序的电脑呢？此时 IBM 和 Windows 操作系统在市场上有着举足轻重的地位。

面对日新月异的市场，苹果公司未能引领而上，而是在原地踏步，甚至在不断退步。曾经把乔布斯赶下台的约翰·斯卡利也在 1993 年被董事会革职。接替斯卡利的是苹果首席运营官迈克尔·斯平德勒，但他缺乏创新精神，其所做的一系列工作也收效甚微。1996年第一季度，苹果公司亏损了6900万美元，并辞退了1300名员工。同年2月，迈克尔·斯平德勒被解雇，阿梅里奥接任苹果公司首席执行官。

苹果的状况越来越糟糕，原定于1997年1月召开的苹果世界大会之前发行的新款操作系统也迟迟未能完成，阿梅里奥决定与一家公司合作开发新一代软件系统。得知这一消息后，比尔·盖茨很兴奋。微软"窃"自麦金塔的Windows操作系统经过多年的改进，已在市场上占据了垄断地位。如今若是能将其再用到麦金塔电脑上，那么比尔·盖茨就算完全胜过乔布斯了！

如果此时的CEO是乔布斯，他一定会大骂比尔·盖茨居心不良。但阿梅里奥是空降过来的，对麦金塔电脑的感情没有那么深厚，因此，他并没有拒绝比尔·盖茨的合作方案。

苹果公司的前高管加西也在高度关注此事。他跟乔布斯也是死对头。从苹果公司出来之后，他自己成立了一家公司，研发出了Be系统。

在Windows和Be之间，Be占了上风。毕竟微软与苹果恩怨已久，加西因此胸有成竹。他在与苹果的谈判中，索要15%的股份（价值约5亿美元）。经过反复协商，他将其降至2.75亿美元。他十分清楚，离苹果大会召开的时间越来越近了，苹果公司为了不失信于顾客，必须在此之前达成协议。

就在加西认为自己志在必得之时，半路杀出个程咬金——乔布斯的NeXT公司。事情接下来的发展出乎所有人的意料——苹果即将收购NeXT，然后让乔布斯担任CEO。

逐梦小语

起伏

苹果以Apple Ⅱ改变了个人电脑的世界。但和人生一样，公司也经历着高低起伏的周期。一般而言，失去了创始人的公司会遇到更多的市场风险。面对危机，创始人和经理人在心态上会有一些差异。创始人会将公司视为自己生命的一部分，每天都在思索其面临的危机与未来的发展方向。虽然经理人同样会关注这些问题，但成功与否对他们的意义是完全不同的，所以他们的驱动力也不会和创始人一样。

以成败论英雄

尽管 Windows 是模仿苹果而成，但当它占据市场时，人们就只会尊重它，而不会鄙视它。换句话就是，人们在意你怎么花钱，而不会理会你如何挣钱。这种以成败论英雄的评价标准是客观存在的。

此消彼长

1990 年以前，中国制笔业主要是生产钢笔、圆珠笔和铅笔。与此同时，1989 年日本股市和房地产泡沫的相继破裂，导致日本文具行业迎来景气度下滑。为了自救，日本百乐公司加大研发力度，以科技创造高附加值。百乐的业务始于钢笔，并逐渐拓展到包括圆珠笔、自动铅笔在内的多种书写工具。百乐对产品的研发集中在笔尖和墨水两个领域，笔尖上创造了三点支撑滚珠笔，与普通圆珠笔相比，摩擦面积更小，从而实现了球的自然旋转；墨水方面则不断提升油墨的可擦性、不渗纸性，从而发明了 Gel Pen。由于它的墨水介于油性和水性之间，当这种笔被引进中国市场时，真彩的董事长把它叫作"中性笔"。

由于百乐中性笔的优良书写体验，真彩董事长在国内市场推广百乐中性笔时获得了巨大的成功，除赚取了"第一桶金"之外，还敏锐地发现了它的市场潜力，开始了从进口整笔，到进口零件回国组装，到自行设计开模生产的创业历程。

真彩董事长是理工科硕士出身，其 1992 年自主研发的专利产品"真彩 009"连续多年销量上亿，成为中国中性笔的标杆，他本人也成为中国中性笔标准起草小组主要成员。而真彩的原经销商，作为后起之秀的晨光老板，凭借优秀的产品质量及多变的产品设计抢占了零售市场份额。真彩和晨光的激烈竞争，激活了整个中性笔市场。

国产笔市场的激烈竞争，在非常注重性价比的中国市场产生了很大的市场效应。日本文具行业衰落的几年里，抓住机会的中国制笔业老板收获了丰硕的回报，而日本进口笔在不知不觉中淡出了大部分人的视野。

"浪子回头"

正当阿梅里奥因为加西要价太高而一筹莫展之际，NeXT 的一位中级产品推销员加勒特·赖斯在未经乔布斯同意的情况下，自作主张地给苹果的首席技术官埃伦·汉考克打电话，向其推荐了 NeXT 的软件。

其实，赖斯不知道乔布斯也早有此意。当他向乔布斯汇报此事时，乔布斯也兴奋不已。1996 年的感恩节，乔布斯通过电话联系到阿梅里奥，恳请他在跟自己会谈之前不要与任何一家公司签订协议。阿梅里奥对乔布斯的产品也产生了浓厚的兴趣，他让乔布斯展示一下 NeXT 公司的操作系统。

1996 年 12 月 2 日，乔布斯向阿梅里奥和汉考克陈述并演示了 NeXT 系统，并建议他们全面收购 NeXT 公司以及收编所有员工。尽管阿梅里奥知道自己早晚会被乔布斯所取代，但他还是倾向于选择乔布斯。

8 天之后，乔布斯和加西当着阿梅里奥等 8 名苹果公司高管的面又做了一次演示。乔布斯准备充分，不仅演讲很精彩，还带来了一台微型电脑，并现场演示自己软件的诸多功能。而加西满以为自己稳操胜券，未做任何准备。结果可想而知，乔布斯赢得了这场竞争。最后，乔布斯还答应了以 1.2 亿美元的现金和 3700 万美元的苹果股票结算，并承诺持有股票最少 6 个月。阿梅里奥同意乔布斯以"非正式顾问"的名义协助他的工作。

很多人都认为乔布斯要夺回苹果，包括埃利森和盖茨，其实乔布斯对此犹豫不决。1996 年 12 月 20 日，当着苹果全体员工的面，阿梅里奥宣布了收购 NeXT 和乔布斯担任兼职顾问的消息。阿梅里奥在苹果公司完成并购 NeXT 后说："从今天开始，苹果的历史翻到了崭新的一页。"让他始料未及的是，崭新的那一页将由乔布斯书写。

第二天，乔布斯来到了皮克斯。他发现皮克斯的员工看到他重回苹果很开心，因为如此一来，苹果或多或少都会占用乔布斯一些精力，而他来皮克斯指手画脚的次数就会少很多，这未尝不是件好事。如果没有乔布斯的"帮倒忙"，他们为迪士尼制作动画片的效率就会大幅提高。

逐梦小语

命中注定

苹果需要乔布斯，乔布斯也需要苹果。但当他们形同陌路之时，他们的代表却用在商言商的方式帮助双方重归于好。即使这不是命中注定，也只能用"血脉相连"来形容了。

胸怀

不管乔布斯是否喜欢阿梅里奥，但在苹果危急的关头，阿梅里奥明知道自己会被乔布斯取代，还是找回了唯一可以挽救苹果的人，这体现了他作为职业经理人的操守和胸怀，值得敬佩。

老板的毛病

很多老板既强势又勤快还细致，他们或者带着员工一步登天，或者把员工折磨得要死。乔布斯就是这类老板，所以，皮克斯的员工对他重回苹果是求之不得。这类型的老板应注意自身的特点，该出手时再出手；既要对员工快马加鞭，又不能代员工去试错。

第六章
CHAPTER6

求生，
逆袭的光阴

被逼出走

1985年8月，乔布斯与一位斯坦福大学的朋友一起吃午饭，这个人叫保罗·伯格，是诺贝尔奖获得者。他向乔布斯抱怨道："如果要研究人类基因修复项目必须做漫长的试验，我现在很困惑，不知如何帮助大学生更好地理解某些基因的重组方式。"乔布斯说："你们为什么不尝试一下用计算机模拟试验呢？这样岂不是能大大地提高效率？"保罗·伯格说："你不知道，建立合适的电脑工作站的费用太大，需要一万多美元呢！"这引起了乔布斯的反思，激起了他为高等教育界研制一款电脑的欲望。

1985年9月，乔布斯在苹果董事会上，宣布自己创立新公司的计划——为高等教育市场开发一款计算机。他承诺绝不会给苹果公司的产品研发和销售带来麻烦，并且只带走正准备辞职的5个非关键员工。他还当即宣布辞去苹果董事集团董事长的职务。

听到乔布斯的决定，斯卡利、马库拉等人的脸上写满了震惊。斯卡利友好地说，苹果公司希望购买乔布斯新公司10%的股份，乔布斯表示自己再考虑一下。会议结束后，乔布斯没有参加董事会后例行的宴会。

乔布斯和几个"新公司"的成员商量后，不想在离开苹果后再与它有任何关系，因此不赞同获得苹果公司的任何投资。

第二天，乔布斯早早地赶到公司，告诉斯卡利这一消息，并提交了想与自己一起离开苹果公司的5名员工的名单。看到名单后，斯卡利觉得自己又被乔布斯戏弄了，因为乔布斯带走的那些人并非如他所说的对公司无关紧要，恰恰相反，那些都是苹果公司的核心成员。像特里布尔、克劳这样的工程师对公司即将开发的大多数项目了如指掌，还有一位是顶级的电路专家，另外两位则是苹果公司出色的管理者。

苹果公司的很多管理者和董事会成员对乔布斯这一行为颇有微词，有的人甚至提出应将此事诉诸法律，理由是乔布斯挖走了公司高层管理人员，而这些人还带走了苹果公司的很多技术机密。

很快,乔布斯将成立新公司的消息在苹果公司内部不胫而走。

1985年9月17日,乔布斯向苹果公司正式递上辞呈,并将其发送给美国的《新闻周刊》以公之于众。乔布斯在《新闻周刊》上讲述了自己的经历,他还提道:"我最擅长的就是发现一批天才,然后和他们一起创造东西。"

雅达利公司的创始人诺兰·布什内尔得知这个消息后担心苹果公司在斯卡利的领导下日渐衰落,他说:"百事可乐味道的苹果还能续写美妙的传奇吗?"

不久,乔布斯通过新闻界声明,自己会将手中20万美元的苹果股票全部卖出。实际上,他还给自己留了1股,以保证自己还有参加股东会议的权力。他还宣布已经给新公司起好了名字——NeXT。

就在乔布斯积极筹划新公司时,苹果公司正式向法庭提起了诉讼,指控他带走了商业机密。该案在几个月后得到解决,乔布斯答应将不会染指苹果公司的市场。

逐梦小语

嗅觉敏锐

我们在日常的社交中会接触到各种信息。但往往讲者无意,听者有心。当某些信息与储存的知识发生交集时,就会引起人们不同的反应。日常信息是否有价值,要取决于每个人的敏感程度。对普通人而言,知识的积累与融会贯通能力、资源整合能力的培养非常重要,这就是有些人看到满世界都是机会,而有些人则对机会视而不见的原因了。乔布斯从大学缺乏性能强大的电脑发现了商业机会,就是这个道理。

穷则思变

在工作顺利时,人都习惯沿着现有的路前行,缺乏改变的动机,往往陷入"温水煮青蛙"的状态。而在工作不顺利时,有思想的人就会产生"自救"的冲动。我们看到社会上大部分始创的企业,其老板大都有过"落泊"的经历。所谓"穷则思变",认定"天无绝人之路",就能保持旺盛的斗志,不会被一时的失意打倒。

个人利益

乔布斯从苹果带走队伍和项目,就算有一百个理由,都绕不过最核心的这一个:个人利益。事实上,个人利益是驱动社会发展的重要因素之一。只不过要在一定游戏规则下,个人利益与集体利益进行平衡或协调,才能符合正常人的价值观。因此,游戏规则的制定是关系到企业核心利益的大事,容不得半点马虎。

企业的灵魂

雅达利公司的创始人诺兰·布什内尔问得好:"百事可乐味道的苹果还能续写美妙的传奇吗?"毫无疑问,创始人是企业的灵魂。由于国外的企业很多是通过PE(私募股权)或VC(风险投资)募资发展壮大的,与中国民营企业主掌握绝对控股权不同,他们的创始人的股价普遍已被稀释。但无论如何,企业在发展阶段还是应该靠创始人对事业的狂热,如此才能有更好的未来。

老板=猎头+教练

乔布斯说:"我最擅长的就是发现一批天才,然后和他们一起创造东西。"一个企业的成功,关键在于老板有了战略思想后,打造一支有战斗力的团队,并带领他们向目标进发。简单地表示就是:老板=猎头+教练。

没被逼而出走的朱献文

前面提到,1999年10月朱献文从暨南大学MBA毕业后,应邀出任真彩文具的总经理,而当时的总经理是与董事长共同创建真彩的兄弟。董事长有很强的经营能力,负责外贸公司的产品和零部件业务。其兄弟则从小就喜欢做生意,他从广州购买商品运回家乡销售,从中赚钱帮助农村的父母养家。兄弟俩的共同点是都有很强的商业意识和主见。两人创建公司后,关系融洽,对客户和员工很友善,在他们各自负责内外贸时,合作也很愉快,所以公司成立短短十年,销售额就达到了一个亿,并在上海青浦租了30亩地,建立了第一个有研发能力的生产工厂。

朱献文一到公司就找到了可助公司销售高速增长、应该重点发展的产品——中性笔替芯,在慢慢进入角色的同时推动着公司进入快车道。但到公司一年多后,朱献文发现兄弟俩对公司的发展理念分歧很大:董事长站得高,看得远;总经理艰苦奋斗接地气。如果他俩性格强弱互补的话,应该是很好的搭档,而朱献文作

第六章
求生，逆袭的光阴

为行业新手，是一个打补丁的角色，如果他们三个形成互补的铁三角关系，就会产生很大的能量（后来朱献文回归也证明了这一点）。但随着公司的发展，董事长介入内销的机会越来越多，和总经理的关系逐渐紧张，大到设备投入、小到产品命名，他们各有各的想法，后来矛盾逐渐激化。董事长和总经理都是朱献文入行的师傅，朱献文与他俩的关系都不错，慢慢就变成了"矛盾调和者"，但这种状况令朱献文陷入不安。当朱献文得知总经理跟代理商闲聊时提到"朱总是董事长派来监视我的"时，感到很失望，加上之前做"劝架人"的尴尬地位，对自己在公司的作用产生了怀疑，就婉拒了董事长的挽留，辞职去实现自己的名校梦——入读 QS 世界大学排名前 8 的伦敦帝国理工学院的 MBA。

自力更生

乔布斯对 NeXT 抱有很大的期望，1986 年，他花了 10 万美元请著名的商标设计师保罗·兰德设计标识。看到这个标识，很多人就会想起儿时玩的积木。为了让这个立方体更富立体感，设计师将"Next"分为两行，并把下面那行"xt"变成大写的，而且字母的颜色也不一样。

兰德还为乔布斯设计了一个颜色丰富的名片，乔布斯见到后欣喜不已。但在"Steve P.Jobs"这个名字中字母 P 后面的缩写符位置问题上，两人有着不同的看法并发生了争吵。最终乔布斯成功说服了兰德。

为了将 NeXT 标识完全体现在真实的产品中，乔布斯又从苹果挖来设计师哈特穆特·艾斯林格，并承诺给他充分的自由进行创作设计，而 NeXT 的其他员工就没有这种待遇了。

乔布斯准备把 NeXT 的第一台电脑设计成立方体，这种形状的电脑在当时绝无仅有，这也意味着它在研制的过程中困难重重。比如为了适应电脑立方体的结构，计算机内部的电路板必须重新配置和安装。而且厂家的铸造模型一般都是很大众的，立方体就有些另类了，因此还得重新设计并生产铸造模具。

乔布斯要求工程师戴维·凯利必须做出曲线优美的显示器支架。这本来就是个难题，乔布斯还提出显示器必须有俯仰角度调整的功能，要实现这点更是难上加难了。艾斯林格跟乔布斯的看法一样，希望这种立方体完美无缺。为了实现这一要求，他们多次返工，耗费了很多成本。

乔布斯在办公室的设计上也颇费心思，甚至若是设计师对装修不满意，乔布斯就不计成本地将所有设施全部拆毁，重新再来。1989年，NeXT公司搬到雷德伍德一个更大的地方时，这一幕再次上演。乔布斯花了100万美元在大堂中心设计了一部宏伟的楼梯，使之看上去恍若悬浮于空中。由于楼梯难以令乔布斯满意，被乔布斯勒令一再返工，多年以后，乔布斯把这款楼梯变成了苹果零售店的特色。

逐梦小语

从战争中学习战争

乔布斯的天生控制欲决定了他只能当老大。但管理上的不成熟让他在苹果公司频频受挫。一旦从约束中解放出来，他无限的激情就如脱缰的野马，尽情释放。如今乔布斯终于有机会在战争中学习战争，他在NeXT的实战中积累着宝贵的经验，而这些经验都将成为苹果蜕变的基础。

精英出精品

世人皆知，乔布斯求贤若渴。当年为了一个马库拉，他可以让出三分之一的股份；为了一个斯卡利，他可以三顾茅庐。对于项目合作伙伴，他也只选顶级的精英。就像一个企业标识，他都要聘用当时最好的设计师，哪怕为此失去"控制力"都在所不惜。精英出精品，任何工作都要靠人去实施，精英的专业素质虽然不能保证把事情百分之百做好，但素质不够，想把事情做好就更难了。

TQC

为了名片设计上的一点（缩写符），乔布斯可以与顶级设计大师坚持较真直至胜利，这反映了乔布斯无法摆脱的完美主义。这种"细微之处见精神"的例子比比皆是。管理工作应该取得TQC（期限、质量、成本）的平衡，但乔布斯为了"完美"Q（质量），而忽略T（期限）和C（成本），这是他在管理方面不成熟的一个体现。

真彩文具 LOGO 的右下圆角来历

无独有偶，真彩文具的 LOGO 也在朱献文的推动下进行了年轻化改造。

朱献文征得董事长同意，聘请了当时广州最知名的广告公司为真彩文具进行新 LOGO 的设计，以体现公司的年轻化和时代感。LOGO 改造并不是一件容易的事情，一方面要体现新，另一方面要体现传承，公司管理层和广告公司设计顾问开会交流了十几次，方案也改了十几次都没达成共识。在一次讨论会上，董事长建议把原来 LOGO 的外框右下角改为圆角，看一下效果，结果修改后的 LOGO 放到投影上后，立即赢得了在场人员的全票赞成，收到意想不到的效果！不过，为了这个小小的改动，真彩文具还得向广告公司支付近百万元的顾问费！

断粮之险

NeXT 公司刚成立时，乔布斯与丹·卢因等人经常到高校做调查，他们想知道师生们所期待的计算机是什么样的、具有哪些功能。在哈佛大学的餐厅里，他们结识了莲花软件公司的董事长米切尔·卡普尔，他答应为 NeXT 操作系统编写电子表格程序。

NeXT 的软件增加了录放声音的功能，工程师迈克·霍利还专门开发了一部电子词典，并把牛津版莎士比亚作品集、百科汇编和《牛津英语词典》等存入进去，使之成为可搜索的电子书。

乔布斯还让工程师们设计出集成多种功能的新芯片。

在所有方面乔布斯都力求完美，比如他像强迫症患者一样不断修改配色方案。可惜的是，乔布斯没有从丽萨和麦金塔的失败中吸取教训，他只注重研制完美无缺的电脑，只想采用更先进的技术，却完全忽略了教育市场需要什么样的机器。

乔布斯还是一如既往地对员工十分苛刻。大多数情况下还是非常奏效的，但有时也会造成员工的不快。工程师戴维·保尔森在 NeXT 公司工作的 10 个月里，每个礼拜工作将近90个小时，可乔布斯却当众对他们所做的东西表示不屑。戴维·保尔森十分恼火，提出了辞职。

1985年年底，在NeXT的第一次集思会上，乔布斯给员工定下一个目标：第一台NeXT将在1987年春季上市。员工们大吃一惊，依据当时的情况来看，这简直是天方夜谭。但乔布斯依旧坚持自己的计划。人们纷纷议论是不是NeXT的资金链紧张，才迫使乔布斯缩短了工期。对此，乔布斯没有做任何解释。果然，1986年9月的第三次集思会上，乔布斯的时间规划表已不见踪影，这不禁让人猜测NeXT是否正面临财务困境。

逐梦小语

创新

乔布斯为使NeXT电脑有更多的卖点，就将一些读物电子化；为使电脑结构简单，就将芯片集成化。有时候，我们会把创新神秘化，使企业知难而退，失去创新动力。其实，创新就是加减乘除：在前人工作的基础上往前进一步，这是加；把前人的工作优化一些，这是减；把一些跨界的工作整合在一起，这是乘；发现前人的错误和缺陷并加以纠正和改善，这是除。灵活应用加减乘除创新法，企业的创新动力就会源源不断了。

坚持

乔布斯和以前一样，花大量的时间在厂房和设备的外观上。一是受他父亲的影响，二是源于内心对细节的完美要求。这种坚持恐怕很多人都难以做到，特别是在企业还没有产生效益的时候。但当我们跳出迷雾后可以清晰地发现，正是这种近乎疯狂地对完美的追求意识，才造就了乔布斯式的产品特性：大繁至简、引领潮流。

还是坚持

乔布斯对员工苛刻、冷酷、无礼，但他又有着无可匹敌的个人魅力。一方面，他增加了团队的建设成本；另一方面，他令下属的潜能得到了高度开发。我们只能认为这是乔布斯方式。乔布斯以他自己的方式打造了一支改变世界的团队，有能力的人在他手下成了伟大的创新家，不能适应的人另谋高就也能生存，这就是真正的志同道合。

第六章
求生，逆袭的光阴

009中性笔被"断粮"的危机

真彩文具的董事长在中国率先引进了当时在日韩刚刚出现的中性笔，并根据国人的审美观念，设计了中国第一支中性笔——009中性笔，同时为其申请了专利。这支笔一炮打响，成为真彩文具之后发展的基石。随之而来的是众多仿冒品的出现，真彩文具在维权的同时，极力想办法进行差异化设计。

真彩文具经走访市场发现，009中性笔受欢迎的原因，是它的笔形简约明快，工艺优良（当时笔的全部零部件都是从日韩进口），满足了学生和白领群体对于基本品质的追求。鉴于真彩文具以学生消费群为主，董事长利用他跟国外商界的良好关系，与史努比卡通形象的版权代理人签订了合同，在009中性笔的笔夹上印有史努比的剪影，希望使009中性笔更符合学生的审美要求。没想到的是，在小小的笔夹上的一点微创新带来了巨大的效果：不但学生消费群对009中性笔更加喜爱，连白领阶层也对新设计更加青睐。这个创新使得当年的009中性笔销量直接翻倍。这一成就直接促成了真彩文具在上海青浦建立的第一家生产工厂的落成。

新009中性笔深受市场欢迎，也因此受到仿冒者更深入的追击。仿冒者花费巨大成本，企图釜底抽薪，用谎言去忽悠史努比卡通形象的亚太区代理商终止与真彩文具的合作，由他们取而代之。不幸的是，不明真相的史努比卡通形象亚太区代理商果然中计，向真彩文具发出了终止合作的律师信。

在009中性笔可能被"断粮"的危机之下，朱献文主动请缨去跟史努比卡通形象亚太区代理商商谈相关事宜。一来是朱献文对市场非常了解，有信心用数据和利益化解风险；二来是经理人如果谈不妥，会由老板来托底再谈，不可言传的一点就是经理人开出的价码通常会比老板低一些。

经董事长授权，朱献文邀请亚太区代理商从香港来到广州，在当时最好的五星级酒店——花园酒店咖啡厅先见面，改天再到公司商谈。朱献文与代理商一见如故，聊起了在伦敦的生活体验，不经意间也稍微介绍了一下公司对宣传的投入和未来的规划。三个小时的"闲聊"后，朱献文询问代理商关于次日前往公司商谈续约的具体安排时，代理商居然说不需要了，让双方代表律师直接准备补充合同，使用费每年增长一点就可以了。就这样，009中性笔"断粮"的危机不仅得到了圆满解决，还一次性解除了相关的长期风险隐患。

造梦者
——打破常规的中外创业传奇

命不该绝

NeXT公司成立伊始，乔布斯投入了700万美元。但他为了设计一个独特的标识和装修办公室已花费不菲，加之为了追求完美的产品而经常返工，因此NeXT还未生产出来，到了1986年年底公司的钱就所剩不多了。乔布斯必须找到新的投资者。只是这一次比第一次要容易多了，他现在已蜚声业内，人们都知道他白手起家，成功地创建了苹果公司，于是纷纷表示愿意投资。

得克萨斯州的杰出商人罗斯·佩罗看到了美国公共广播公司播出的纪录片《创业者》，片中介绍了乔布斯和他的新公司，佩罗非常赏识乔布斯。早在1979年，比尔·盖茨曾找到佩罗，希望他投资。结果佩罗拒绝了，他因此失去了一个发财的好机会。这一次，佩罗决定绝不能再犯一次这样愚蠢的错误。因此，他投资了2000万美元，购买了NeXT公司16%的股份。

此外，佩罗还担任NeXT公司的拉拉队长，鼓舞员工的士气。他还热衷于带着乔布斯出入商界和精英聚集的社交圈。一次，他和乔布斯参加一场为西班牙国王举办的晚会，乔布斯形象生动地向国王描述了计算机领域的革命。国王对之很感兴趣，还写了一张纸条给乔布斯。看到那一幕，佩罗也很费解。"发生了什么事？"佩罗好奇地问。乔布斯回答说："我成功地把一台电脑卖给了西班牙国王。"佩罗走到哪儿都会向人们绘声绘色地讲述乔布斯的传奇经历，他认为乔布斯的故事就是一部令人惊叹的青年历险记。

逐梦小语

刀刃

我们通常说，好钢用在刀刃上。但"刀刃"在哪里？每个人的答案可能大相径庭。乔布斯花了700万美金（注意：那是1985年），只得到了一个LOGO和豪华的写字楼。对于一般的创业公司来说这绝对是不可想象的，但对于乔布斯而言，精品形象是他的"刀刃"。把它放到和产品研发同等重要的地位，是乔布斯的一种策略。

第六章
求生，逆袭的光阴

萝卜白菜，各有所爱

NeXT 这个"三无"（无收入、无产品、无前景）公司被罗斯·佩罗看中。我们可以认为这是"英雄惜英雄"所为，用更通俗的话就是"萝卜白菜，各有所爱"。这给我们一个重要的启示：风投是靠系统的评估去选择项目，是经理人的方式；而老板是靠生意头脑去决策。他们的判断结果是不同的。

盖茨眼中的 NeXT

在研发麦金塔电脑时，乔布斯曾与盖茨有过合作，双方都获得了不菲的收益。但这次盖茨却不肯为 NeXT 电脑开发专用软件，只是象征性地定期到加利福尼亚看 NeXT 的演示。每次他都会对 NeXT 电脑表现出不屑一顾的神情，甚至公然在《财富》杂志上说："我真不明白乔布斯的新电脑有什么特别之处。"

乔布斯和盖茨这两位精英人物无法再次合作，甚至不能以礼相待。有一次，他们在走廊上相遇，乔布斯说 NeXT 将会引领计算机产业革命，对此盖茨强烈地表示反对，他们还因此吵得不可开交。

1989 年，乔布斯和盖茨都在马萨诸塞州的一个年会上发表了自己的看法。乔布斯宣传其软件和硬件集成一体化的系统。而盖茨当即表示，因为硬件和软件的市场是独立的，乔布斯所推崇的系统早晚会遭遇失败。

逐梦小语

以礼待人

盖茨与乔布斯的龃龉并非源自他们的理念差异，而是源自乔布斯的无礼和粗鲁。在我国的潮商文化中，大老板对小老板也是非常尊重的，因为大老板坚信小老板和他们一样，也是兢兢业业的人，总有机会成为大老板。而乔布斯时常以大欺小，以致盖茨一再被欺辱，所以不愿再和乔布斯结交了。

英雄所见不同

不同的人对同一事物有不同的看法是最正常不过的事情。对行业的认识、努力的方向不一样，其实正是公司之间规避竞争、加强合作的好机会。仅仅因为对行业前景看法不一样，乔布斯与盖茨就互相鄙视，不愿合作。这种"英雄所见不同"而造成双输的局面应该是出于感性而非理性的了。

乔布斯的合作观

盖茨拒绝与乔布斯合作，为了尽可能改变计算机产业的势力均衡，乔布斯决定与IBM合作。佩罗曾带着乔布斯参加过一次在华盛顿举行的社交活动，其间，乔布斯碰到了他的商业劲敌——IBM公司的首席执行官约翰·埃克斯，他向约翰·埃克斯暗示，NeXT STEP操作系统比Windows系统更适合IBM的高端电脑。

没过几天，乔布斯接到了IBM公司一位主管的电话。对方说，IBM公司对他们的计算机很感兴趣，不知能否与之合作。乔布斯并没有立刻表态，但同意与他们商谈合作事宜。

于是，IBM公司的一位主管拜访了乔布斯并拿出了一份合作书，希望双方能够把合作的事定下来。那份协议书长达100页，乔布斯看到后当着那位主管的面把它扔进了垃圾桶，说："如果IBM想要与我们合作的话，那就提供一份简单明确的协议书，内容控制在五六页左右。"那位主管回去后认真考虑了乔布斯的意见。不久，IBM又派人与乔布斯商谈，并建议由乔布斯起草一份协议。

乔布斯与IBM的谈判持续了很长时间。一开始苹果公司还没有推出NeXT，到了1989年，NeXT电脑的销量始终没有起色，NeXT的工程师们也都纷纷议论是否该放弃对电脑硬件的研发，而着重开发软件。

在NeXT发展的关键时期，NeXT与IBM终于签署了协议，按照协议，IBM公司将出资数百万美元与NeXT共同研发新系统。IBM还提出让NeXT停止生产硬件，但被乔布斯拒绝了。

看到NeXT与蓝色巨人IBM合作，许多生产计算机的公司纷纷恳请乔布斯授予他们使用NeXT STEP的权利。在一般人看来，这是一个崛起的大好机会，可是乔布斯却厌烦了。他认为，倘若这样下去，自己生产的电脑还有什么特别之处呢？此时，有公司表示如果 NeXT 放弃硬件业务，他们愿意付出更高的价钱。这更让乔布斯怒不可遏，他停止了关于合作生产 NeXT 的商谈。随着促成 NeXT 与 IBM 合作的 IBM 公司的行政主管比尔·洛到施乐任职，NeXT 和 IBM 的关系也趋于冷淡，最终双方解除了合同。

逐梦小语

性格决定命运

如果乔布斯聪明的头脑加上一点点务实，那么世界上很可能就没有了微软。但乔布斯过于强大的控制欲"救"了微软，也让自己失去了独霸 IT 界的机会。即便如此，这场合作也不啻为 IT 界的一声惊雷。虽然这种合作模式可以带来效益，但乔布斯还是坚持执行自己推崇的软硬件一体化模式。这种执着的精神令人敬佩，况且那时 NeXT 电脑还在烧他自己的积蓄！

客情维护

乔布斯能说服 IBM 董事长舍弃微软而与其合作，本来是个非常了不起的成就。但由于他性格偏执，最终又失去了这位大客户。从表面上看，这是因为授权软件不是乔布斯的专业，但根本原因还是在于他不善维护客情关系。开拓一个客户不容易，但维护好一个客户更需要心思，这是乔布斯的一个弱项。

花不开

为了让 NeXT 电脑的发布会更完美，乔布斯在每一个细节处下功夫。他让图形设计师苏珊·卡雷精心制作每一页幻灯片，还亲自检查了邀请名单和午餐菜单。

1988 年 10 月 12 日，教育界、软件界和媒体界的 3000 多人来到旧金山交响乐堂。乔布斯发表了精彩的演讲，他还不忘调侃一下自己的怪异性格、多变的情绪，惹来场下一片笑声。他赋予 NeXT 诸多溢美之词，当他揭开黑色主机神秘面纱的瞬间，观众屏住了呼吸，随后惊叹声爆发。

乔布斯宣称他们造出了世界上最棒的电脑，还炫耀了它的读写光盘和电子书功能。虽然 NeXT 的应用体验和性能极其卓越，但当乔布斯说到"以 6500 美元的价格卖给高等教育人士，且加上其他配件还要花 4500 美元"时很多人还是感到震惊。

有记者问乔布斯为何 NeXT 电脑推迟这么久才问世，乔布斯说："并不迟，它已经领先了时代 5 年。"乔布斯已经掌握了和媒体打交道的技巧和方法，他答应某些媒体接受"独家"专访，但前提条件是把他的报道放在封面上。这一次也不例外，他又与几家杂志签署了同样的合同。《商业周刊》的凯蒂·哈夫纳尖锐地指出了乔布斯对独家新闻的操纵。"NeXT 在媒体对员工和供应商的采访方面进行谨慎周密的分配，它们通过审核来控制采访报道的内容。"他写道，"这个策略很见效，但也有负面影响。这种行为让人看到了史蒂夫·乔布斯极端自私和冷漠无情的一面，正因为如此，他才被苹果驱逐出来。乔布斯最大的特点就是有很强的控制欲。"

当宣传炒作的浪潮逐渐平息之后，市场对 NeXT 电脑反应平平。1989 年年中，NeXT 电脑终于开始销售了。同年 11 月 27 日，盖茨在《电脑系统信息》上公开说："假如乔布斯的下一台电脑能够取得成功，我将非常诧异和疑惑。"这次不幸被他言中了。本来乔布斯已经准备好每月生产 10000 台 NeXT 电脑，结果每月只销售出去 400 台左右。NeXT 电脑有着当时最先进的设计，却不能成为主流。乔布斯再次尝到了"叫好不叫座"的滋味。

逐梦小语

闪耀登场

乔布斯不但对产品精益求精，而且对发布会的任何细节都奉行完美主义。整合营销就是用一切可用的手段宣传品牌，而有效吸引眼球的关键在于给观众带来愉悦的新鲜感和对媒体的吸引力。具有新闻价值的卖点，其效果往往比价值百万的硬广告还要好得多。所以，乔布斯对产品发布会的重视程度丝毫不亚于产品研发，并用尽一切力量打造"闪耀登场"的效果。

高明的自嘲

乔布斯知道自己性格怪异、情绪多变，他多次在公开场合调侃自己的毛病而

第六章
求生，逆袭的光阴

引来善意的笑声，或许这也是乔布斯的高明之处。用自嘲的方式让自己众所周知的缺点"暴露于众"，一方面有自我批评的意味，另一方面又有"赖皮"的动机："我是这样的人，和我打交道你应有思想准备。"

定价策略

乔布斯先是吹捧了新电脑的强大功能，将观众的期望调高后，将价格定在一个高得惊人的数字上。发布会除对产品本身进行宣传外，更重要的是观察观众对产品的反应，根据观众（消费者）的期望来决定推广价格。与成本定价法相比，这种市场支付意愿定价法在差别化产品，特别是奢侈品中的应用较多。

"兔子急了也会咬人"

乔布斯的自私自利和对媒体的无情压制，使新闻人终于忍无可忍，用报道狠狠地报复了他。作为科技史上的奇才，我们可以容忍乔布斯的个性；但对于普通人，太过自我就会"失道寡助"。在张扬个性的同时，我们也应该照顾到大众的价值观。否则，代价将会是沉重的。

无心插柳

在创办 NeXT 的同时，乔布斯还给自己打开了另一扇窗——电脑动画。他对电影《星球大战》的导演卢卡斯非常欣赏。1980 年，乔布斯为了让苹果公司的员工能一起不受打扰地观看《星球大战》的第二部《帝国反击战》，曾经在一家电影院包场一晚。1986 年，乔布斯以 1000 万美元收购了卢卡斯电影公司的电脑动画部，取名为皮克斯公司。为什么乔布斯要买下这家公司呢？首先乔布斯看中了他们所使用的整合型软件，这种软件只能兼容皮克斯图像电脑。其次，皮克斯的软件也让乔布斯称奇，他们居然可以通过软件对平面图像进行 3D 渲染。乔布斯认为这项技能可以应用于动画、图像设计，甚至医疗人员可以用其显影扫描。最后，乔布斯喜欢与艺术家合作，而皮克斯动画部门的负责人约翰·拉塞特就是一名艺术家。

收购电脑动画部之后，乔布斯要求他们以一流的硬件加一流的软件，去引领一个潜力巨大的市场——电脑动画。

起初皮克斯图像电脑售价 125 万美元，乔布斯认为可以推出一款售价在 3 万美元左右的电脑。但不久后他发现这款电脑的售价依然很高，普通百姓难以接受。

就在乔布斯等人有些泄气的时候，一家公司看中了皮克斯的图像电脑，那就是大名鼎鼎的迪士尼公司。迪士尼公司一次性购买了十多台电脑用于动画制作。皮克斯还为迪士尼量身定做了一款软硬件套装，名为 CAPS。1988 年，迪士尼用这套设备制造出了一个场景，那就是轰动一时的电影《小美人鱼》中的最后一幕——国王特里同挥别爱丽儿。此后，CAPS 成了迪士尼的主要设备。

逐梦小语

定向思维

因为乔布斯是技术出身的领导人。他的专业是电脑硬件的设计和改进，所以皮克斯电脑公司在他的领导下也将精力集中于电脑硬件和软件的开发。但个人的喜好毕竟代表不了市场的需求，除非你的喜好能激发潜在的需求，否则也只能陷于叫好不叫座的泥潭。所以，乔布斯这次的"现实扭曲力场"并没有在大众市场获得成功。

柳暗花明

虽然皮克斯电脑在大众市场遇冷，但好东西自然受欢迎。皮克斯电脑凭借自己的强大功能成为迪士尼动画的指定设备，这更说明了在创业过程中坚持的重要性。遇到困难时，只有坚持，才能等到柳暗花明的机会，才会有翻身的可能。

初战告捷

起初皮克斯并未把数字动画业务当成主业，只是希望通过它展示自己的硬件和软件技术。乔布斯接手这个公司后，曾在迪士尼供职的负责人约翰·拉塞特向乔布斯描述了自己对于图形设计的热爱。乔布斯很欣赏他的才华，经过一番商谈之后，他建议拉塞特再制作一部动画片。拉塞特最后做了个两分钟的短片——《顽皮跳跳灯》，它讲述了台灯爸爸和台灯孩子的故事。这部动画片在美国计算机协会计算机绘图专业组大会上展出后，全场掌声不断。此外它还获得了奥斯卡提名，这也是第一部获得奥斯卡提名的特效电影。乔布斯非常激动，他决定每年制作一部新的动画短片。

逐梦小语

小成功，大斗志

伟大的成功由小事做起，细微的成功将激起大的斗志。两分钟的短片获得奥斯卡提名，大大鼓舞了乔布斯对动画这个副业的信心，甚至在财务紧张的情况下坚持投入。在实际工作中，我们对有初步成绩的人和事当然会特别关注。尤其对经理人来说，关注绩效比关注问题重要得多，一来一白遮百丑，二来优秀的成绩能增强老板对自己的信心，从而让自己获取更大的支持。

真彩的"金榜状元红"

真彩"金榜状元红"系列考试专用产品开门红，销量喜人，在考试专用文具市场上掀起"全国山河一片红"的热潮。

"状元红"的故事在中国几乎家喻户晓。传说古代有一个酒坊老板老来得子，他狂喜之余，把当年酿的美酒在自家院子地下埋了几十坛。儿子长大后进京赶考高中状元，衣锦还乡，亲戚朋友欢宴庆贺，老板从地下起出埋藏多年的美酒待客。由于长期储藏，酒色朱红、醇厚芬芳、甘美无比，乡人称之为"状元红"。从此之后，民间形成了一种风俗，每逢生儿育女的大喜日子，都会酿几坛黄酒埋藏起来。生女儿所酿的酒，叫"女儿红"，作为将来女儿出嫁时的嫁妆；生儿子所酿的酒，就叫"状元红"，寓意儿子将来金榜题名考取状元。

真彩"金榜状元红"系列考试专用笔以寓意"金榜题名，考试成功"的"金榜状元红"为名，结合真彩18年制笔专业技术，全系列包括中性笔、中油笔、答题卡自动铅笔及综合套装，产品概念清晰讨喜，品牌形象个性鲜明，加上"中国名牌产品"的品质保证，一上市即在渠道客户和消费者中广受好评。

柳成荫

《顽皮跳跳灯》的成功让皮克斯小有名气,却未能改善公司的经营状况。皮克斯的硬件、软件和动画内容都一直在赔钱。

在一次会议上,拉塞特问乔布斯,能否给予他30万美元的投资,让他制作另一部电影。尽管皮克斯在各方面削减开支,但乔布斯在深思熟虑之后还是答应了拉塞特。拉塞特利用这些钱制作了新片《锡铁小兵》,它一问世便赢得了各方好评,并获得了第三届洛杉矶国际动画节一等奖、美国电影协会蓝带奖以及1988年奥斯卡最佳动画短片奖。

看到《锡铁小兵》大获成功,迪士尼劝说拉塞特重回迪士尼。但拉塞特认为乔布斯对自己有知遇之恩,皮克斯才是自己能够自由制作电脑动画的最佳地方。他说:"我可以去迪士尼,在那里做个总监;或者继续留在皮克斯,谱写历史。"见劝说拉塞特无果,迪士尼又找皮克斯洽谈,希望他们能够合作。

那时,乔布斯已经为皮克斯投入了近5000万美元,比他离开苹果时拿到的钱的一半还多,而NeXT公司的亏损还在继续。1991年,乔布斯要求皮克斯所有员工放弃期权,而他又投入了一部分私人资金。

乔布斯曾坦言道,早知道是这个结果,他会将所有精力都用在动画制作上,而不会费尽心力地去推动皮克斯的硬件和软件应用。可是,假如乔布斯能预知推动硬件和软件会亏损,他还会接受皮克斯公司吗?

逐梦小语

成功不常在

乔布斯一厢情愿地想把图形设计电脑和软件塞给大众,但最终还是没能打入市场,皮克斯的硬件、软件和动画内容都一直赔钱。这证明一个事实:过去的成功并不能保证现在的成功。过去成功的经验只有和目前的条件有效匹配,才能成为生产力;否则,就会成为发展的障碍。这就是很多企业进入成熟期后逐渐走向衰退，不能蜕变获得新生的原因。

知恩图报

无论是企业还是个人，相互合作的基础是能够让自身利益最大化。但利益是精神和物质、短期和长期、具体和抽象因素的综合。拉塞特感激乔布斯对自己的信任，从而谢绝了迪士尼的邀请，"留在皮克斯，谱写历史"。这既体现了他知恩图报的品德，也反映了他对前途的理智判断。

竞合

迪士尼邀请拉塞特重回迪士尼不果，就转而与皮克斯合作，这种以双方利益最大化为目的的理性合作模式值得我们学习。在目前的竞争环境下，有些公司，甚至是大公司，时常让感情压过理智，抱着"我得不到的，你也休想得到"的心态，做出一些损人不利己的事情，这是非常令人遗憾的。

柳暗花明

乔布斯花了他在苹果时期攒下的一半积蓄在皮克斯上，还顶住 NeXT 不赚钱的压力继续倾注对动画艺术的浪漫之爱，终于在后期等到了意外的收获。他对硬件和软件痴情，却在动画上得到了回报，这件事再次体现了人生"有心栽花花不开，无心插柳柳成荫"的哲学寓意。

微创新之系列化

真彩文具成立之前，书写工具类的文具——各种笔，都属耐用消费品，款式单调，耐用持久，消费额很小。例如，一支铅笔用到最后一小段，还要用笔套套住尾巴，尽量把笔用完。一支圆珠笔，写到笔芯彻底不出油才丢掉。那么，如何扩大市场规模？公司发展的关键问题，也是行业面临的大问题。

那时，真彩文具通过油画棒绘画比赛，开始从行业品牌向消费者品牌进军。随着公司规模的增长，制笔模具的成本将会随之增大，必将增加公司的财务压力。朱献文和来自快消品行业的营销人员经过头脑风暴，结合 009 中性笔加上史努比图案的笔夹更受学生欢迎的事实，形成一个共识：通过产品系列化的办法，增加产品的多样性，再利用快消品的营销手段进行推广，从而提升销售业绩。

这年的大学汛前的全国文化用品交易会上，真彩文具推出了 009 系列中性笔，该系列包括经典款、金装款、简约款等多种款式。这些款式实际上都是以经典款为基础进行设计的，主要区别在于在图案、丝印颜色及笔盖上的细微变化，但大部分部件都是用共用模具生产的，无形中通过扩大单品规模降低了成本，提高了经济效益。可喜的是，009系列一经推出，就受到了市场的好评，给真彩文具进一步推进系列化操作增强了信心。

逆袭成功

迪士尼公司的杰弗里·卡曾伯格负责电影动画制作，他特别欣赏皮克斯的动画师拉塞特的才能，想请他到迪士尼任职，但拉塞特不同意。迪士尼转而找到皮克斯公司，希望能与之合作，但前提是拉塞特必须与皮克斯签一份长期合同。由此可见，杰弗里·卡曾伯格对拉塞特的重视程度。

当时皮克斯正处于瓶颈时期，乔布斯理智地做了很多妥协，经过反复的协商，最终双方在1995年5月达成协议。其中规定，迪士尼在营销和许可经营方面有控制权，而皮克斯公司则负责制作电影剧本。迪士尼向皮克斯公司提供1700万美元作为制作费用，票房收入和录像收入的12.5%归皮克斯公司所有，其他有关的产品权利归迪士尼公司所有。

随后，他们签署了3部动画电影的制作协议。之后，由拉塞特担任导演和首席编剧，皮克斯公司开始筹划制作一部动画长片——《玩具总动员》。拉塞特和乔布斯都认为这部产品是有灵性的，它具有自己的特殊使命。经过反复的商讨，他们给这部动画片的两个主角取名为"巴斯光年"和"胡迪"。拉塞特的制作水平常让迪士尼感到惊奇，但要让他们对细节之处也十分满意就有些困难了。卡曾伯格希望两个主角个性突出，也就是说，让胡迪更懒惰、吝啬、自私、刻薄。经过卡曾伯格等人的几次修改，胡迪几乎没有任何魅力了，不仅如此，还令人十分厌烦。

逐梦小语

战略眼光

乔布斯的过人之处还在于他的战略眼光，解决了生存问题以后，就往前多看几步。乔布斯充分利用自身的优势，时刻审视对手的状态，掌握着大局的走势，争取有利于自己的合作条件。对机会的把握能力植根于对事物的敏感和对形势的准确预判，这对于高层管理人员来说是非常重要的素质。

权威与专家

由于卡曾伯格在合作初期有绝对的权威性，所以电影的角色定位越走越偏，最终却被权威者自己所否决。很多时候，权威会逼专家就范，但结果还是由专家来负责。这就要求专家要加强自己的沟通能力和谈判能力，在专业上要敢于坚持自己的正确方向，不能被"现实扭曲力场"所影响。切记，你要对结果负责！

与迪士尼的约会

在当时的国内学生文具市场，真彩文具凭借其庞大的分销网络及独有的产品研发、生产优势，实现了产品销售以每年近50%的涨幅快速增长。2007年，真彩文具与全球最大的卡通霸主"华特·迪士尼"正式签约，成为迪士尼在国内文具类长期、全方位战略合作的授权商，获得全球最受欢迎的"米奇"卡通形象授权，这也是国内文具企业少有的"强强品牌"合作。

2009年，朱献文说服了董事长加大与迪士尼公司学生文具领域的合作力度。同年4月底，"真彩·正版迪士尼"新品推介会在广州拉开序幕。真彩文具正式推出"真彩·正版迪士尼"238款新品，在国内文具用品市场上掀起一场"正版迪士尼风暴"！此次真彩文具推出的新品有学生用品、书写工具、美术画材三大品类，其中包括"书包""笔袋""文具盒"等学生主打用品，真可谓"今兵威已振，譬如破竹"！

随后，真彩文具陆续在北京、上海、青岛、武汉、沈阳等全国20多个区域召开新品推介会。订货会上，来自全国各地的文具经销商、连锁文具代表等客户齐聚一堂，共享商机。订货会场面火爆、气氛热烈，客户们对"真彩·正版迪士尼"新品表现出极高热情，订货量远超预期，实现了互利双赢的预期目的，取得了良好的效果。

从2007年起，真彩就推出了一系列充满时尚色彩的米奇系列学生文具，此次以"破竹之势"推出238款新品，品类之多，投入之大，史无前例。这场"正版迪士尼风暴"是因何掀起？

冰冻三尺非一日之寒。此次大举动，恰是选择在真彩与迪士尼合作的两年之后。在这两年里，真彩凭借自身网络优势，令米奇系列文具遍及中国大江南北，受到消费者的狂热追捧，甚至有些产品供不应求。与此同时，动漫卡通产业发展很快，潮流卡通形象对经典卡通形象的市场冲击加大，学生越来越追求新潮与个性化，因此要求产品更新速度加快，对产品的设计要求越来越高。

在过去，随着迪士尼卡通形象在文具行业的广泛应用，市场上也涌现出了很多假冒伪劣产品；同时也有一些已取得品牌授权的企业未能有效地利用迪士尼卡通形象，存在产品设计陈旧、定位不合理等问题。迪士尼在华逐年缩减授权数量，他们的观点是：让专业的公司去做专业的事情。真彩文具无疑是迪士尼重点支持的对象。自2008年以来，迪士尼公司曾多次安排人员到真彩指导工作，当年4月底，迪士尼全球文具创意副总裁Jim Podhaisky莅临真彩文具。

"真彩·正版迪士尼"的238款新品，以创新性的技术、新颖的设计和时尚的外观赢得市场的青睐，引领了2009年的学生文具潮流。

该出手时就出手

1993年11月，《玩具总动员》的前半部分制作完成了。迪士尼动画部门的总裁看过之后，认为这部电影的剧本有些幼稚，缺乏明快、成熟的电影风格，而且这部电影没有故事和情节。此外，迪士尼内部的很多员工都不认同这部电影。于是，迪士尼做出了暂停《玩具总动员》制作的决定。

此时乔布斯还梦想着靠《玩具总动员》扭亏为盈，得知这一消息后他震惊万分。但他不甘心就此放弃，他找到拉塞特并告诉他，如果他们把剧本修改到能令迪士尼满意的话，对方就可以继续跟他们合作。拉塞特本来也十分沮丧，听乔布斯这样说，他又燃起了希望。

乔布斯和埃德·卡特穆尔是联合制片人，因此乔布斯没有过多地干涉动画制作，而主要负责协调团队与迪士尼之间的关系。这也说明了他对拉塞特等皮克斯的艺术家十分尊重。

第六章
求生，逆袭的光阴

3个月之后，皮克斯团队将制作完成的新版本拿到迪士尼，结果获得了卡曾伯格和迪士尼的一致通过。1994年2月，他们恢复了这个电影的制作计划。但乔布斯认为卡曾伯格应负责超支的预算，而不是由他一个人来承担。为此，他和迪士尼吵了一架。乔布斯思虑着如何将自己的资金带进项目，如何跟迪士尼谈判，进而把皮克斯的影响力扩大一些。

乔布斯曾想出售皮克斯，并与多家公司商谈过。但是，当他观看了胡迪和巴斯光年的动画片后，他突然意识到自己差点犯了一个大错误。1995年1月，迪士尼在曼哈顿举行了一场新闻发布会，旨在为同年夏天推出的动画片《风中奇缘》预热，并顺便推介将在感恩节首映的《玩具总动员》。

一开始，乔布斯对此兴趣不大。拉塞特和制片人拉尔夫·加根海姆在参加发布会前也没想到迪士尼的推广能力如此之强。当时的场面十分壮观，连纽约市长鲁迪·朱利安尼都受邀而来。见此情景，拉塞特马上联系到乔布斯，让他赶快乘飞机过来。乔布斯到场后也被火爆的场面吸引了，他立刻抓住了这次机会，他知道自己该怎样东山再起了——只要将自己与迪士尼绑在一起，随着《玩具总动员》的上映，皮克斯就会转败为胜。他计划利用同年11月《玩具总动员》的发布，推动皮克斯上市。皮克斯自从成立之后，几乎每年都在亏损，怎么可能上市呢？这件连投资专家想都不敢想的事，乔布斯却胜券在握。

逐梦小语

尊重与指导

乔布斯出于对专家的尊重让拉塞特自由发挥，这是他难得的一次放权。但遗憾的是，专家型的拉塞特在管理型的卡曾伯格面前占尽下风，而乔布斯没能及时发现问题。最终，电影面目全非，惨被否决，人力、物力、时间被大量浪费了。老板在授权下属后，应对项目的执行过程进行不断的审视、监督。只考核结果的做法只有在被授权人有足够能力时才可实行，这还需被授权人有自知之明，善于利用上级资源。

审时度势

《玩具总动员》的拍摄运营过程令乔布斯再次体会到资本的力量。没有钱就没有发言权，乔布斯敏锐地察觉到圈钱的机会，随着电影的进展而一步步修改经营计划。从准备卖掉皮克斯到匪夷所思地策划上市筹款，这种把握机会、利用资本市场的力量壮大自己的意识恰是我国大部分企业家所欠缺的。

系列化带来的飞跃

将009中性笔作为产品系列化获得巨大成功之后，次年，真彩文具将旗下所有产品进行全面系列化开发，并对以往淘汰的旧款模具进行升级与系列化改造，此举最终取得了空前的成功。那么，系列化改造是如何带来销量飞跃的呢？

假定原来有10款笔的模具，每款模具的寿命能生产500万支笔。若在一个学汛期内，一款笔的销量是100万支，而整个学汛的总销量是1亿支的话，当季就需要100套模具。如果每款笔做5个设计，变身成1款5式的系列产品的话，每季只需20套模具就可以了，由于每套模具生产的零件多了4倍，除模具折旧成本大幅降低之外，模具生产的固定资产投入和工人、技术人员的投入也大幅下降。从另一个角度看，在模具生产能力一定的情况下，通过系列化改造可以生产更多的改良笔款，同样极大地提高了生产效率，相当于又建设了几个工厂。在渠道品牌建设有优势的背景下，结合生产效率的提高，作为当时文具市场的领军企业，真彩文具的销量和利润均实现同步飞跃，为公司的跨越式发展打下了良好的基础。

让皮克斯多飞一会儿

1995年11月22日，感恩节当天，迪士尼在洛杉矶船长剧院为《玩具总动员》举行了全球首映，一时好评如潮。这是一部完全用电脑三维技术制作的真正意义上的动画电影。

就在迪士尼为《玩具总动员》举办首映式的第二天晚上，乔布斯在旧金山豪华的摄政剧院为自己举办了一场首映式。他给硅谷的那些精英一一送上请柬，请柬中还要求来宾们"穿半正式晚礼服"。当晚，一向穿着黑色高领衫、蓝色牛仔裤和白色运动鞋的乔布斯，竟然换上了一件男士无尾半正式晚礼服。此时，《玩具总动员》才刚刚上映，市场状况还是未知数，没有几个人能理解乔布斯为何如此高调地出场。他们不明白，为什么这个研究电脑的家伙突然做起电影来了？为什么他如此重视一部动画电影的上映？

但接下来的事实让人们惊叹不已。《玩具总动员》上映第一周就收回了所有成本，票房收入达到了3000万美元。接下来，它的全球票房收入达到了3.62亿美元。它的成功为深陷困境的皮克斯带来了希望。

《玩具总动员》取得了巨大的成功后，让乔布斯感到郁闷的是，评论家在谈及这部电影时认为是"迪士尼的传统"。因此，乔布斯明确地把迪士尼说成是皮克斯电影的发行商，他认为当务之急就是必须指明"这个电影是谁的"，而且必须写入合同中。怎么才能让自己跟迪士尼平等地坐下来谈判呢？乔布斯认为皮克斯必须有足够的钱。这就需要一次成功的IPO。

《玩具总动员》上映一个礼拜后，皮克斯的IPO开始了。起初股价定为每股14美元，但乔布斯大胆地将其定在22美元。没想到，开盘仅仅半小时，股价就冲到了45美元，并在当天以39美元收盘。

股票公开发行的第一天，乔布斯拥有80%的皮克斯公司的股票价值增长到原来的20多倍，居然达到了12亿美元！这个收益相当于1980年苹果上市时他获得的5倍。这样一来，乔布斯终于摆脱了资金短缺的困扰，他不再依赖迪士尼了。因此他跟迪士尼谈判，要求承担电影的一半资金、分享一半的利润，以及进行品牌联合。最终他又成功了。

逐梦小语

一箭三雕

迪士尼的首映式是传统电影的发布模式，当然也大获成功。而乔布斯的首映式则反映了乔布斯的战略意图。一来他是电脑界的大腕儿，肯定要在大腕儿中表现自己的新意；二来他正筹划皮克斯的IPO，需要在大腕儿中路演；最后，艺术和科技的结合也需要通过跨界营销来推动。这一箭三雕的表演，正是乔布斯的过人之处。

定位

《玩具总动员》获得了巨大成功，但乔布斯不满足于金钱上的回报，他需要得到相应的地位。他不能接受自己成为迪士尼的"加工厂"，而要打造自己的电影世界,"赢得所有电影跟迪士尼平等共享品牌的权力"。所以,公司定位的高低直接影响公司的发展前景。纵观我们大多数企业,始创时由于生存的问题,大多都没有去考虑将来的发展,往往只关注眼前,结果浪费了很多机会和资源。记住:站得高才能看得远!

资本市场的力量

皮克斯上市后,从丑小鸭摇身一变成为白天鹅,与迪士尼平起平坐地谈判,并争得了应有的地位。资本市场的力量何其无穷!但目前我国很多优秀企业家对资本市场的认识仅限于圈钱,当暂时没有资金需求时就对资本市场不屑一顾。他们没能理解资本市场在品牌推广、信誉背书、保险等方面的一些重要作用,从而错失了能让企业更快发展的诸多资源和时机。

第七章
CHAPTER7

重生，
你好

人和

1997年1月初，阿梅里奥和乔布斯同时出现在 Macworld 大会上，乔布斯担任形象大使，现场挤满了大约4000位忠实的苹果粉丝。阿梅里奥啰哩啰嗦地讲了两个多小时。当他邀请乔布斯上台的时候，观众欢呼雀跃，掌声雷动。紧接着，阿梅里奥又把沃兹尼亚克请上了台。乔布斯讨厌这样的安排，他悄悄地溜下了台。

乔布斯顶着顾问的名头，马上在苹果的高层位置安插了自己最信任的人。他用好朋友阿维·泰瓦尼安替换掉汉考克的位置，负责软件工程。在硬件方面，他找回了当年在 NeXT 负责硬件的乔恩·鲁宾斯坦。

乔布斯把关注的焦点放在了杂七杂八的产品线上。他强烈要求终结一款名叫牛顿的项目，那是一种手持个人电子设备。在乔布斯眼里，牛顿是约翰·斯卡利投入心血最多的项目之一，它上面的"斯卡利标签"是最让乔布斯厌恶的，但阿梅里奥没有同意。他认为这个项目还有很大的市场潜力。

泰瓦尼安和鲁宾斯坦经常去乔布斯家中汇报工作。很多人都看出乔布斯正在逐渐削弱阿梅里奥的权力，甚至有媒体公开报道说乔布斯已开始垂帘听政了。

1997年2月，在苹果一年一度的股东大会上，阿梅里奥耐心地向股东们解释为什么上一季度的销售量比上年同期跌了30%，但股东们还是表示了强烈的不满。苹果董事长、杜邦公司前 CEO 埃德·伍拉德向与自己素未谋面的乔布斯询问对阿梅里奥有什么看法，乔布斯毫不客气地说："他可能不适合这个职位。"

乔布斯的好哥们、甲骨文的董事长埃利森公开表示要对苹果进行恶意收购，然后把苹果的领导权交给他的好友乔布斯。埃利森说自己准备融资10亿美元收购苹果的股权。这个消息一公布，苹果股价立刻就上升了11%。

董事长埃德·伍拉德也不再支持阿梅里奥了，他否决了阿梅里奥提出的广告预算。当所有人都怀疑阿梅里奥的能力时，乔布斯却主动与之交好。表面上看起来，乔布斯对阿梅里奥很尊重，阿梅里奥也希望得到乔布斯的认可。但是，当6

个月的股票锁定期结束后，乔布斯将手里的150万股全部卖掉，他还诱使阿梅里奥发表了一份不真实的声明。其实很多人都知道，乔布斯天生爱撒谎，不按常理出牌是他的一贯作风。

逐梦小语

人不为财

大部分企业家在取得事业上的成功后，或过上奢华生活，或积极参与各类公益慈善活动，即到达马斯洛需求的最高层次——自我实现。而乔布斯不但对物质享受没兴趣，对慈善活动也不"感冒"。他的自我实现方式就是创造伟大的产品和伟大的公司，这也许是他早年学习禅宗的原因吧。

志同道不合

虽然阿梅里奥与乔布斯挽救苹果的目标是一致的，但双方的风格截然不同。两人没有默契、没有沟通，所走或将要走的路都不一样。他们的分道扬镳是注定的事。

嫡系部队

团队建设讲究志同道合，取长补短，以加强团队的凝聚力。但老板的信任同样重要。事实上，在组建团队时，老板自然会从脑袋的数据库里挖掘人才，家族成员、泛家族成员（老同学、老同事、老部下、老关系）在同等条件下，机会相对会多些。这是因为嫡系部队的管理成本、沟通成本都较低，执行力更强，更重要的是抗压（挨骂）能力较强。这就说明了嫡系部队存在的合理性。

恶其余胥

人的行为不可避免地会受感情支配。我们所说的就事论事，很多时候只是一个良好的愿望。即使伟大如乔布斯，也会因为厌恶斯卡利而取消其主导的产品。这种"恶其余胥"会给公司带来不必要的损失。身为管理者应该理智行事，不做傻事。

天性

乔布斯既擅长说谎，又性格直率。但这只是他的一种处世伎俩，并不是其为了维护自身利益而动的"小心眼"。如有幸与这样的老板、这样的同事、这样的部下共事，就要以不变应万变了——那就是任何时候都以公司利益为重，所谓身正不怕影子斜。否则你随时可能掉入陷阱。

营销团队打造

朱献文1999年刚到真彩文具公司时，营销中心总共有36个人，到2007年，全国已建立了36个分公司，营销中心总共有700多人。但真彩文具开始在各地建立分公司的时候，由于整个行业规模还很小，销售渠道也很弱，知名度不高，且具有行业从业经验的人很少，所以业务人员的招聘非常困难，即使招聘进来人后，也很难留住。

幸运的是，公司招到了一个当时快消品营销最成熟的行业——日化行业背景的销售经理，他已掌握了快消品的营销技巧，完全符合朱献文和董事长想把文具的耐用消费品属性改造为快速消费品属性所需的人才特征。因此，朱献文在公司全力争取资源支持他的开拓性工作。

这位满腔激情且足智多谋的销售经理一次从各行各业招聘了十来个人。他制订培训计划，并集中进行一个星期的培训，从企业的特点、行业特点、渠道特点，再到工作的思路和方法、个人的成长路径，还有理念情怀等方面，给新员工们种下了新希望的种子。

通过一个星期封闭式的培训，新员工大都能很快进入工作状态，稳定性也显著提升，后来真正留下来随公司一起成长的人员比例比较高。这位销售经理在员工入职时进行系统培训，帮助员工比较快地了解和理解行业和企业，让他们少走弯路。现在，这已成为企业人力资源管理的基本工作，但对二十多年前的文具行业来说，这是一个伟大的创举，因为那时的中小企业家底子不厚，总担心培训后员工留不下来，最后浪费资源为他人作嫁衣裳。

之后，销售部门入职的员工，都是这位经理自己编教材，自己做培训。结果，公司的营销队伍不断壮大，他自己也从中得到锻炼和成长，后来升任公司的副总经理。营销队伍在他的带领下团结奋斗、开疆辟土，业绩高速增长，他理所当然地成为真彩文具销售额冲破十亿元的最大功臣。

第七章
重生，你好

天时

苹果公司的状况日渐糟糕，董事会意识到，或许应该请乔布斯正式回归了。但是，当董事长伍拉德打电话请乔布斯担任 CEO 时，面对这个期待已久的时刻，乔布斯却异常镇定，他委婉地拒绝了伍拉德的邀请。不过，他答应伍拉德做 CEO 顾问，而且不要薪水。

为什么乔布斯选择拒绝呢？答案并非像他自己所说的喜欢皮克斯，而是源于他的谨慎。虽然乔布斯对权力的欲望极其强烈，但是当事情尚不明确时，他会选择观望一段时间。

伍拉德和董事会决定不等乔布斯决定，先辞退阿梅里奥。一个周一的清晨，临时 CEO 宣布日后苹果公司将在乔布斯的指导下工作。这样，自从整整 12 年前的 7 月 4 日那个周末丧失大权后，阔别 12 年的乔布斯再次回到苹果的舞台上。经过伍拉德的说服，乔布斯同意出任临时 CEO，并象征性地领取 1 美元的薪水，以表示自己跟苹果风雨与共的决心。

上任之后，乔布斯开始了大刀阔斧的改革，在产品设计、业务整合、供应商谈判以及广告代理商的评估等方面，他都积极地参与其中。为了防止苹果高层员工的流失，他决定给他们的股票和期权重新定价，因为苹果股票已经跌得太多了，期权变得毫无意义。

乔布斯精简了董事会的结构，清理了董事会的成员，其中还包括 1976 年奠定新苹果基业的老朋友马库拉。乔布斯对他曾有过怨恨，因为马库拉在 1985 年的紧要关头站在了斯卡利的一边。但现在要把他从董事会中赶出去，乔布斯的心也在隐隐作痛，毕竟这个人曾经像父亲一般对待过他。重组后的董事会大部分是乔布斯的心腹，比如伍拉德和张镇中。此外，乔布斯还聘请了很多名人加入苹果董事会，比如美国前总统阿尔·戈尔、谷歌公司的埃里克·施密特等。他们虽然位高权重，但对乔布斯心怀敬畏，而且想讨好他。乔布斯一直确保他们对自己的忠诚，即使自己是错的。

造梦者
——打破常规的中外创业传奇

逐梦小语

墙倒众人推

这个世界是现实的，锄强扶弱是神话，扶强锄弱是现实。无论是企业还是个人，自强不息、不断壮大自己才是王道。只有自身实力提升了，各种硬资源和软资源才会被你吸引，从而产生愈来愈强的效应。相反，表现不佳，各种负面力量也会作用在你身上，发生墙倒众人推的现象——阿梅里奥的不幸结局就是如此。

三思而后行

虽说乔布斯性格粗鲁，说话直，但经历了十多年的风风雨雨，他比以前成熟多了。面对自己朝思暮想的回归机会，他也学会了"欲擒故纵"的手法。一来可以从旁观者的角度去发现问题；二来可以让更多的人去适应公司的改变；三来可以增加自己的谈判砝码。这种三思而后行其实是发酵自己能量的过程。

提升向心力

对主动关心自己利益的上司，员工们都是死心塌地、唯其马首是瞻的。乔布斯利用期权事件，威逼董事会同意他创新性地对股票和期权重新定价，为大部分高层争得了利益。这一方面解决了人才急剧流失的问题，另一方面收拢了人心，提升了员工对自己的向心力。这个改革的成功关键在于乔布斯没有个人利益的诉求——他手中没有期权。否则，改革是万万难以推行的。

地利

乔布斯重返苹果后使苹果 7 月的股票价格从 13 美元升至 20 美元，苹果的粉丝也越来越多。1997 年 8 月，在公园广场酒店的城堡会议厅举行的 Macworld 大会中，5000 多名忠实的苹果粉丝提前好几个小时到场，他们盼望见到归来的"英雄"——乔布斯。

在观众的欢呼声中乔布斯走上了舞台，他首先介绍了自己现任的职务："大家好，我是史蒂夫·乔布斯，皮克斯的主席和 CEO。我和其他很多人一样，在一起努力帮助苹果走到健康的轨道上来。"整个演讲过程，乔布斯没有看一眼演讲稿，但他的激情感染着现场的每个人。会场上，掌声不绝于耳。这些讲话，这些掌声，让所有在场人士都明显感受到一种自信。当讲到苹果下一步该怎么走时，乔布斯说的是"我们""我"，而不是"他们"。人们全都站起来，向乔布斯投以敬畏的目光，有的人还被感动得热泪盈眶。因为在会上乔布斯明确地说，他和苹果是一体的。

逐梦小语

"昔非今比"

当年，乔布斯被赶离苹果公司时股价上涨。因为在企业的上升时期，乔布斯既得罪了媒体，也折磨了员工，他的价值被看低，而缺点被放大，导致股民那时欢迎他的离开。后来，时势不同了，苹果不但没让股民享受到多少好处，反而惨遭巨大损失，只能把希望寄托于刚在电影领域创造了奇迹的乔布斯。这恰恰体现了时势造英雄和英雄造时势之间复杂而微妙的辩证关系。

心中的"我"

尽管出于各种原因，乔布斯强调自己的官方身份；但从他的表现中，淋漓尽致地流露出"我们就是苹果"的高度统一，只有血管里流着苹果的血的人才能有如此发自内心的表现。

没有永远的敌人

1997年8月，乔布斯在Macworld大会上还公布了一个令人震惊的消息。他说："苹果也离不开赖以生存的生态系统，它也需要与伙伴携手前行。在这个行业里，破坏性的关系会让双方都不快，且不能从中受益。现在，我要宣布我们今天的一个新伙伴，一个对我们来说意义非凡的合作者。"这时，乔布斯身后那个巨大的电视屏幕上出现了微软公司和苹果公司的标识。台下的观众都发出了嘘声。

众所周知，微软和苹果因各种版权和专利问题已经斗了整整10年。乔布斯认为比尔·盖茨窃取了麦金塔的创意，双方在法庭上各执一词。虽然1997年苹果败诉，但微软的日子也不太好过。现在乔布斯竟然宣布要与死敌合作，这实在令人费解。

其实，乔布斯在为苹果寻找一条新的出路。不管乔布斯在心里对盖茨多么不屑，但无可争辩的事实是，如今的盖茨已非当年，微软成了计算机行业的霸主，盖茨也成了毫无争议的领袖之一。乔布斯不能否认这些，只能去利用这些。他心里十分清楚，没有微软的话，苹果公司可能还会走向绝境。

乔布斯在会上继续宣布，苹果决定把微软的网页浏览器作为麦金塔的默认浏览器。毋庸置疑，这是盖茨提出的要求。说到这里的时候，盖茨的脸出现在巨幅屏幕上，让乔布斯看起来渺小，这也是乔布斯在舞台上很少犯的一个错误。

接下来，盖茨宣布，微软将购买价值1.5亿美元的苹果股票，并为麦金塔开发软件。作为回报，苹果公司放弃了对微软的诉讼。

乔布斯把苹果从生死线上拉了回来。当天，苹果的股票就飙升到656美元，涨幅高达33%。这一天的暴涨给苹果增加了83亿美元的市值。

逐梦小语

利益永恒

苹果与微软在图形用户界面的专利权上争吵了10年。这10年间，两家公司的地位发生了翻天覆地的变化。乔布斯的回归让微软再次在苹果身上发现了潜在的价值，进而带来了第二次合作，这才是领袖级人物非凡智慧的体现。我们所说的世界上没有永远的敌人，也没有永远的朋友，只有永恒的利益，就是这个道理。

主要矛盾

我们在谈判合作时，往往胡子眉毛一把抓。双方都为自己的利益据理力争、斤斤计较，往往会错失时机。这时候，就需要一个具有大智慧的领导出现，抓住主要矛盾，先解决方向性的问题，再在实践中逐步解决其他细节。抓大放小，才能抓住时机，把握机会，使利益最大化。

千虑一失

尽管乔布斯非常重视发布会的准备，但终究"智者千虑，必有一失"，在舞台设计上犯了错误，损害了自己和苹果的形象。我们在工作中应当追求完美，但同时也需知道偶发性的错误是不可避免的。当意外发生时，要有"补救"的能力和勇气，及时化解问题，尽量减少损失。

渠道变革

二十多年前，文具行业的销售模式还很传统，除了广州黄沙的文具批发市场外，主要依赖于当时著名的小商品集散地——义乌市场，向全国辐射发货。该模式下，厂家在义乌授权一家批发商为该厂的总代理，其他地区的小批发商则需前往义乌市场采购，再逐级分销至更小的批发商，当时称这种模式为"坐商"——批发商坐在店里等着客户上门。在物资相对贫乏的年代，义乌市场较早就培育了各种小商品的批发业务，凭着品种齐全、信息充分、物流发达，形成了闻名世界的小商品市场。只要能在义乌市场找到一家销售网络强大的总代理，工厂要销售的产品基本上能解决一大部分，真彩文具就是抓住了这个发展机会，跟义乌的一个老板合作，协同发展，成了文具行业的领军企业和头部批发商。

但这种"坐商"式的销售模式由于缺乏主动服务功能，难以适应快速消费品市场对反应速度的高要求。为此，真彩文具必须解决义乌总代理的营销能力与公司快速发展之间的不匹配问题。公司决定向快消品领域转型，并明确了逐步建立以省会城市的分公司或代理商为中心，在各省的每个地级市建立一个二级经销商，再由经销商供货给文具店的分销体系，以加快商品的流通速度，并加强对下级客户的服务功能，这种模式被称为"行商"。这样，整个真彩的产品就可以非常快速地渗透到各个层级的客户，可以快速提高销量。这种快消品销售的深度分销模式把渠道细化后，使商品和消费者的距离变近了，产品的市场反应速度变快了，真彩文具由此也进入了高速发展的快车道。

进退自如

1997年9月16日，乔布斯正式宣布接任苹果公司临时CEO，苹果巧妙地称之为"iCEO"。在为他举行的庆祝会上，乔布斯说："我们现在做的不是什么令人自豪的事情，我们要努力回到好产品、好营销、好分销这些最基本的东西。苹果已经忘了怎么把最基本的东西真正做好。"

对于乔布斯而言，1997年是极其艰苦的一年。他通常工作到深夜，到家后倒头就睡。第二天早上6点起床、上班，周而复始。他觉得自己一辈子也没有这么累过，他整顿苹果的同时还得忙于处理皮克斯的一些事务，双重的压力让他喘不过气来。但是，随着层层深入苹果的工作，他发现自己无法再离开苹果公司了。

在1997年10月的一次计算机展销会上，当被问及"如果由你掌管苹果公司，你会怎样做"时，戴尔公司的创始人迈克尔·戴尔称："我会关闭这家公司，把钱还给股东。"乔布斯被迈克尔·戴尔激怒了。他回来召集管理层启动一个为制造和销售设计的按订单生产系统项目时，把迈克尔·戴尔的照片在屏幕上放大，他说："我们来找你麻烦了"，并发誓要用这个系统战胜戴尔。苹果员工一阵欢呼，仿佛胜利在望。乔布斯决定留在苹果重建辉煌。

逐梦小语

企业发展的原动力

从贯穿企业发展全过程的五力（产品力、销售力、品牌力、管理力、创新力）模型来看，在企业的生存阶段，需着重于产品力和销售力；在发展阶段，品牌力起到推波助澜的作用；接下来的巩固阶段必须加强管理力，才能避免企业走向衰退；在企业生存无虞之时，需要花费精力培育创新力，让企业蜕变到另一个发展周期，再塑辉煌。乔布斯重返苹果后，一针见血地指出："我们是在努力回到好产品、好营销、好分销这些最基本的东西上来。"

标杆

苹果创立初期，乔布斯把IBM树为标杆；现在，他又盯上了戴尔。对于中小企业来说，为自己找一个优秀的企业作为标杆，至少可以节省很多试错的成本。只要在执行上比对方做得更好，就有赶超标杆的可能。

价格体系之解

为适应文具向快消品类产品的发展需要，真彩文具对其销售渠道进行了变革，从"坐商"式的全国总代理制向自建分公司加省级代理制相结合的方式转变，在有志同道合而且能力较强的经销商的省会城市，公司采用省级代理制；而在缺乏合适省级代理的省会城市，则成立分公司，直接服务下级客户。然而，分销体系建立起来以后，公司又面临一个新问题，就是整个公司价格体系的建立。

长期以来，文具厂家普遍依赖义乌市场最大的文具批发商，因其渠道广泛，销量巨大。原来是按销量定价的规则，因此义乌总代理能以高佣金低价采购产品，并利用其低廉的物流成本将产品销往全国，这威胁到了新建立的深度分销体系。为推动自建分销体系的发展，真彩文具的销售经理在公司的支持下，率先在行业内进行了定价策略变革：不再以量大而获最大折扣，而是根据他的代理级别来定；原则上，所有省会城市的代理价格一致，从而在利益上遏制了向外省低价冲货搏量争取高佣金的行为。

同时，真彩文具还有意略微上调了义乌市场的采购价格。在2004年调整价格体系时，尽管义乌的销量依然可观，但其价格已比外地的代理商高出约五个百分点。这一调整的理由是，公司要求当地的代理商提供各种服务，而义乌还是"坐商"模式，等客上门。在价格体系调整之前，义乌总代的折合价格比其他代理商低五个百分点，按代理级别而定价的体系实施后，整个价格体系得以稳固，各个级别代理商的利润趋于稳定，就有条件和动力去为下级客户提供所需的服务，推广真彩产品。

当然，为感谢原义乌全国总代理对真彩文具的支持，虽然原来跟他们对接的总经理已离开公司，但董事长还是每年带上厚礼到义乌给他们拜年，在服务上对他们保持特别关照。由于他们代理全国所有大品牌的销售，没有精力去按照真彩的要求为客户提供服务，所以争取到一定的回报后，也就做个顺水人情，支持真彩发展所需的变革了。后来真彩也成了他们投资的中性笔笔头厂的最大客户，可谓"山水有相逢"。

恢复"独裁"

很多人对苹果的争论之一，就是它是否能积极主动地把操作系统授权给其他电脑厂商。不少人认为，苹果应该效法微软，实现操作系统的对外授权。1985年，就在乔布斯被赶下台的时候，盖茨敦促苹果也放开授权。他相信，就算苹果把一些微软操作系统的用户抢走了，自己还能依靠为麦金塔及其兼容机的用户制作不同版本的应用软件继续赚钱。1994 年，苹果公司的 CEO 迈克尔·斯平德勒同意两家小公司生产麦金塔兼容机；1996 年，阿梅里奥又在授权名单上增加了摩托罗拉的名字。

乔布斯回来后，第一步就是关闭已开放的兼容机授权。他认为，让别的公司在垃圾一样的硬件上使用苹果的操作系统，蚕食苹果的销售额，世上再也没有比这更愚蠢的事了。

逐梦小语

利益驱动

盖茨十年如一日，不厌其烦地鼓动苹果授权其操作系统给其他电脑厂商。这样做的直接后果是为自家的 Windows 增加了一个竞争对手，看起来他是在"毫不利己，专门利人"。但仔细分析，盖茨这一招叫"丢卒保车"。苹果放开兼容之后，微软可以通过出售更多的应用软件来获利；但苹果自己却会被兼容机占去相当多的市场份额，失去独有的优点。所以，任何时候都要记住：凡是利益相关的朋友给你的意见，一定有利益因素在其中。听取意见时，要从自身利益出发仔细评估考量。

对代理商的服务创新

真彩文具的渠道变革后，又面临一个严峻问题，虽然当时的文具批发渠道的代理商大多艰苦耐劳、意志坚强，但文化程度普遍不高，距离打造一个符合支撑公司长期发展的分销系统还有较大的提升空间。具有快消品营销经验的销售经理在公司的支持下做了一个对全国代理商进行长期培训的计划并马上实施。

销售经理手把手地教代理商制订未来两到三年的企业发展规划、组织架构、品类管理等，这些是代理商做生意需要的方方面面的核心知识和技能，并将需要开展的工作逐项列出，制作成书面材料寄给代理商先行阅读。在出差期间，他为代理商进行详细讲解，甚至在代理商的公司招聘核心员工时，销售经理也会协助他们进行面试和招聘。

代理商在日常经营过程中遇到问题时，随时电话咨询，销售经理及时给他们进行指导，比现在花高成本进入"私董会"获取顾问服务的形式更直接实用。在那个年代，真彩文具筛选的代理商往往是当地文具市场最大的，他们的综合经营能力也是当地最强的。因为他们都是老板，所以眼光比较敏锐，而且能用心做事情，但他们的规划能力、组织能力，以及内部工作流程建设、绩效管理等方面相对欠缺。而通过对代理商的核心能力培训，他们的综合能力有了很大的提升，在文具行业里进一步巩固了其领先地位。他们在销售经理指导下将企业规章制度、管理规范、人员的组织架构每年都做一次更新，从经营中学习经营。经过几年的坚持，代理商们在管理意识上进步明显，业务发展的同时，个人素质也得到很大的提升。

对代理商的培训和对代理商公司员工的培训类似，销售经理充当老师的角色，无形中在他们心目中树立了"权威"，更重要的是统一了"工作语言"，给以后公司营销政策的执行降低了沟通成本，从而大大提高了工作效率。

设计为王

在苹果公司岌岌可危之际，一个名叫乔尼·艾弗的员工准备申请辞职。但是，当他听乔布斯说苹果的目标不是赚钱而是打造好的产品时，他打消了辞职的念头。没过多久，他就与乔布斯成了无话不谈的好友。

乔布斯对乔尼十分尊敬，他曾多次说："乔尼让苹果公司发生了翻天覆地的变化。他在各方面都出类拔萃，他精通商业概念和营销概念，有很强的吸收新事物的能力。相比较而言，他更理解苹果公司的核心理念。""乔尼是我在公司里的'精神伴侣'，我们一起构思了很多产品。对于每个产品，他既能从宏观上去理解，又能想到其细微之处。在我眼里，他不仅是设计师。这就是我要他直接向我汇报工作的原因。在这个公司，除了我之外，他最有运营权力。"

乔尼是乔布斯家的常客，两家人之间很亲密，经常聚会。乔布斯认为，没有谁是不可代替的，但乔尼是个例外。

乔布斯提倡"化繁为简"。对此，乔尼十分认同。乔尼还认为简单不仅是指外观，而且必须反映出产品的精髓。乔布斯和乔尼一致认为，设计应该是把灵魂设计出来。换句话说，设计的本身应该是"用户真实需求"和"伟大产品"的灵魂对话。

逐梦小语

精神伴侣

沃兹尼亚克当年与乔布斯共创苹果公司时，合作的基础在于两人的性格和专长可以互补。但在他们的组合中，没有明确的领导者。因此，两人虽成就了一番事业，但合作难以长久。这次乔布斯把乔尼誉为"精神伴侣"，除了二人在产品的认识上有高度的共识外，更重要的一条恐怕是乔布斯在精神上有绝对的控制权，不存在一山不容二虎的问题。

繁与简

我们都在追求"至繁归于至简"，但繁并不是多，简也不是少。所谓"至简"，是从繁中提炼出精华，以简的形式表现出来。就像把甘蔗加工成白糖一样，更甜，而且既精致又好看。这就需要我们的设计师、工程师共同去发现和提炼产品的精华，以达到所希望的境界。

设计、工程、制造

产品的开发过程离不开设计、工程、制造几个步骤。乔布斯以设计为主导，是因为他本身对产品有过人的敏感度，又有得力的设计主管来实现他的产品概念。但不同的人才结构决定了选用的模式也不同，一般而言，应以具有专长的人为主导，以达到最佳的团队效果。

环境激发灵感

乔尼·艾弗所在的设计工作室十分隐秘，位于染色玻璃窗和厚重的钢制大门之后，别说外人，就连苹果公司的大部分员工都是禁止入内的。乔布斯有时会与乔尼共进午餐，之后去工作室查看工作进度。每次他到工作室后都要先仔细检查那些正在设计的产品，那时工作室内一般只有他们两个。有时乔布斯会把负责机械设计的主管或乔尼的助手叫去，让其处理具体的事情。有时他也会让首席营运官蒂姆·库克或者营销副总裁菲尔·席勒参与他们有关企业战略的讨论。

乔布斯很少看图纸，他认为，从电脑上看上去很不错的产品，做出来很可能会让他失望。因此，他喜欢亲眼见到并感受到这些模型。

乔尼和乔布斯对产品包装达到了痴迷的程度，他们将包装视为自己形象的一部分，并申请了多项专利。乔尼坚信，苹果产品漂亮的外部装饰和包装也能说明里面是个好产品。

乔尼有时也会因为乔布斯与他争风头而生气，但他也肯定了乔布斯在公司的重要作用。他说："在很多公司里，精彩和杰出的设计常常会在流程中悲催地流产了。假如不是乔布斯那么严厉地要求我们，并且排除万难把我们的想法变成产品，我和我团队的那些疯狂想法也会灰飞烟灭。"

逐梦小语

保密意识

乔尼的设计室对大多数员工都是不开放的，连管理者都不能随便进，可见苹果的保密工作执行得很到位。而国内企业的技术部门，保密制度基本上形同虚设。不要说有熟人就能轻易进入；就算没有熟人，也能通过各种手段接近技术骨干。别有用心的人奉承赞美一下，技术人员就恨不得把心都掏出来了。当心！

实物精神

很多时候，由于技术和成本原因，我们大多会在图纸上看设计效果，但设计图纸与实物的区别之大往往超出预期。随着3D打印技术的发展，我们也可以直观地看到设计效果了。

佛靠金装

虽然目前大多数厂商都重视包装，懂得精美的包装能带来高附加值。但不要忘记，苹果注重包装是注重其表现形式，是关注消费者打开包装过程中的体验，而不是不环保的过度包装。

行业首创——真彩店招改造

在朱献文刚进入文具行业时，整个行业尤其是制笔厂商还处于产品阶段，几乎没有品牌意识。

当时，国外著名饮料品牌在全国的小食店争夺店招的现象给真彩文具很大的启发，在销售经理的组织下，真彩文具从 2002 年开始，在学校附近的终端文具店推进店招改造并安排业务人员帮助店主做货架陈列，集中展示真彩产品。不到一个月，在全国很多城市一下子冒出很多"真彩文具店"（其实只是店招和部分产品而已）。由于当时只有真彩文具在批发商店面和文具店实施店招改造，当满街都出现真彩的店招时，它让真彩马上脱颖而出，知名度一下提升了。

真彩文具是第一个开展文具店店招改造的厂家，真彩的业务员还帮文具店陈列商品，使文具店的店容店貌得到很大改善，而真彩文具只需承担制作店招的成本，因此真彩店招改造是一个低成本高收益的广告宣传项目。通过店招和店内货架陈列可迅速提高品牌在渠道和消费者心目中的知名度，多种品牌推广联动的方式令公司业绩连年翻番，员工士气大涨。

麦金塔二世：iMac

1998 年 5 月 6 日，在苹果世界展销会上，乔布斯像往常一样做了精彩的演讲。他在会上表示，希望苹果公司能够转危为安、扭亏为盈，还希望能再一次颠覆个人计算机的形象。

他先是礼貌地对坐在观众席上的三位嘉宾"喊话"：苹果创始人沃兹尼亚克、马库拉和第一任总裁斯科特。乔布斯热泪盈眶，他哽咽地说："倘若没有他们三个人，今天我们谁也不会来到这里。"乔布斯掀开舞台中央桌子上的遮布，灯光下，新的 iMac 亮相了，它熠熠生辉，屏幕上写着："你好（又见面了）。"会上爆发出雷鸣般的掌声。

很多人认为，新电脑小巧可爱，装备完整且操作简单，可以联机上网，适合家庭使用。如此功能完善、使用方便的计算机每台只需 1299 美元。因而 iMac 刚上市销量就不错，一年多的时间销售出了 200 万台，3 年内销售了 500 万台。

1999 年 1 月 4 日，国内计算机权威媒体《计算机世界》报将"iMac 上市引起轰动，Apple 渐入佳境"评选为"1998 年国际 IT 十大新闻"之一。iMac 成为苹果公司历史上销售速度最快的计算机。乔布斯自豪地说："每隔 15 秒钟，就有一台 iMac 被售出。"iMac 上市后，苹果立刻又设计出了 4 款颜色漂亮的电脑。乔布斯还将光驱改为内嵌式的插槽。其实，这个决定是错误的。几年后，苹果公司满足不了用户刻录音乐光盘的需求，因为能刻录的 CD 光驱只有 CD 托盘型号。乔布斯为此事懊恼了好久，但他很快找到另外一条路，那就是专门生产一个音乐播放器。

逐梦小语

饮水思源

尽管乔布斯爱憎分明，对得罪过他的人毫不手软，但随着年龄的增大，他变得越来越宽容了。在重塑历史的一刻，乔布斯由衷地表达饮水思源的情感，为他加分不少。

大繁至简

企业的成功当然有很多因素，但乔布斯的营销却只用大繁至简的策略："制造大受欢迎的产品，发动无比强大的营销攻势。"这又回到企业发展"五力"中最基本的"产品力、销售力、品牌力"了。

快速决策

大公司的流程管理会牺牲很多效率，并使很多创新胎死腹中。幸运的是，大权在握的乔布斯对产品创新有浓厚的兴趣，只要是乔布斯喜欢的东西，几乎立刻能进入绿色通道，迅速投入实施。就算苹果创新的成功率并不突出，但创新的次数多了，成功的机会自然也就多了。

马有失蹄

由于超前使用了吸入式光驱，苹果机无法装备刻录 CD 的光驱，引得消费者抱怨连连。这罕见的失误用中国的一句老话说，便是"智者千虑，必有一失"。所以，技术创新也必须循序渐进，引领潮流也要让后来者"可望"，而不能超越太多。否则，一旦潮流转向，未能及时顺应，则将化为乌有。

第八章
CHAPTER 8

持续创新，
苹果的本质

"仿生"

乔尼和乔布斯痴迷于苹果产品的设计与外观。自从1998年推出iMac后,乔布斯和乔尼将诱人的设计变成了苹果电脑的招牌。他们推出了橙色蛤壳式笔记本电脑,以及一款标榜"禅意"、外观冷峻如冰块般的专业台式电脑。

苹果公司2000年推出的Power Mac G4 Cube在外观上极具吸引力,它没有显示器,但其独特的外观却一度被看好,在推出之时被不少媒体大唱赞歌。这款2000年推出的产品,即使到现在也是顶级设计,其液晶显示器设计独特,宛如相架,难以被超越。然而,它上市不到一年,苹果就宣布停止生产,外界将失败的原因归结为设计过度、定价过高等。

一天,乔尼和乔布斯在花园里看到了很多向日葵。向日葵在风中摇曳的身姿给了乔尼灵感,他想到了如何做一个屏幕连着铬合金的活动支架。这样,整个显示器看上去特别像向日葵。

苹果为他们的设计申请了多项专利,乔尼也因此被称为苹果公司的"设计灵魂"。

逐梦小语

差异化

在Windows系统兼容机的冲击下,个人专业化电脑发展艰难。而苹果用诱人的设计进行差异化竞争,就算在股价严重下跌的时候仍然坚持创新。在计算机行业的诸多企业都沦为微软的硬件制造商时,苹果坚守独一无二的个性是它立于不败之地的最根本原因。

教训

乔布斯由于追求完美而忽略工期和成本的习惯,终于被苹果的Power Mac G4 Cube的失败所改变。尽管这台电脑凭借优秀的设计被选进纽约现代艺术博物馆,但仍然难逃叫好不叫座的命运。幸运的是,乔布斯终于从打击中明白了TQC(工期、质量、成本）平衡的重要性，学费算是没白交。

真彩也"仿生"

真彩文具的核心产品是中性笔，它是目前国际上流行的一种书写工具。中性笔兼具钢笔和圆珠笔的优点，书写手感舒适，由于增添了润滑物质，因而比普通油性圆珠笔更加顺滑。其油墨性质介于水性笔和油性笔之间，保存时间较水性笔更长，遇水也不易化开，因此深受消费者喜爱，市场容量呈现井喷式增长，在学生市场已基本取代了历史悠久的圆珠笔。

然而，中性笔的墨水黏度较低，每支笔的有效书写长度只有传统圆珠笔的三分之一，产品寿命较短，这是其一个主要弱点。此外，中性笔笔头和墨水的配合技术含量很高，若盲目增加墨水容量，墨水很容易腐蚀笔珠而造成漏墨现象。

通过市场调研确定开发大容量中性笔后，真彩文具董事长亲自拜访瑞士和日本的笔头和墨水供应商，向他们详细阐述了产品开发计划和市场前景，并请他们开发满足长时间书写要求的笔头和墨水。真彩开发部的元老黄智颂总监亲自操刀，设计出了中国第一支大容量中性笔，并命名为"大鲨鱼"。

据黄智颂回忆："大鲨鱼"设计之初便立足于打造一款大容量的中性笔，要有海量墨水的笔芯。设计时首先联想到海洋是地球最大的容量载体，再想到海洋物种里属鲨鱼最霸气、凶猛。从部件设计上，流线型的造型恰似鲨鱼具有非凡的速度与耐力的化身。在商业战场上，我们需要这样一支霸气的笔来征战市场，它不仅是书写工具，也代表着当时的企业精神，这就是真彩第一次"仿生"设计的由来。

果然，"大鲨鱼"一经推出市场，便引领了中性笔市场一股"有容乃大"的潮流。

敢人所不敢

自1994年起，苹果就一直在使用由IBM和摩托罗拉联合生产的Power PC芯片。当乔布斯重返苹果后发现摩托罗拉的芯片已跟不上形势了，他转而把寻找合作伙伴的目光瞄向英特尔。

乔布斯希望苹果相对其他厂商能获得更优惠的价格。乔布斯和英特尔公司总裁保罗·欧德宁相约在斯坦福大学的校园中一起散步，乔布斯最初谈到了计算机的发展，随后开始就处理器价格与欧德宁讨价还价。

2005年6月6日，乔布斯和欧德宁同时出现在新闻发布会现场，宣布苹果公司放弃使用了数十年的IBM和摩托罗拉的Power PC芯片，在Mac计算机中使用英特尔的X86芯片。

这一消息震惊了业界，几乎一半的苹果用户表示反对这一合作。比尔·盖茨也对此感到惊奇。而乔布斯表示，苹果放弃Power PC芯片的原因是：该产品开发过于缓慢，苹果需要的是那些更精致、更低能耗的芯片。

逐梦小语

被弃

落后就要挨打，落后就要被抛弃。合作的双方除"门当户对"外，还要共同努力，携手前进。如果有一方跟不上合作伙伴的步伐，就必然会被淘汰，因为合作伙伴的价值所在就是推动自身进步。当伙伴成为拖累，就必然会被无情抛弃。商场上，只有胜者为王，弱者是无人同情的。

能人所不能

尽管换芯片不像换设计那样靠自己的力量就能完成，它需要芯片商的全力配合和支持，是一个浩大的工程，但乔布斯再次能人所不能，创造了令盖茨也惊讶的芯片转换工作。性格强势的老板往往执行力很强，常人认为匪夷所思的事情在他们看来是理所当然的。这可以给我们一个启迪，就是人的潜力是无穷的。

又第一次吃螃蟹

真彩文具在产品系列化获得成功的同时，也在考虑如何进一步扩展市场份额，做大行业的"蛋糕"。由于当时文具行业都是小微企业，销售过亿的公司寥寥无几，在第一年试验产品系列化之后，从市场上文具店的铺货情况来看，真彩文具的销量可能已超越其他对手位居第一了。

第八章
持续创新，苹果的本质

当时，朱献文正在朋友的玩具公司考察，得知玩具的图案设计才是吸引少儿眼球的关键。于是，朱献文突发奇想，如果把学生款的系列化产品加入主题化，即1套笔款模具设计成5个贴合学生审美的主题（5个系列），而每个系列又设计5个图案，这样岂不是1套笔款模具可以衍生出25种不同的产品样式了？！这个想法一闪现，朱献文马上跑回去跟董事长讨论想法的可行性。董事长正好在考虑跟韩国的设计公司合作的问题，文具玩具化的想法加强了他与国外设计公司合作的决心，一来可以满足公司设计工作量的要求，二来可以培养公司的设计师，三来可以利用当时兴起的"日韩风"提高产品竞争力。

谁知这个"产品系列化"加上"文具玩具化"的创新之举，居然引领了文具行业长达十年的高速发展，真彩文具也成了第一个销售超十亿的制笔企业，并担任了中国制笔协会副理事长单位。文具玩具化的设计图案风格一般紧跟"韩风"，深受女生和低年级学生的喜爱，以前她们每人可能有两支笔，但现在可能每人都有几个装了四五十支笔的笔袋。这样，市场容量一下子扩展了几十倍，加上市场竞争越来越激烈，各种营销推广活动层出不穷，无形中导致了"抱团营销"，日积月累之下，产生了巨大的边际效果，从而把文具行业的"蛋糕"做大了几十倍甚至上百倍，几乎所有文具企业在那时都能从中受益。

iPxxx

iPod样式新颖、灵活小巧，一经推出就得到了市场的认可，很快风靡全世界。截至2005年，iPod的全球销售量已达2000万台，人们甚至认为苹果Mac电脑的销售也沾了iPod的光。

但科技瞬息万变，数码相机市场由于照相手机的出现而销量锐减，在iPod刚刚问世时，乔布斯就意识到音乐手机也许会让iPod败下阵来。当时，他看到很多人出门需要同时携带手机和MP3，那么能不能将它们合二为一呢？想到这里，他立刻联系摩托罗拉，与之共同推出既配有摄像头，又内置iPod的ROKR手机——世界上第一款支持iTunes音乐的手机。可是，这款手机外观丑陋，也不能自行下载音乐，而且仅能存储100首歌，几乎是彻底失败，苹果和摩托罗拉的"姻缘"很快结束了。

乔布斯意识到，他的团队必须集中力量自己设计。他们最初想在iPod的基础上制作一款手机，结果发现也行不通。当时，苹果正在秘密打造平板电脑，在看到最初的工作之后，乔布斯发现可以用这个技术打造新一代手机。

逐梦小语

忧患促创新

乔布斯从数码相机的崩溃联想到iPod的未来。这种忧患意识激发了乔布斯不断创新的脚步。"与其被别人打死，还不如自己重生。"iPhone要应运而生了。

合作伙伴

我们在选择合作伙伴时，出于对大公司的信赖，通常都希望与成功的大公司合作。但一些大公司除机构庞大、流程多外，也很难对小项目产生兴趣和投入精力。所以，门当户对或精干的合作伙伴应该是中小企业优先考虑的对象。

漂流瓶

2014年春节后，真彩文具广州营销中心的黄总与设计部总监周金星和工业设计部主管梁伟巨三人就爆款画材的开发进行了深入讨论。过去一年，他们虽然前后设计了上百款新画材产品，但客户反馈包装设计过时老旧，不贴合市场，没有什么新鲜感。尽管价格定位较低，但产品本身的价值感不足，这些问题导致新画材产品在全国两个大小学汛的订货会上业绩不尽如人意。

当时画材的开发任务已不属于广州产品部，为了不引起工厂设计部的误会，同时希望达到新产品上市时的轰动效应，他们三人秘密地进行这款系列产品的开发，力求在4月底的真彩文具全国巡回发布会上能一炮而红。

这项任务可谓时间紧任务重，他们就该系列产品如何符合爆款产品的特点进行了头脑风暴，包括设计与时俱进又符合当下潮流的外观造型、包装概念元素，以及制定合理的价格策略。经过三个资深产品开发专家连续一周的反复推敲论证，最终决定以漂流瓶作为系列名称展开故事和做延伸设计。

漂流瓶是航海时代人类跨文化交流的象征符号。在如今的虚拟世界，人们在瓶子里装上彩色许愿砂，用小纸条写上自己的愿望放在瓶子里，以此来祈祷梦想成真。这一设计不仅富含故事性，还具备一定的延展空间，精准地捕捉了目标消费者的心理需求，确定这一设计方向后，梁伟巨主管马上展开外观造型的构思与设计，周金星总监则专注于包装设计的创意。尽管广州设计部本就任务繁重，但两人仍不畏艰难，经过一个多月夜以继日的奋战，终于完成了外观造型和包装设计的方案，其系列中包含了四款12～48色的漂流瓶水彩笔、四款12～48色的漂流瓶彩色铅笔等。在发布会前夕，周金星总监直接去印刷厂取回瓶标，与家人手工贴标至深夜。

功夫不负有心人，该系列产品从产品的故事性、价格定位、外观设计到包装元素设计等都非常契合消费者需求，得到了参会客户的一致好评，成为大学汎新品发布会的明星产品。在全国新品发布订货会的上百款画材产品中，漂流瓶系列产品的订货量占了画材总订货量一半以上，引发了文具市场的轰动。同年，该系列产品还获得了台湾金点设计奖项，成为2014年同行茶余饭后热议的话题之一。

旧习与替代

乔布斯自己后来也承认，他最初并未将 iPhone 视为重点。在发明 iPhone 之前，苹果就已经多次谈论过拥有玻璃显示屏、多点触摸、虚拟键盘的平板电脑，研究小组也开始试验各种触摸显示技术。半年之后，他们做出了原型机。当乔布斯看到这项技术时，他惊叹道："上帝，我们其实可以拿它做一部电话。"于是，乔布斯要求工程师们立即调整方向，将重心转移到手机项目上，暂时搁置研制平板电脑的研发计划。

研究小组立刻着手研究如何通过手指触摸屏幕输入。但是他们还不确定多点触控技术可否在手机上应用。乔布斯和法德尔、鲁宾斯坦、席勒兵分两路：一边研发类似 iPod 的滚轮手机，一边研发多点触摸屏手机。相比较而言，后一个方案的风险更高，但也更让乔布斯等人心潮澎湃，因为它更有前景。

2005年，苹果公司收购了 Finger works 公司。Finger works 公司已研发出了具有多点触控功能的平板电脑，这次收购使得苹果公司获得了这项多点触控技术的专利使用权。

最终，乔布斯等人将这个产品开发出来了：如果打电话，屏幕会显示数字键盘；想写东西，就调出打字键盘；想看视频、图片时，键盘也会消失；为了解决手机在裤兜里可能因无意触碰而播放音乐或拨号的问题，他们设计了锁定功能。此外，iPhone 的多点触摸屏至少可以同时处理两个触摸信号，用户可以轻松地用手指完成数据处理，比如说点击链接、拉伸或者缩小图片等。

逐梦小语

便捷

设计师们的发明有时候华而不实，虽然功能强大，但操作麻烦，甚至连专家也难以弄懂。乔布斯的"大繁至简""复杂功能简单化"的意识，令苹果的产品开发过程都指向"便捷"，这是苹果成功的一个重要经验。

冒险精神

企业家都有冒险精神，但不等于企业家都是莽撞行事之人。相反，他们在冒险的同时，都会铺设一张"保险网"。这可能是备选方案，可能是有效的财务支持。就算是出现万一，也不至于令企业严重受损，这才是企业家真正的冒险精神。

为我所用

让社会资源为我所用也许是大公司通用的手段。当发现一家公司拥有自己所需的关键专利时，乔布斯毫不犹豫地连人带马"一窝端"。这种收购策略不但快速地解决了技术难题，也建立了技术壁垒，保护了 iPhone 在成长初期的技术优势。

拿来主义

真彩文具推出中国第一支中性笔后，"009"成了当时文具市场的一股新风，广受消费者关注。对于定位为学生用笔生产商的真彩文具，如何让学生更喜欢"009"，成了真彩文具当时面临的重大课题。

最终，真彩文具决定在"009"印上一个卡通形象来迎合学生。

第八章
持续创新，苹果的本质

笔的表面积较小，给设计师的发挥带来了挑战。更关键的是，自创一个令小朋友喜欢的吉祥物，其宣传推广的时间和成本都难以估算，成功与否难以预测。所以董事长决定采用拿来主义，物色风格合适又市场成熟的卡通形象来合作，带动"009"学生款的发展。

董事长调研发现，史努比形象遍布全球75个国家，从服装、包袋、鞋到玩具、文具等都有它的身影，它深受富有活力、热爱生活、追求时尚的年轻一族喜爱。不仅如此，史努比博物馆、史努比展览馆、史努比主题酒店等，让喜欢史努比的消费者随处可看到集想象、智慧、勇敢、坚毅于一身的史努比。

史努比的英文名是Snoopy，是漫画家查尔斯·舒兹从1950年起连载的漫画作品《花生漫画》中的一只黑白花色的小猎兔犬，品种原型为米格鲁猎兔犬，在作品连载的不同年代里其拥有不同特色的设定和性格。舒兹说："史努比是我想要成为的样子——无所畏惧，是所有人的开心果。"

史努比这个卡通形象自问世以来一直拥有着高人气，很多人被它那笑眯眯的眼睛和大大的鼻子所吸引。史努比尤其受孩子们欢迎，于是真彩文具选定它作为合作对象，恰好当时史努比授权商想打开中国文具市场，所以一拍即合，签订了长期合作合同。

真彩的设计师在董事长的指导下，设计了一个大头小身的史努比卡通形象用在"009"上。

虽然笔杆和笔盖的面积相对较大，卡通形象看起来更醒目，但经过十几次修改的设计方案仍然不能令人满意，要么让笔变得幼稚，要么让笔显得突兀，设计师一时陷于极度焦虑中。有一天，董事长看到有人把笔别在衣服的口袋时，猛然醒悟：窄小的笔夹才是画龙点睛之处，也是能产生高辨识度的地方，因为把笔别在口袋上行走时，人就成了活广告，尤其处于衣服还是以素色为主的时代。当设计师将大头小身的史努比卡通形象和书写活泼的字母"Snoopy"印在笔夹上时，史努比在简约的"009"衬托下显得栩栩如生，董事长一锤定音："就是它了！"

令人高兴的是，原来为学生而生的"史努比009"，居然受到了白领群体的高度喜爱。自它诞生30年来，一直保持着单品年度"销冠"的地位，简直就是"神"一般的存在。

能人所不能

乔布斯的"现实扭曲力场"能让人迸发出强大的力量，挖掘出高品质的产品，它帮助了更多的人超越自己，获得成功。在研发 iPhone 时，乔布斯认为玻璃屏幕更加结实耐划。于是，他开始寻找坚固耐磨的玻璃。

最终，他找到了在 20 世纪 60 年代就研发出"金刚玻璃"的康宁公司。但那种产品早已停产，且工厂主要生产液晶显示器，要在短时间内全面转产金刚玻璃简直是不可能的事，更何况是让他们在 6 个月内从零开始生产尽可能多的金刚玻璃！因此，当听完乔布斯的要求后，康宁公司总裁温德尔·威克斯连连摇头说："我们没这个能力，我们的工厂现在不生产这种玻璃。"乔布斯紧盯着威克斯说："你们一定能行，一定能做到！你帮我想想办法！"在乔布斯"现实扭曲力场"的影响下，这家生产玻璃的厂商将最优秀的科学家和工程师都用在这个项目上，在 6 个月内研制了这种"不可能、不敢想象"的玻璃，达到了乔布斯的要求。

温德尔·威克斯事后回忆仍觉得难以置信："我们在 6 个月内做到了。"这件事说明，如果真是你想要的，你发挥的能量往往超出想象。

2010 年，康宁公司致力于研究一种足够坚韧的玻璃和陶瓷材料，"乔布斯和苹果让我们更优秀。"威克斯说。可以说，iPhone 那独一无二的优雅气质与康宁的精工细作是分不开的。

逐梦小语

喜新厌旧

乔布斯不但在产品功能上不断创新，在多数人不关注的材料上也"喜新厌旧"，这是他完美主义的一个表现。他所提倡的是功能、外观、材料的全方位整合创新，这种创新无死角的全局思维，是乔布斯成功的必杀技。

潜能

康宁公司总裁温德尔·威克斯在乔布斯"现实扭曲力场"的驱动下，不可思议地在预定时间内完成了金刚玻璃的生产。与摩托罗拉不配合苹果研发新手机相反，精明的康宁将苹果的合同视为对自己有益的一个重大商业机会。他们毫无保留地投入人力、物力和财力，因此他们能创造奇迹也就不奇怪了。

相得益彰

"乔布斯和苹果让我们更优秀。"威克斯说出了许多中小企业的心声。大企业通常要求严格，受中小企业的条件所限，开始时双方可能会有很多冲突。但经过双方不断的磨合后，在帮助大企业解决问题的同时，中小企业往往能取得大幅度的进步，就自然产生"乔布斯和苹果让我们更优秀"的效应。

品质观

真彩文具生产的中性笔、圆珠笔、活动铅笔、荧光笔及新型产品晶彩棒等系列产品走进了国内外的千家万户，将中国笔文化的发展推向了一个新的高度。

2004年，真彩文具在全国制笔大会上向社会发出质量宣言，向全国的消费者承诺：保证向市场提供百分之百的高质量、高品位的一流产品。由此可见，董事长领导真彩文具做的不仅是一支笔，他更重视品牌与品质，他强调："品质是真彩成功发展的基石。"

董事长认为："即使是做一支一元钱的笔，也要考虑品牌，做好品质，这是厂家的责任。"为了保证品质，真彩文具建立了上海技术中心，董事长说："品质不是靠检查获得的，而是从开发阶段就开始控制的。"

真彩文具研发的落脚点只有三个字：细、深、精。做细是先要做得明白，搞明白所生产产品的物理化学原理、结构功能原理和工艺要求，不能只是简单地进行装配。还要严格监控每一个环节，对每一项指标都要有严格的测试和审核。做深就是要做得透彻，在明白原理的基础上更进一步，扩展产品功能，增加附加值。做精就是力争成为某方面的专家，做成一流的产品。精就意味着品牌，意味着质量，意味着信誉。

对品质的高要求，使真彩文具的产品在品质上有过人之处。2001年10月，董事长领导的真彩文具成为中国中性笔标准起草小组的主任成员。经过半年多的努力，中国中性笔标准于2002年4月底通过审定，为我国中性笔产业奠定了良好的基础。

控制欲，从设计开始

iPhone能够成功的第一要素就是其超前、高级的外观设计。虽然乔布斯一直跟进许多重大项目的发展，但他还是经常在即将完成时做出重大调整，iPhone的设计也不例外。iPhone的亮点是屏幕显示，原本的设计是金属外壳和屏幕并重，乔布斯对此不满意。他不想把玻璃屏幕塞在铝合金外壳里面，他希望玻璃显示屏进一步扩大到手机边缘。虽然人们已经付出了9个多月的努力，现在还是不得不调整原有的设计方案，重新设计天线布局和电路方式，以适应整个产品的新外观。

经过痛苦的重制，新设计的iPhone正面完全是金刚玻璃，并一直伸展到边缘，与薄薄的不锈钢斜边相连接，这样使手机具有极佳手感且看上去更加高档。其屏幕底部是Home键，上方为听筒，机身左侧是音量控制键，右上角是锁屏开关，背面有摄像头、扬声器、麦克风，机身底部是数据和充电接口。

iPhone继承了苹果精致、简洁的传统，整个手机只有一个按钮，造型大方、另类，外观简洁。这也是现代设计的趋势，简洁更符合现代人的口味。

iPhone不仅体现了乔布斯的完美主义，也展示了他超出常人的控制欲。iPhone不能打开，也不能换电池。由于无须更换电池，iPhone可以变得更薄。乔布斯酷爱超薄的东西，他始终以纤薄为美。因此，他总要求供应商想办法使零部件变得更薄。

逐梦小语

优秀之源

任何优秀的产品，首先源于一个优秀的创意；其次就是基于这个创意的优秀设计；最后才是实现这个设计的工程制造。因此，设计起着承上启下的中枢作用。在设计上精益求精，把可预见的问题在设计阶段真正解决掉，就能为将来的工程实施打下牢固基础，更为完美的产品做好铺垫。

第八章
持续创新，苹果的本质

迪士尼系列产品

从 2009 年开始，真彩文具就同迪士尼合作生产学生产品，但由于真彩文具品牌本身在行业里太强大，销售渠道习惯了推广真彩的自有品牌产品，公司业务员为保证业绩不受影响，都不太主动去推迪士尼产品。而且迪士尼公司对设计限制比较多，设计师也对设计迪士尼产品缺乏积极性，因为他们很难设计出"爆款"，费力不讨好，对业绩影响很大。在这样的恶性循环中，五年过去了，真彩文具的迪士尼系列产品还是不温不火，成为鸡肋。

真彩文具考虑取消与迪士尼的合作，但还是想再试一下，于是把迪士尼系列产品的设计任务硬压给了刚从外面返聘回来的资深经理陈春诚。陈经理以为领导在故意为难她，大吵了一架，后来才知道当时这个任务是非她莫属。

陈经理临危受命后，先从当时销量仅次于油画棒的水彩笔着手，认真研究过去几年由韩国设计师设计的迪士尼产品，发现每季的设计只是改变了一下米奇图案，并没有本质的改变。经过十几个不眠之夜的思考，陈经理决定根据米奇的形象来设计水彩笔的包装桶，打破传统的桶身造型。

产品推出后，奇迹出现了！公司老总在走访市场的时候看到产品销售异常火爆，情不自禁地打电话给陈经理报喜，不断说："产品反应不错，现在就流行这样的产品，也是日本流行的风格！"就这样，陈经理从根本上扭转了迪士尼产品不好卖的局面，而真彩迪士尼水彩笔也被华特迪士尼公司受邀到美国参加"吉尼斯世界纪录展出"。

改变生活方式的手机

iPhone 即将发布时，乔布斯又利用媒体造势。《时代》的格罗斯曼一语中的地指出：苹果并没有发明许多新功能，只是让这些功能变得更实用。但这点至关重要，如果工具用起来很费事，我们会认为自己很愚蠢，若是工具用起来很简单，我们就会觉得自己很聪明。

2007 年 1 月，在旧金山 Macworld 大会上，乔布斯向人们揭开了 iPhone 手机的神秘面纱。因为 iPhone 的整个开发过程都被严格保密，在发布前，尽管媒体已经知道苹果将会发布一款手机产品，但从没有见过是什么样的手机。直到 2007 年 Macworld 发布会的那一天，全世界亲眼看见过 iPhone 的人数不到 30 人。

乔布斯在会上说："今天我们有幸见证历史性的一刻。1984 年，我们推出的麦金塔电脑改变了电脑行业；2001 年，我们发明的 iPod 改变了音乐产业。今天，三款革命性的产品同时诞生，它们分别是宽屏触控式 iPod、革命性的手机、突破性的互联网通信设备。"

乔布斯不断重复着这三个词汇——iPod、手机、互联网通信设备……接下来，他将大会推向了高潮。

"这不是三个割裂的产品，它们最终在一个产品上完美地呈现！我们叫它 iPhone！"

2007 年 6 月底，iPhone 一经上市就震撼了世界，势不可当地"扫荡"着全球手机市场，手机革命随即开始了。微软认为 iPhone 缺乏吸引力，特别是没有键盘是一大缺陷，但微软错了。截至 2010 年，苹果公司已售出 9000 万部 iPhone，其利润占全球手机市场利润总额的一半以上。当 iPhone 4s 推出的时候，其火爆程度仍旧令人印象深刻：商店门前人们彻夜排队等候，店里人头攒动，销售人员忙碌不已，这一切都彰显了苹果产品持续增长的强劲势头。

逐梦小语

创新的本质

《时代》的格罗斯曼真有水平，他指出了创新的本质，在于让现有的工具用起来更方便。换言之，就是在开发产品时，把使用者想象得更傻，但同时还能让他们感觉自己很聪明。我们很多科研成果不能落地，其实就是缺少像乔布斯那样使技术简单、简单、再简单的践行者。

专家之言

微软的高层再次小看了苹果的潜能，他们不看好的 iPhone 竟然占领了全球手机行业利润的 45%。这也再次证明乔布斯的威力，他革命性地把宽屏触控式 iPod、手机和互联网通信设备整合在一起。这种创新方式不仅仅是改变了科技，更是改变了人们的生活方式，进而改变了世界。

第八章
持续创新，苹果的本质

从地狱到天堂

2010年1月27日，在美国旧金山芳草地艺术中心所举行的苹果公司发布会上，传闻已久的平板电脑终于与用户见面了。iPad的定位介于苹果的智能手机iPhone和笔记本电脑产品MacBook系列之间，它只有四个按键：Home、Power、音量加减，还有一个重力感应与静音模式开关。它提供浏览互联网、收发邮件、拍照片、观看视频、欣赏音乐、玩游戏和阅读电子书等功能。

但这次iPad的发布却没有像往常那样引起人们的热烈反应。很多人认为，iPad没有键盘，根本无法替代电脑；它能做许多跟iPhone一样的事，却不能揣进裤兜里。人们都不知道用它能干什么。很多人给乔布斯发去邮件，抱怨这个平板电脑缺少了很多功能。盖茨甚至说："多年前我就预言今后会出现配备手写笔的平板电脑。要么我是对的，要么我就死定了。"

在发布会的第二天晚上，乔布斯情绪异常低落。也就在那天，他收到了奥巴马总统办公厅主任拉姆·伊曼纽尔的贺电，这让他多少得到了一些慰藉。

但是，iPad上市前，没有一个发牢骚的人真正看过或使用过这款电脑。同年4月，当iPad开始销售、人们真正亲手接触它时，人们对它的态度发生了逆转。《新闻周刊》指出：乔布斯总能创造出一些让人觉得不可思议的小工具，我们用过后立刻就离不开它了。

iPad发布不到一个月就卖出了100万台；9个月后，全球一共销售出1500万台。毋庸置疑，它成了有史以来最为成功的消费品之一。

逐梦小语

跨界的力量

在研究领域，跨界的力量正以前所未有的速度增长。本来数学是科学的引擎，物理是技术的发动机，众多的学科在它们的交汇下不断发展。但如今人文和科技的碰撞，就像中子和质子碰撞一样，拥有更加无可估量的力量。关键是，要有对人文和科技都精通的核心人物引领，才能真正引爆这场意义深刻的科技革命。对于我们平凡人来说，多了解一下交叉学科的知识，无疑也会对我们的工作产生积极的促进作用。

英雄所见未必尽同

科技天才乔布斯在平板电脑上采用了多点触控技术，而同样被誉为天才的盖茨却对此技术不屑一顾，执着地看好自己的手写系统。在面对常识性议题时，英雄所见略同；但面对新生事物时，恐怕还是"萝卜白菜，各有所爱"；到"英雄所见略同"的阶段，往往是因为先驱们的选择被时间和实践证明为正确，从而受到各路英雄"追随"而已。

创新论证

从一方面来看，无论是创业模式还是产品的创新，都应该经过论证才能付诸实施。但大多数人都能看明白的创新，还能称得上是"创新"吗？个人认为，只要是前人所没有的东西，或是能为人们省钱、省时、省工夫的东西，在可以承担的风险范围内，都应该去实验。让市场去检验我们的成果吧！

伟大

我们每个人都想干一番大事业，而对芝麻绿豆般的小事不屑一顾。但所有的大事分解到操作层面时都是小事。就算是乔布斯这样的伟大天才，也只是"能够创造出一些简单方便易用的小工具"而已。切记，伟大都始于平凡。

"717"笔芯的奇迹

真彩中性笔替芯占了半壁江山，但单品价格和毛利都呈下降趋势，给公司造成一定的隐患。

在真彩文具发展过程中有一个里程碑式的产品："717"笔芯。它以五毛多的单价，接近一支中性笔的价格（均指批发价），一经推出全国市场就供不应求，销售助理都快被追货电话逼疯，直到公司加急从瑞士和日本采购所需的笔头和墨水，工厂加班生产，经过了三个月才基本达到产销平衡。当年这款笔芯销售额超过了5000万元，成为公司销量和利润率最高的单品，年销售量最高峰时达到1.8亿支，创造了笔芯单品销量的奇迹。

这款神奇笔芯是如何诞生的呢？真彩文具通过深入的市场调研和细致的分析，

发现当时主流笔芯大多是子弹头笔尖，而"717"笔芯是市场上唯一采用瑞士笔头公司试销的针管头笔尖，笔尖所用的圆钢珠直径小至 0.35 毫米。真彩文具又从日本首先采购了带有哈密瓜味的墨水。市场部对该笔芯的卖点进行了梳理，围绕"更细、更顺滑、更清香"的主题，在包装、货架陈列、广告宣传上都凸显这个独一无二的闪光点，并针对女性用户进行宣传。销售部门在返利政策上集中资源，强力推广，市场部和销售部的紧密合作使"717"笔芯成为当年对公司利润贡献最大的一个单品，市场部和销售部也成功演练了一次从产品设计提炼卖点、再聚焦细分市场进行推广、销售部门配合终端分销促销政策等联合去打造一个爆款快消品的营销方法，树立了一个利润和规模兼顾的典范，为以后的营销积累了宝贵的信心和经验。

苹果本质

乔布斯擅长营销，他能让苹果的每款新品在还没有推出的时候，就让人们对它充满期待，想第一时间拥有它。当广告公司为 iPad 做出第一个广告时，乔布斯明确地表达了不满，他说："这个广告虽然画面温馨，但没有讲清楚 iPad 是什么东西，是用来做什么的。"为此，他还跟广告公司的詹姆斯·文森特发生了激烈的争吵。詹姆斯·文森特不得不返工。

詹姆斯·文森特等人又制作了一个广告片。这部广告片节奏激昂轻快、画面生动活泼，向人们宣告 iPad 是革命性的产品。它展示了 iPad 神奇的功能，旁白很有力度——"iPad 很薄，iPad 很美……它强大无比，不可思议……它是视频、是相片、能装下你一辈子都读不完的书。它已经是一场革命，不过现在才开始！"但是，乔布斯说他更倾向于苹果通常采用的简单、干净、宣告式的广告，于是，广告公司又重新采用干净的白色背景，用一系列特写镜头以及"iPad 是……"的短语展现了 iPad 能带给人们的全新世界和完全不同的体验。

造梦者
——打破常规的中外创业传奇

逐梦小语

乔布斯的重心

在企业发展原动力 5P 模型中，最根本的动力是产品和销售。在苹果的发展过程中，乔布斯时刻没有忘记这一点，产品研发和营销永远是他的工作重心。这对我们的企业家应该有所启发。要建造伟大的公司，根本工作是把产品搞出来，再把它卖出去，其他工作都是为产品研发和市场营销保驾护航的，决不能本末倒置。

特质

我们在定义产品风格，开展品牌宣传时，都希望通过创新来吸引消费者。但在创新过程中，我们很容易迷失方向，最后可能自己都搞不清楚要什么。乔布斯同样会犯这样的迷糊。经过几番折腾，他才回归到自己的特质：简单、干净。

以创新求变占市场

人无远虑，必有近忧。面对文具市场的竞争，董事长深知创新才能生存。相比别的行业大打价格战，多年来，董事长专注于开发新产品和占领市场。董事长认为："必须不断创造出新的产品来推动市场需求，这种产品必须是别人没法做的。"

2003 年，真彩文具推出了一款新产品——中油笔，比中性笔的稳定性要好，销路已经在全国范围内打开。2003 年 10 月，一种全新的美术笔——"晶之彩棒"问世，这是一种可以在人体上画画的笔，光滑、易洗，受到了广大美术工作者的追捧。2008 年，真彩文具自主创新的可擦中性笔与圆珠笔也研发成功并投入了生产，且得到了消费者的青睐。

在董事长的领导下，真彩文具不仅重视产品的创新，也注重营销策略的创新。2003 年，在中国（上海）国际制笔、文具及礼品博览会上，真彩文具竟然没有摆出一件样品，只有几台电脑。有记者问董事长为什么不摆产品，他说："样品都在电脑里，在公司的网站上，谁想看马上就可以看到。"相对于其他企业花费很多时间和精力来挑选和运输样品，真彩的做法无疑高人一筹。

创新并不是一件容易的事，但对于任何行业而言，只有创新才能赢得市场。

第八章
持续创新，苹果的本质

董事长说："创新难，但这不能成为我们不创新的理由！要引领潮流而非随波逐流，就必须坚持创新。"

数字中枢之灵

iPad 之所以能得到用户的喜爱不仅因为它的硬件很漂亮，更是因为它那多种多样的应用程序。起初，人们可以免费或低价下载数百种应用程序，没多久，商店里已经有了上万种程序了。苹果公司把软硬件和应用程序商店整合得就像一个精心管理的社区花园。

应用程序的开放始于 iPhone，起初乔布斯固执地反对开放，而苹果内部的人则认为封闭会使 iPhone 丧失竞争力。后来，乔布斯想到了一个点子，让外部开发人员创建 iPhone 的应用程序，但他们必须遵循苹果的标准，接受苹果的测试和审批，并且只能通过 iTunes 商店出售其程序。

这种模式很成功。到 2011 年 6 月，App Store 上的应用程序下载量已经达到 150 亿次。App Store 商店提供的应用程序达到了 42.5 万个，开发者已经为 iPad 推出了 10 万个应用程序。截至 2011 年 6 月 30 日，苹果 iPad 的 App Store 上的应用程序达到了 100159 个。

逐梦小语

iPad

iPad 漂亮的硬件就像一个身体健壮的英俊少年。对应用软件的包容表示他聪明好学；使用简单方便证明他能干亲和。对于这样的他，你有不喜欢的理由吗？

封闭式开放

端到端一体化的封闭式商业模式是苹果，确切地说是乔布斯为满足其控制欲所采取的策略。但乔布斯绝不是盲目守旧的人，在商业利益的驱动下，他也会变通。他允许别人在他制定的规则之下参与游戏，无形中让愿意服从他的创新者加入苹果队伍之中，扩大了苹果产品的应用范围，从而挖掘了潜在的市场。这种封闭中的开放策略不仅有效开发了技术和客户的资源，还进一步加强了苹果与这些资源之间的联系。

无孔不入

iPad 及其应用程序商店的出现，让出版、电视、电影等媒介都受到了影响。看到亚马逊的 Kindle 电子书市场的热销，苹果公司也着手创建了 iBook 商店出售电子书。对于亚马逊的 Kindle 来说，iBook 是一个劲敌。

乔布斯认为亚马逊以远低于传统纸质书的价格销售电子书，这令出版商深恶痛绝。但苹果公司改变了游戏规则，他们让代理商定价，代理商每通过苹果的 iBook 应用程序卖出一本书，苹果公司就会获得 30% 的收入。而在此之前电子书商的提成为 50%。

乔布斯曾拒绝与音乐公司建立代理模式及赋予他们定价的权力，却把电子书定价的权力交给代理商，这是为什么呢？乔布斯说，针对电子书的现状，他们只是行业追随者，唯有借力使力，才能双赢。

作为 iPad 上最具实用性的软件，iBook 让用户体验到了接近纸质书的真实感觉。"就像是对着一本纸质书一样"，几乎所有的阅读工作都是靠双手完成。

为 iPad 举行发布活动之后，乔布斯就开始推销他的 iBook。大多数出版商担心在苹果的系统中自己难以与订户直接联系，因为这些消费者的信息都被苹果存入自己的数据库里。但鲁珀特·默多克不假思索地接受了乔布斯的条件，并为 iPad 量身定做了一份电子版报纸。而与《纽约时报》的谈判颇费周折，直到 2011 年 4 月，《纽约时报》才答应与乔布斯合作。

逐梦小语

同与异

亚马逊的 Kindle 和苹果公司 iBook 同为电子书店，但它们的处境却有着天壤之别。不同的盈利模式决定了它们不同的生存状况。在现实的商业环境中，我们常常能见到多家同类型公司并存，其中一些风生水起，另一些则难以为继。除了各种资源性因素不同外，更重要的是成功的公司都能设计出一种盈利模式，使各方在利己的立场中博弈，而结果可以达到利他的目的。

客户资料

客户资料就是厂商、经销商、服务商在与客户的经营交往活动中直接形成的有关该客户的有价值的各种历史记录。它包括从最初成为该产品或服务商的客户开始，一直到最终该客户脱离该商家提供的产品或服务为止形成的一系列有价值的记录。客户资料不但能为维系关系带来方便，还会带来更多的分析利用价值。所以，乔布斯在 iTunes 或 iBook 与他人的合作过程中，都坚守控制客户资料这道底线。

见机行事

乔布斯不仅是产品高手，还是营销高手。在构建 iTunes 商店时，他是电子音乐商店的领军人物；而那时大多数音乐公司正在盗版的冲击下"民不聊生"。他掌握着绝对的话语权，便严格按自己的意志推行计划。但做 iBook 时，为了与先行者形成差异化，他就用双赢的条件来拉拢出版商。这一战略不但成全了自己，还打败了对手。

以树品牌打响中国制造的持久战

董事长深知品牌不仅仅意味着企业的一个标识，品牌还能使企业通过整合外部资源和内部属性而获取超乎寻常的价值。创业以来，董事长通过各类市场活动扩大"真彩"知名度，"真彩"品牌已成为中国文具行业具有世界影响力的领导品牌之一。

"真彩"连续 3 届获得"中国十大文具品牌"称号（每 3 年评选一次）。

2003 年，真彩文具被行业权威机构评选为"中国中性笔王""中国制笔王""全国制笔功勋企业"等称号。

2005 年度"中国最有价值品牌"评选中，"真彩"成为唯一上榜文具类品牌，品牌价值达 10.05 亿元；2006 年再次上榜，品牌价值达到 12.29 亿元。

2006 年 1 月，在德国法兰克福 Paperworld 展览会，历来由欧美、日本文具巨头占据的品牌展馆中，第一次出现了中国自主品牌"真彩 TrueColor"，真彩文具在这个国际文具产业的"奥林匹克"竞技场上,代表中国进入世界文具巨头的"VIP俱乐部",标志着中国文具国际化的重大突破,并由此走向世界!

2006年,真彩文具在第14届世界生产力大会上获得文具行业唯一"推动中国品牌国际化50强""2006世界市场中国十大年度品牌"双重荣誉称号。

2007年,"真彩"被认定为"中国驰名商标";同年被评为"中国名牌产品"。

真彩文具不仅在国内市场拥有极高的占有率,还出口到100多个国家和地区,已经逐渐在国际上打响了"中国制造"的名气,树立了中国笔业的国际品牌形象。

2007年,真彩文具向中国福利会上海宋庆龄基金会捐款1000万元,用于支持社会福利事业。

2008年汶川大地震之后,真彩文具第一时间启动社会责任应急预案,向灾区捐赠现金20万元、各种学习用品100万元,充分体现了真彩文具回馈社会、奉献和谐的企业理念。

2009—2010年,真彩文具在汕尾成立了"真彩奖学金",奖励全市高考文理科前20名的考生;并出资设立了"梅陇中学奖教奖学金",奖励为家乡教育事业做出贡献的教师和学习优秀的学生。

真彩文具重视和支持社会公益事业的善举,为品牌宣传锦上添花,带来了良好的社会效应,助力中国制造的国际化进程。

iPad 2

2010年1月28日,苹果iPad正式向外界公布。iPad在上市的头六个月里创造了售出700万台的业内奇迹。但乔布斯发现人们为iPad安装的保护套会将其美丽的线条遮盖住,使得屏幕效果大减。于是苹果的设计师设计了一个可分离的保护盖,打开它时,屏幕就会被唤醒,根据不同的需求,还可以将它折成支架。

一年后的2011年3月2日,乔布斯现身旧金山耶尔巴布埃纳中心揭幕新品

iPad 2。相比之下，乔布斯的现身更是外界关注的焦点，因为在这之前他因身体原因离开一线岗位之后再没有任何消息，业界一度传言他身患重病。这次，他一出场就赢得了一片掌声。

苹果的发布会向来令人震撼，乔布斯的演讲也魅力四射，这次也一样。乔布斯说："我们有一些伟大的事情在今天宣布，我不想错过。"接着，他在舞台上来回踱步推介 iPad 2 的功能与特色，并展示了如何在新版 iPad 2 上轻松地作曲和编曲，或给录像添加音乐和特效，以及发布和分享这些创作。

iPad 2 采用了主频为 1GHz 的 A5 双核处理器，机身厚度减少 33%，同时新增前后摄像头，可拍摄 720P 高清视频，相对前代产品全面升级。iPad 2 没有过多的华丽设计，全部是简洁的信息，一目了然。乔布斯说："真正的创意和简洁来自产品的一体化——硬件、软件、内容、保护盖和销售员。"

乔布斯的出场和演讲，赢得了观众的阵阵掌声。

逐梦小语

创新

把消费者的需求（如 iPad 保护套）直接融为产品的一部分，使其更加协调，这种加法创新虽然不是高科技，但绝对是高智商的成果。首先，它没有风险，因为它的功能是消费者自身提出的，他们已经在使用；其次，小磁吸的应用提高了保护套的可信度；再次，保护套还可摇身一变成为支架，虽然实用性不强，但增加了它的趣味性；最后，针对 iPad 的内容缺失而增加的实用软件，自然使加法创新的 iPad 2 大受欢迎。

最后的作品

2010 年，乔布斯悄悄从惠普手中买下了库比蒂诺园区，顺便还买下了原来的一片杏园。乔布斯 12 岁时曾在那里做过暑期工，而沃兹尼亚克也曾在那里上过班，并在此利用业余时间设计出 Apple I 和 Apple II。因此，他对这个地方怀有深厚的感情。

乔布斯希望设计一栋能容纳 12000 人的大楼，但不希望工业园区空间拥挤、设计单调。苹果公司的新园区由福斯特事务所、ARUP 美国公司和一家本地的 Kier & Wright 工程公司联合设计。2010 年一整年里，设计师们每隔三个星期就要拿出一个新方案给乔布斯，乔布斯不断地提出修改意见，经过很长时间，方案才确定下来。

在苹果公司新园区的新建设规划中，建筑的玻璃没有一块是平面的，都将是曲面的。80% 的园区土地将种植树木，大部分停车场将置于地下。规划中的中心庭院直径长达 244 米，大到可以将罗马的圣彼得广场围绕起来。

到 2011 年 6 月，这座 4 层高、30 多万平方米、可容纳 1.2 万名员工的建筑终于完成了规划。新园区建设完工后，苹果公司现在的总部仍然在使用，新园区将作为一个独立的研发园区启用。

在向库比蒂诺市议会展示简洁的、未来主义的、正圆形的建筑透视图时，乔布斯微笑着称新的园区"将有点像着陆的飞船"。他指出，"俯瞰这座建筑，会发现这将是世界上最美的办公建筑。"他还补充道："也许我们会建出一栋世界上最棒的写字楼呢！"

逐梦小语

纪念碑

乔布斯始创苹果，其后又在苹果危难之际重返苹果，拯救苹果于崩溃前夕。如今苹果已成为世界上最有价值的科技公司，他不单是苹果的创始人，同时也是苹果的灵魂人物。在职业生涯的尾声，乔布斯，这位对物质享受不以为意的创新者，终于想到一个表达感情的方法：建造一个苹果新园区。实际上，这是乔布斯为自己建立的一座传世纪念碑！

名师出珍品

为了打造世界上最具标志性的新园区，乔布斯精心挑选了全球顶尖的建筑公司，又聘请了斯坦福的资深园艺家为其设计出体现苹果精神的简洁的、未来主义的、正圆形的建筑。乔布斯从来只和一流人才合作。无论是自身团队，还是合作伙伴，都是聪明绝顶之人。他坚信只有与最优秀的人才合作，才能创造出卓越的

第八章
持续创新，苹果的本质

作品。也正是这种理念，让他打造的大部分作品都能在其自身领域占有一席之地。

匪夷所思

1998年5月，在乔布斯和乔尼以及所有苹果人的共同努力下，iMac电脑终于诞生了。在设计开始时，乔布斯就要求大家回归至1984年第一台Mac电脑的设计理念上，设计一款一体式的电脑，即键盘、显示器和主机被组合到一个简单的装置中，从箱子里拿出来，插上电源就可以使用。这就要求设计部门和工程部门必须相互配合。

设计这款电脑时，乔布斯决定新机器不再配备普遍使用的软盘驱动器。这个想法很大胆和前卫，因为当时人人都在使用软盘驱动器，但多年后，大多数计算机都取消了软盘驱动器。

经过反复修改之后，乔尼提出了曲线型的外观设计方案，乔布斯对这一方案非常满意。乔尼的团队设计出一个像三角形枕头的机壳，并将其设计成深蓝色，而且还是半透明的，向人们展示着它们的"内脏"。据传，为了让塑料外壳看上去多姿多彩、与众不同，乔布斯特意带着设计人员到一家糖果厂，看糖果师傅们如何制作漂亮的软糖。

他们还在iMac外壳的顶部做了一个提手，以增强其亲切感。许多家庭主妇和年长者对计算机感到陌生，因此心生畏惧，因为她们从未接触过这个东西。而提手的设计，让计算机看起来更像是一个盛菜的菜篮子，这能不让她们倍感亲切吗？

眼看离iMac完工的日期越来越近了，iMac团队也是急急忙忙赶在发布会的前一刻完工的。但是，当乔布斯发现设计师将iMac的光驱设计成了弹出式的CD托盘时，他怒火中烧。他要的是那种内嵌式的，将CD光盘放在插槽口，CD光盘就会被吸进去。直到设计师承诺在下一批的iMac生产时把托盘变成插槽，乔布斯才罢休。

此外，乔布斯计划在会上展示一段视频，但还没有得到对方的授权。可是乔布斯也管不了那么多了，他还是按原计划行事。

为了发布这个回归后的第一款产品，乔布斯在发布会之前反复演示揭幕的那一刻：他走到舞台一边，揭开遮布，宣布道："向新的 iMac 问好吧！"此时，他的完美主义差点又让员工崩溃。乔布斯希望灯光能把 iMac 的半透明效果衬托得栩栩如生。为此，他要求灯光师重新打了无数次光，灯光师不停地摆弄 iMac 的位置，不断地调整灯光的角度及亮度，最后，乔布斯终于满意了，他兴奋地喊道："这次对了，就是这样！非常棒！"

逐梦小语

乔布斯的创新——加

人人都使用呆板的方正机箱做电脑的时候，乔布斯引入曲线型的外观设计，加入提高亲和力的内嵌提手，实现"非同凡想"的理念。

乔布斯的创新——减

当人人都使用软盘驱动器时，乔布斯果断取消这一配置。他通过预测技术的走向，先人一步引领潮流。

乔布斯的创新——乘

当外部资源适合自己又没有更好的替代品时，要坚决"外为己用"。就像乔布斯果断使用他人的视频一样。

乔布斯的创新——除

在人人都使用非黑即白的颜色时，乔布斯使用五彩斑斓的颜色增强电脑的时尚感，并用半透明的机壳让人看见机内的精致，凸显精品的本质。

管理创新应对金融危机

2008 年，全球金融危机改变着世界，也影响着中国各行各业的发展。

随着电子商务的飞速发展，文具行业的渠道、终端、消费习惯和消费模式都在变化，过去的经验已不再有效，新的竞争格局正在逐步形成。

面对新的局面，真彩文具的掌舵人及其团队迎难而上，主动应变，在企业战略目标、组织架构、管理职能、营销模式等方面做出了一系列的调整。

新的产业布局和管理系统——根据企业格局和管理现状，对技术中心和各生产基地重新进行了分工调整，深化生产专业化定位和供应链一体化管理功能，形成了以清远厂为中心的学生用品基地，以昆山厂为中心的笔类和画材生产基地，以上海厂为中心的马卡类生产基地和以广州为中心的营销中心，使得各工厂由成本中心向利润中心转型，强化了品类的专业化运营能力。

"三全四化"营销模式——即全品类、全渠道、全服务，网格化、精细化、标准化、差异化。其中"三全"是目标，"四化"是手段。为此真彩文具组建了早教事业部、电子商务部和旗舰店项目部，推进零售终端深度分销体系的建设，推行批发、商超、办公配送、电子商务等多渠道在分公司管理平台上的整合，扩大了市场占有率，降低了成本。

另外，真彩文具还在这一波新的变革浪潮中启动了"战略人才储备计划""品牌增值计划""合作伙伴增值计划"，力图从各个资源角度打造一家组织合理、管理高效、充满活力的现代企业，从而实现打造国际一流文具专业企业的目标。

第九章
CHAPTER 9

营销，
做到大众的心坎上

体验促成交易

在乔布斯的领导下，越来越多的人喜欢上了苹果的产品。产品已足够优秀，下一步要关注的就是销售渠道的问题了。乔布斯想通过加强零售店的展示来帮助产品销售。当时，苹果主要的销售渠道是大型零售店和电子商店。但在那里，苹果公司无法掌控顾客的切身体验，消费者也得不到足够的引导，因为大部分店员不了解苹果产品，也没有意愿向顾客解释产品的独特性以及为什么苹果的产品价格高些。此时苹果需要将自己的产品从商店货架的电脑海洋中独立出来，建立自己的零售店。

1999年的后半年，乔布斯开始寻找管理苹果零售部门的合适人选。其中一位就是当时任塔吉塔公司的副总裁罗恩·约翰逊，他是塔吉塔公司标志性的品牌家居产品的幕后功臣。约翰逊第二次到苹果面试时，乔布斯和他一起去了斯坦福购物中心，他们在那里考察和讨论零售店的设计、功能和注意事项。借此机会，乔布斯想看看约翰逊的设计和营销理念是不是自己所能接受和喜爱的。

乔布斯主张苹果零售店只建一个入口，如此方能更好地控制顾客的体验；他们一致认为商铺应十分宽敞，顾客一进店就能看到店内的整体布局；乔布斯认为苹果零售店应该开在繁华地段；约翰逊认为零售店应该成为品牌最强有力的实体表达，他给乔布斯的解决方案很简单——像设计产品那样设计商店；他们都觉得商店的风格应沿袭苹果产品的有趣、简单、时髦、有创意等特点。

由于苹果的产品不多，他们决定商店要以"少"为特色。它要简约、通透，能同时满足最多的顾客在零售店体验产品。零售店里除了放在桌上的供顾客摆弄的设备外，其他地方基本上都是空的，看起来就像一个完全空置的场所一样。

逐梦小语

体验式营销

即使在计算机业，专卖店的作用依然无法被取代。店员们对自己公司的品牌、产品的特性与优势有清晰的认识，帮助顾客体验产品，从而提高销售量。在时装界和汽车 4S 店，专卖店早就被证明是品牌和销售的有效组合，但在计算机行业，由于成本因素的约束则鲜有此举。乔布斯的创举确实证明他有过人的胆识。这个决定可能与他本身喜欢直观体验有关，就像他设计时不喜欢图纸而喜欢实物模型一样。

体验式面试

在面试罗恩·约翰逊时，乔布斯使用了体验式考察。通过实地调研和讨论专卖店的选址、布局和陈列，乔布斯考察了对方的专业知识，这比问他一大堆理论问题来得更真实、更具体。对应聘者而言，也能通过细致的交流了解老板和公司的风格和文化，从而加深相互了解，减少将来的磨合阻力。这种对高层管理者的体验式面试值得我们借鉴。

真彩的体验式营销

2005 年，朱献文策划并实施了一个轰动整个文具行业的慈善捐赠活动，获得巨大的反响。朱献文了解到上海宋庆龄基金会积极围绕教育、文化、医疗卫生和社会可持续发展领域开展各类公益活动，已经在妇幼保健、助学助教、儿童文化等方面设立了多个项目基金，足迹遍布全国。得知董事长在与上海宋庆龄基金会讨论合作事宜后，朱献文提出了由公司向上海宋庆龄基金会捐赠 1000 万元，定向用于全国中小学美术教育相关活动的方案。结果上海宋庆龄基金会非常高兴地与真彩文具达成了合作协议，并举办了"上海宋庆龄基金会真彩助学基金"和"上海宋庆龄基金会真彩美术基金"签约和捐赠仪式。在当时大多数文具企业的销售额还只有一两千万元的时候，真彩文具一千万元的捐赠不但引起了行业的集体高度赞赏，而且给真彩的经销商打了一支强力兴奋剂。

朱献文设计的"捐赠 1000 万元"方案不但带来很好的社会效益，还没有给公司增加太多的财务压力，因为朱献文是从油画棒的销售额中提出 2% 的市场费用来设计捐赠金额的。当时油画棒的年销售额已接近 1 亿元，每年增长超过 30%，每年从中提取 2%，市场费用占比并不高。而且，油画棒比赛也由省会城市向地级市扩展，随着这种直接有效的体验式营销的深入推广，可以预期增长率会进一步加大，费率会变得更低。更重要且不为人知的是，1000 万元是 5 年的合同总额，而且是以每次比赛活动产生的经费经审计报备累加的，这其实是朱献文把市场费用"一箭多雕",既加强了真彩的品牌宣传,又造福了中小学生,还支持了美术教育事业。由于有上海宋庆龄基金会的背书,全国的中小学更加积极主动地参加上海宋庆龄基金会与真彩文具合作协办的"真彩杯"油画棒比赛,5年后统计汇总,所涉费用超过了3000万元,当然,真彩油画棒在市场上一枝独秀,大放异彩,在公司也成了肥壮的"现金牛"。

真彩文具的体验式营销也推向了大学,2007年9月,"第三届全国艺术院校院长高峰论坛"在沈阳师范大学召开。大会向真彩文具有限公司颁发了"全国艺术教育杰出贡献单位"奖项,以表彰真彩文具多年来对教育事业的热心支持和贡献。真彩文具有限公司总经理朱献文出席开幕式并致辞,同时发布了"真彩美术基金"和"真彩助学基金"正式启动的喜讯。

样板打造形象

当乔布斯说要开苹果零售店时,董事会成员面面相觑,因为他们觉得这在业内还没有成功的先例。而在约翰逊加入苹果的前一年,乔布斯也已经将服装零售商GAP的前CEO米勒德·米基·德雷克斯勒引进了苹果董事会。他十分赞成乔布斯开苹果专卖店的想法,还给乔布斯提供了很多有益的建议。乔布斯欣然接受了他的建议,决定先建立一个样板店,借此来逐步完善自己的设计理念。这比靠纸上谈兵来设计店面要好得多,同时造价也大得多。为了让零售店极具吸引力,乔布斯付出了大价钱。接下来的半年,每周二的上午他们都在讨论方案。

在苹果样板店上,乔布斯提倡简约,从进入商店、购物到付款,都要体现出这一点。在样板店就要竣工时,德雷克斯勒发现店内空间设计得太烦琐,有些建筑结构和色彩容易让人分神。乔布斯同意他的意见,并对那些地方重新修整了一番。

2000年10月,苹果样板店即将完工,约翰逊突然意识到大家都忽略了很重要的一点:商店只是简单地把产品摆放出来,但顾客最想知道的是产品的功能,以及他们能用产品做什么,比如制作视频、与孩子一起娱乐等,之后才考虑是否购买。当约翰逊向乔布斯提出这个问题时，乔布斯火冒三丈，随后他命令再次修改零售店的布局。乔布斯经常说，他所做的每件漂亮的事情都曾不止一次地返工。他说："假如你发现有些事情做错了，你千万不能对其忽略不计，哪怕是十分微小的失误，等着'以后再处理'，这是其他公司的做法。"约翰逊说乔布斯在建筑和设计方面会提出十分尖锐的问题，这些问题总会启发他们，公司绘图板上每次至少有 12 个零售店设计提案。

2001 年 1 月，第一间样板店在苹果公司园区附近的一间仓库里建成了，"约翰逊和我终于有了一家全新的商店。"当时的乔布斯兴奋地说。随后，董事会批准了苹果零售店项目。2001 年 3 月，苹果公司在全美推出了专卖店计划。他们认为苹果零售店可以宣传和提升苹果的品牌，改变消费者的购买体验，增加产品的销量。但大多数外界专家对此不看好，有人还断言，苹果零售店不到两年就会关闭。《商业周刊》也泼了一盆冷水："很抱歉，乔布斯，苹果开店肯定要歇菜了。"

逐梦小语

专家经验

为说服董事会支持专卖店计划，乔布斯接受了德雷克斯勒的意见，先做一个样板店，再不断地试验和完善自己的零售理念。德雷克斯勒来自时装公司 GAP，对设计零售专卖店有丰富的经验。所以，乔布斯在重组董事会时，可能有意识地吸收了各界专家，特别是时尚零售业。

个人风格

在苹果创始之初，乔布斯就奉行"大繁至简"的设计理念。这也成了他独特的个人风格。无论是他的个人生活，还是产品设计无不打上了"简单而美"的烙印。在苹果样板店上，这种简约主义也体现在从装修设计到付款流程的各个方面。所以，人的某些特质可能会影响其一生的方方面面。

完美主义

在产品设计过程中，我们已发现乔布斯是个完美主义者。在样板店的布置过程中，他将几乎完工的工程推倒重来，再次体现了他追求完美的决心。但完美主义也使该项目不得不推迟了几个月。所以，我们追求完美还应以不影响大局为前提。

真彩的第一个形象店

真彩文具率先在行业内为文具店改造店招和帮助文具店改善产品陈列,并取得了良好的品牌效果,又率先在批发市场建立样板店。以真彩文具"三全四化"("三全"即全品类、全渠道、全服务,"四化"即网格化、精细化、标准化、差异化)营销模式为指导思想建立起来的样板店,用高端大气的品牌形象、整齐有序的产品陈列、创意十足的新款产品深深吸引了友商,并引发了他们的仿效,纷纷把自己的档位进行了不同程度的改造。

这些年,文具行业大变革,全国文具店升级需求日益高涨。真彩文具从单纯在批发市场建立样板店到在主要城市建立旗舰店,从单纯的门店形象设计升级到考虑店铺的经营之道、产品定位、品牌形象、场景体验等因素,为文具店提供了一站式的门店设计规范,使各级客户购物体验得到很大的提升,从而提高了销售业绩。

材料衬托内涵

2001年5月19日,苹果公司在弗吉尼亚州的高端购物中心泰森角开设了第一家苹果零售商店。开幕时苹果公司还邀请了一支摇滚乐团到现场演唱。美国一家网站写道:"从凌晨4点开始,500多名麦金塔迷为了能在第一时间进入专卖店参观,陆续到现场排队。"

苹果零售店的开设对IT界所有的大公司都是一次震动,它创造了一种新的购物方式。它直接服务于百姓大众,主要做体验和服务。它告诉人们销售产品不是第一位的,这彻底颠覆了传统营销模式。

苹果零售店与其他商店完全不同,它有"华丽的线条、透明的设计、先进的工艺、昂贵的造价"。店内店外都大量使用了玻璃元素,使整个店面看起来仿佛一件艺术品。起初乔布斯他们想把零售店设计为两层,可是,如果有两层,又该如何吸引顾客上楼呢?后来他们就想到了将楼梯设计成玻璃材质。乔布斯非常喜欢这种设计，他认为玻璃不但增加了设计感，还能让顾客一眼看到里面的东西。

从第一家店开始，乔布斯就要求在透明玻璃上印上苹果公司的标志。他还很欣赏零售店的玻璃"漂浮"楼梯，这种楼梯后来成为许多苹果零售店的标志，乔布斯为此还申请了两项发明专利：一项是采用了透明玻璃踏板和玻璃混合金属钛的支架；另一项是采用含有多层玻璃压制而成的整块承重玻璃系统。

乔布斯看重店内设计的每一个细节。零售店的地砖是他从佛罗伦萨外围费伦佐拉的一个家庭自营采石场中选购的。早在 1985 年，乔布斯在意大利旅行时，他就喜欢上了那种灰蓝色的、纹理感十足的锡耶纳沙石。尽管成本很高，但乔布斯还是坚持使用它们。

苹果零售店的另一个特色就是提供专业技术支持的"天才吧"服务。这是约翰逊和他的团队想出的主意。在那里，人们可以询问电脑相关问题，还能得到一对一的培训。店内还专门划出一块儿童区域，孩子们可以坐在弹力球上玩预置在 iMac 内部的儿童软件。

为了制造轰动效应，乔布斯还将产品发布会上戏剧性的手法用到了零售店的开业典礼上。人们为了争当首批进店的顾客，纷纷奔走于各个开业典礼，并在店外整夜排队。

2001 年 5 月，苹果开设了最早的两家零售店，仅仅两年后苹果就在芝加哥、东京等地开设了 70 多家店铺。2011 年，第一批零售店开业 10 年之后，全世界已有 317 家苹果零售店。2010 年，它们的净销售总额是 98 亿美元。零售店为苹果公司贡献的收入仅占 15%，但苹果零售店的员工被传授了一种非同寻常的销售哲学：不是为了销售，而是为顾客解决问题以及体验产品。

逐梦小语

回报

在专家普遍不看好苹果零售店的情况下，乔布斯的"一意孤行"取得了巨大成功。他在对自己产品有信心的情况下，果断地将店面设在了租金昂贵的商业区，而不是成本较低的郊外。乔布斯成功的道理很简单，利润＝收入－成本，当收入足够高时，店铺就能赢利。而苹果公司的目标市场是高收入人群。在人流多的地方，专卖店以精品体验式的营销方法出售商品，就收获了高额回报。真理这次又掌握在少数人手中了。

精益求精

乔布斯不但对零售店的设计精益求精，而且对材料的使用也不惜成本。更难得的是，专卖店的顾客体验也做到了极致。这一点我们大多数人未必想不到，但要做到恐怕就不是这么简单了。

戏剧性

乔布斯善于在产品发布会上用戏剧性的手法造成轰动效应。这样做既能刺激观众，又能吸引媒体的眼球，为他带来无价的宣传和报道。怀着同样的理念，苹果店的开业典礼也被乔布斯成功操作为另一个戏剧舞台。这种利用资源、制造资源的营销意识，已深深流进了乔布斯的血液中。

轰动全球的广告

1983年春，乔布斯就积极地为麦金塔电脑的发布广告片做准备了，他希望麦金塔的广告如同产品一样富有革命性、令人惊奇。他说："我希望这个广告能让行人驻足，有着平地起雷的效果。"这个广告由 Chiat/Day 广告公司来做，创意总监是李·克劳。他与乔布斯一样，都想策划出一个既惊世骇俗又能明确介绍该产品的广告。苹果公司为这个广告支付了巨额费用，他们买下了1984年"超级碗"大赛的中场广告时间，还请拍过《银翼杀手》《异形》的雷德利·斯科特指导制作。广告模仿乔治·奥威尔的著作《1984》。那是一本政治寓言小说，书中的统治者"老大哥"会对所有不守规则的人进行惩罚。

在这条广告中，一开始是走调的音乐合奏曲，接着是几千人沉重的脚步声，配以令人压抑的节奏。在一间昏暗又有点阴森的房间里，一排排面无表情的人们注视着大屏幕，上面有神似乔治·奥威尔小说《1984》中的"老大哥"在训话。突然，一个穿着鲜红色运动短裤和苹果运动衫的女子跑进了放映厅，在后面追赶她的是一群头戴黑色面具的警察（显然是"思想警察"），只见她抡起一个铁锤将屏幕砸碎了。这时，一股清风吹来，原本面无表情的人们顿时振奋起来，一束阳

第九章
营销，做到大众的心坎上

光射进了大厅，他们一个接一个地说："看到光明了，看到光明了！"荧幕一片空白。接着，大大的"苹果"商标出现了。

这条广告中的女子代表苹果电脑，"老大哥"则是苹果当时的主要对手IBM。最后，屏幕上出现了这样一段文字："1984年1月24日，苹果公司将推出麦金塔电脑。各位将会看到电脑世界的新曙光，以及明白为什么1984不再像《1984》！"

广告只有60秒，可里面包含了很多内容。

乔布斯在夏威夷销售会议上展示这段广告时，人们对之赞不绝口。但当他在1983年12月的董事会会议上播放这条广告时，却遭到了大多数人的批评和反对。斯卡利失去了信心。Chiat/Day公司被要求把两个广告时段（一个60秒，一个30秒）转售给别人。乔布斯为此愤怒不已。幸运的是，Chiat/Day公司只卖掉了30秒的，却谎称60秒的卖不出。

1984年1月24日，在"超级碗"的比赛中，9600万人观看了这条特别的广告。广告专家认为这条广告是旷世杰作。而这条广告之后收获35个奖项，其中包括戛纳电影节的一个奖项。

逐梦小语

广告创意

麦金塔的广告创意将时代精神、反叛精神、自由精神糅合在60秒的短片中，令崇尚新生事物的年轻人与苹果产生巨大的共鸣。它集故事性、艺术性、可观性于一身，具有惊人的震撼力、说服力和传播力。一个好的广告创意，结合一个好的产品设计，事情就成功了一半。

事实与形象

乔布斯以黑客的形象推广其非黑客的产品，他聪明地用强烈的广告冲击给消费者洗脑，令消费者在欣赏他新颖产品的同时忘记了他的霸道。任何事物都有两面性，关键是你能否将自己打造成大众喜欢的形象。记住：消费者是需要"教育"的！你可以有选择地表达，但你不能说谎。

真理只有少数人能理解

这部传奇的广告片几乎胎死腹中，好在一场及时的"反叛"才使它避过一劫。大多数人的思维都在一定的条条框框中周旋，在循规蹈矩中前行，这是社会稳定的基本条件。但勇于冒险、敢于突破惯有模式才是发展的根本动力。从结果导向来看，真理往往掌握在少数人手中，而且真理只有少数人能理解。

人才与土壤

广告创意总监李·克劳与乔布斯合作了30多年，是因为他的非凡创造力符合乔布斯的需要。员工能否适应一家企业，除了自身的才华和经验外，老板的风格也同样重要。所以，我们说人才就像大树，不仅要移植到合适的土壤中，还需要园丁的细心保养才能获得新生。

玩媒体于股掌之上

乔布斯是宣传大师，他有办法激发媒体进行爆炸式的争相报道，而且还是抢着帮他免费宣传。乔布斯就像一个魔术师，能一遍又一遍地使用相同的伎俩。

1983年12月，乔布斯请《新闻周刊》的媒体界传奇人物格雷厄姆写一篇名为《创造麦金塔电脑的小伙子》的报道。对方用了4页详细地介绍了苹果的天才工程师安迪·赫茨菲尔德和伯勒尔·史密斯，以及他们的老板——乔布斯。

《滚石》杂志的科技类作家史蒂芬·列维也请求采访乔布斯。但乔布斯希望《滚石》杂志把麦金塔团队的照片登在封面上，结果遭到了对方的委婉拒绝。

逐梦小语

新闻点

媒体公关的效果远大于广告的效果，但一块优质的报纸版面是众多企业竞相争夺的资源。虽然现在有很多文化传播公司提供整合传播服务，但作为企业家，树立一些新闻意识是大有用处的。就像乔布斯利用《创造麦金塔电脑的小伙子》去打动格雷厄姆一样。找准媒体的关注点既可以为自身争取到宣传的机会，又为媒体提供了有价值的素材，保留了合作的前景。

第九章
营销，做到大众的心坎上

朱献文的媒体缘

2003年年底，广东人民广播电台教育台邀请朱献文父子直播了一场在英国留学的采访，向听众讲述了朱献文本人在名校留学的经历，以及他儿子初中留学时的学习生活见闻，并与听众交流了有关留学的问题。

这次电台受访开启了朱献文跟媒体长期合作的缘分，后来《广州日报》《羊城晚报》《新快报》《南方都市报》《赢周刊》《广州青年报》等广州的主流报纸也都联系到朱献文，对时下的热门话题，特别是关于国内外MBA的学习、职场，甚至高考等问题发表见解，朱献文也很乐意去跟他们分享。日积月累之下，朱献文跟记者建立了良好的关系，在媒体曝光机会多了，慢慢就变成了记者心目中的名人。当记者需要找社会人士发表意见时，自然就会想到他们熟悉的人，于是，朱献文见报的机会就更多了。当时处于报纸广告奇贵的年代，后来这个"名利双收"之举也贯穿真彩文具的营销过程中，遇到有新闻价值的活动时，朱献文就主动联系媒体采访。直到今天，网搜"朱献文"时，还能看到近二十年来他在网上留下的痕迹。

质感

乔尼·艾弗反复琢磨iPod成品应该用什么颜色。一天，一个想法突然在他的脑海中一闪而过——iPod的机身和耳机要用纯白色的，不是像雪一样的白，而是像鲸鱼那样的白。乔布斯很赞成使用这种白色。乔尼在iPod白色外壳上又增加了一层透明的塑料，这种技术被称为"共铸"。当时市面上的耳机基本都是黑色的，iPod选择用白色，既简单优雅，又显独特。

乔布斯意识到iPod可以帮他销售出去更多的苹果机，于是就把原本要为iMac花费的7500万美元广告费用挪到iPod广告上。电视广告也使用乔布斯、克劳等人商定的舞者的剪影。在iPod的广告短片中，一个黑色的人形剪影在颜色鲜艳的背景里随着iPod音乐舞动，其中的白色耳机线非常抢眼。

2001年10月23日，在小型产品发布会上，乔布斯没有像以往那样走到舞台中央的桌旁去揭开遮布，而是很自然地从牛仔裤兜里掏出了一个白色的、薄薄的，比一板巧克力还要小的iPod，他说："这个惊人的小设备里面装着1000首CD质量的歌曲，而且刚好能放进我的口袋。"说完他把iPod又放入裤兜，场上掌声雷动。

iPod刚一推出就凭借流畅的线条和灵活的操作受到了用户的追捧，无论其功能还是外观都足以惊艳世界！

逐梦小语

资源效用倍增

由于不同职位的关注重点不同，很多时候员工只能立足本项目，使用手边的资源做好本职工作。但作为最高决策者，不但要培养自己的资源整合能力，也要鼓励下属提高考虑问题的境界，做到一箭双雕，从而达到资源效用倍增的目的。

好东西标准

我们常说"王婆卖瓜，自卖自夸"。这说明很多时候，人们对事物的评价是带有浓厚的感情色彩的。但大多数人都说不好，这东西肯定不好；有人说好，有人说不好，就说明"萝卜白菜，各有所爱"；大多数人都说好，就肯定是好东西，尤其是连竞争对手都不得不夸赞的时候。

真彩的质感

真彩的晶之彩棒，又称为水溶绘画彩棒或炫彩棒（SILKY CRAYON），是一种新型的绘画用品。它最初出现在日本，经韩国改进后，由真彩文具引入中国。真彩的晶之彩棒有一个设计工艺优秀的塑料外壳，采用口红式旋转方式，能轻易做出油画和水彩的绘画效果。

相比传统的蜡笔和油画棒，晶之彩棒手感超滑，感觉完全没有阻力；色泽艳丽，涂层分明，主要填充颜料为无毒环保材料，更加安全。它特别容易清洗，如果不小心画到衣物上面也不用担心，用清水就能洗干净。而且由于材质的进步，晶之彩棒不仅能在纸上作画，还能在毛玻璃、地砖甚至人体上作画。真彩文具在全国文具展览会上，经常请画家现场进行人体绘画展示，吸引了大批观众。由于晶之彩棒套有塑料外壳，手不会直接接触棒芯，更加干净卫生。

晶之彩棒使用的材料，包括包装外壳、棒芯，均采用高品质、安全无害的材料，加上它高端大气上档次的设计，晶之彩棒的整体品质提升了公司的品牌档次。所以，晶之彩棒在真彩文具中虽然业绩贡献度不高，但还是在产品组合中顽强地生长着。

疯狂大杂烩

乔布斯想给苹果做一个全新的广告，他想起了制作传奇广告《1984》的导演李·克劳。1997年7月初的一天，乔布斯打电话给李·克劳，恳请他参与苹果广告的比稿。这位大师破例答应了他，乔布斯感激万分。经过反复交流意见，乔布斯和克劳达成了一致：苹果需要一个品牌形象广告，突出公司的价值观，而不是推广产品。"让全世界都了解苹果，了解苹果的意义"成为这一广告策划的核心理念。

克劳和他的团队不负众望，创造出了著名的"非同凡想"的广告策划案。这个广告着力于赞美创造力，也就是那些拥有改变世界能力的杰出人士。电视广告词是这样的：

"向那些'疯狂家'致敬。他们特立独行、桀骜不驯、惹是生非。他们看待世界的方式与众不同。是他们在发明、想象及创造，是他们在推动着人类的前进。或许有些人认为他们疯狂，但我们把他们视为天才。因为只有疯狂到相信自己能改变世界的人才能真正改变世界。"

伴随着这些极具感召力的广告词，屏幕上出现了一系列标志性的面孔：科学家爱因斯坦、艺术家毕加索、牧师马丁·路德·金、发明家爱迪生……。广告结束后，字幕淡出，黑色屏幕上闪现出了一句标语——"非同凡想"，以及绚丽多彩的苹果标志。

为了让人们联想到电影《死亡诗社》的精神，克劳和乔布斯还曾邀请主演罗宾·威廉姆斯读广告旁白，最终他们选定了理查德·德莱福斯，一位忠实的苹果迷。

乔布斯表示，他对这个广告如醉如痴。这一广告如1984年的广告一样，再次成为经典。"非同凡想"这一广告用语，一直使用到了 2002 年年初。乔布斯曾说过："我们只用了 15～30 秒或者 60 秒，就重建了苹果曾在 90 年代丢失了的反传统形象。"

除了电视广告，他们还创造了历史上最令人难忘的一系列平面广告。1997 年，美国各大城市的高楼、公交车和广告牌上都有一系列海报，每则广告上面都有一个以打破陈规而出名的开拓者的黑白肖像，其中有著名的电影导演阿尔弗雷德·希区柯克、《我爱露西》的主演露西尔·鲍尔和德西·阿纳兹，等等。每张海报的一角都有苹果的标识和广告语"非同凡想"。更酷的是，这些肖像都没有文字说明。

苹果在平面媒体和电视上推出的广告，通过将苹果与历史上一些非凡人物联系在一起，宣扬"创造力"。在户外广告投放以及电视广告播出后，苹果公司不久便成为人们街谈巷议的热门话题。

逐梦小语

品牌力

这次乔布斯的广告重点由产品转向品牌了。应该说，他是在合适的时间做了合适的事。经过十几年的耕耘，即便苹果暂时处于低潮，但工作重点也应从"产品力+销售力"阶段进步至"产品力+销售力+品牌力"阶段了。所以，他果断地将广告的重点定为打造品牌。

精品的基因

我们不否认有物美价廉的商品，但大多数情况下，商品的质量还是和价格成正比的。乔布斯不惜重金在广告的每一个环节上都做最好的选择：最好的广告公司、最好的配音人、最好的配图。这些精益求精的细节构成了一个成功的广告。

"傍大款"

你的朋友决定了你的品位。乔布斯为表现自己的反主流定位，硬是挖掘出历史上的各路"反潮流英雄"来衬托苹果的核心价值。这种巧妙的恰如其分的"傍大款"手法，至今值得我们借鉴。

整合营销

乔布斯善于利用媒体，他早早地便发现了"整合营销"的秘密。在打造品牌的过程中，他借助电视、平面广告和路牌广告等多种媒体的力量进行宣传；此外，他还极具前瞻性地在产品开发阶段就与营销人员进行沟通。在乔布斯的指导下，营销人员不断地加深对产品和文化的理解。在乔布斯的身体力行之下，品牌推广逐渐融入苹果的企业文化之中。

傍"冬奥"

2014年8月26日，北京2022年冬奥申委赞助企业签约仪式在北京举行。真彩文具股份有限公司等8家企业成为2022年冬奥申委赞助企业。

2015年，真彩文具作为北京2022年冬奥会申办支持企业，携手京东网上商城，在北京、上海、广州等8大城市同时开展免费滑冰培训活动。此举旨在通过线上线下互动的方式，在全国范围内掀起一股全民了解冬奥并支持中国申办冬奥的热潮。同时，也是真彩与京东强强联合，发力学生文具市场，进一步拉升办公用品市场份额的有力举措！

举办双方希望以助力北京申办冬奥会为切入点，改变以往学生文具市场长期以来的单一促销形式，通过共同关注文体事业，以更为生动的线上线下活动形式与消费者零距离接触，加深消费者对真彩及京东品牌更直接的感知与了解。

在免费滑冰培训活动的北京主场，在国家体育总局冬季运动管理中心的鼎力支持下，特别邀请到为中国夺得冬奥会上第一枚雪上项目金牌的韩晓鹏和花样滑冰国家队队员王一亲临活动现场，给参与活动的孩子进行免费的滑冰培训。举办方希望借此机会将更多的青少年朋友送到冬奥会现场，切身体验冬奥会和冬季运动的精彩魅力！

活动迅速得到了广泛的关注，引发了和讯网、21CN等30多家网络媒体的报道和新闻推荐。同时，还抢占了百度新闻搜索关于"北京申办冬奥会""学生文具市场"等多个关键词的推荐位。

第十章
CHAPTER10

竞合，
有人的地方就有"江湖"

造梦者
——打破常规的中外创业传奇

防人之心不可无

皮克斯就像乔布斯的一个避风港，在那里，他能释放压力，让忙碌的身心小憩一下。

《玩具总动员》上映后不久，乔布斯与杰弗里·卡曾伯格的谈话不欢而散。1994年夏天，卡曾伯格辞去了在迪士尼的职务，加入了梦工厂。一次，约翰·拉塞特路过梦工厂时和几个同事一起约见了卡曾伯格。拉塞特无意中透露了《虫虫危机》的讯息。

《虫虫危机》是迪士尼与皮克斯公司继1995年的《玩具总动员》之后，再度合作所推出的第二部3D计算机动画电影。它在计算机动画制作的技术上有了新的突破：更多的动物角色、丰富的情节内容、大量的室外场景和逼真的行动速度。迪士尼宣称这是一部"史诗巨作"。

卡曾伯格不断地问拉塞特该片何时发行。原来梦工厂有一部重要作品——《小蚁雄兵》，原计划在1998年感恩节期间上映。当卡曾伯格听说迪士尼也计划在同一个周末首映皮克斯的《虫虫危机》时，他加快了《小蚁雄兵》的进度，以迫使迪士尼改变《虫虫危机》的首映日期。

乔布斯对此不予理会。1998年11月27日，《虫虫危机》如期上映，结果好评如潮，《时代》杂志的评论家赞美《虫虫危机》的设计很精彩，并认为，相比之下梦工厂的电影就像收音机那样缺乏表现力。《虫虫危机》在北美共有1.63亿美元进账，全球票房为3.62亿美元，击败了梦工厂同期推出的《小蚁雄兵》，成为当年动画长片的票房冠军。

逐梦小语

技术保密

前文我们曾讨论过，公司中最容易泄密的人是技术员。但苹果公司这次泄密的人不是技术员，而是高层拉塞特。这种"说者无意，听者有心"的泄密值得所有高层留心。很多时候，由同事转为朋友的人之间都存在不同程度的竞争。尤其是同行朋友，除公开的社会信息外，涉及公司的信息就要"三思而后说"了。

竞合

在赛场上只有一个胜利者，但商场并非零和游戏，没有胜败之分。通过竞合，企业之间可以获得多赢局面。合作是做大蛋糕的方式，竞争是利益分配的手段，这是在商言商的智者思维。

乔布斯纪念碑

1999年11月24日，世界上第一部完全用数码制作的电影《玩具总动员2》上映，该片在美国获得2.46亿美元票房，全球票房达到4.85亿美元。乔布斯考虑为皮克斯盖一栋符合其身份的总部大楼，他委托苹果零售店的建筑师彼得·伯林在新购入的6万多平方米的土地上设计一栋"皮克斯式"的新大楼。

皮克斯联合创始人、总裁艾德·凯特摩说："乔布斯没有实际制作过电影，大楼建设成为了他的项目。这是唯一一幢乔布斯设计的大楼，从建造到完成都由他负责。"拉塞特曾说过："皮克斯大楼是乔布斯自己的电影。"

乔布斯对大楼的每一个细节都十分关注，包括办公室门的拉手。乔布斯一直坚守一个原则：要让每个人都可以站在中央区域。最终皮克斯大楼的一楼中心是一个巨大的中庭，那里有餐厅、会议室、洗手间，还有邮箱。公共空间的中庭是为了增加人们不期而遇的可能性而设计的。

乔布斯不想要标准样式的办公楼，他希望大楼空间有巴黎奥塞美术馆的感觉，还要求皮克斯的总部大楼必须在100年内看着都不过时。他还希望大楼的钢筋外露出来，为了挑选出颜色和材质最好的钢筋，乔布斯看遍了美国所有制造商的样品。

乔布斯对砖块也很挑剔。最初，大楼外部准备全部用钢铁建造，可是乔布斯喜欢位于洛杉矶的Hills Brothers大楼，想复制同样颜色的砖块。于是下属不得不找到一家位于华盛顿州的公司，让他们做出同样的砖来。

皮克斯大楼建成之后，人们一进办公楼就能看见里面有迷你高尔夫球场，过道里、房间里到处都是稀奇古怪的玩具。其中最古怪的地方要数"爱的酒吧"了。乔布斯让人用圣诞彩灯和熔岩灯把一个隐秘的阀门间装饰了一下,并在里面放了几张长凳、几个流苏抱枕、一张可折叠的鸡尾酒桌、几瓶烈酒、一套吧台设施等。拉塞特和乔布斯经常会邀请一些重要人物去那里,并请他们在"爱的酒吧"墙上签名。

逐梦小语

标志性建筑

乔布斯在塑造苹果品牌的过程中,把零售店当作企业的象征来打造。这次,他又把办公楼作为展示皮克斯形象的阵地。在整合营销过程中,企业的标志性建筑能为客户带来信心和确定性,同时也是其宣传自己的一个有力工具。这就是乔布斯如此重视它们的原因。

工作环境

在团队建设过程中,面对面交流是最有效的沟通方式,而非正式的面对面交流又是最自然的沟通方式。在现代都市化的生活和工作中,人们交往的机会越来越少。公司在工作环境的设计中,加入一些人文的设施和因素不但能改善员工的精神状态,也能提高员工的工作效率。

标新立异

乔布斯让建筑物的钢筋裸露在外,把一个阀门间打造成"爱的酒吧"。皮克斯公司从上到下都是一群喜欢标新立异的人,也正是这样的公司才能创造出那些充满想象力的电影。皮克斯员工的很多行为用传统的标准来衡量都是叛逆的,但用创新的眼光去欣赏却是进步的。这就要求领导人本身要具有足够的辨识力去看待员工的创举,才能激励公司不断创新和发展。

真彩的写字楼变迁

真彩文具1991年成立时,只有四五个人,在较偏僻的广州市下塘西路的广州市生产力促进中心楼上租了一间办公室。由于工作环境简陋,头一批员工只能请几个知根知底又不计较工资的堂兄弟,让他们每天背着文具到处去推销,晚上回公司理好货,第二天再去送货。当公司业务增加,需要招聘新人时,有些人看到

第十章
竞合，有人的地方就有"江湖"

这么小的一间办公室，还没面试就失踪了。

到 1999 年朱献文加盟真彩文具时，公司已扩大到并排四间办公室，有销售部、设计部、展示室、商超部了。虽然业务员只是共用办公桌，但看起来像一个公司了，也因此在那时招到了第一个资深市场推广人员，也才有机会经得起省教育厅相关部门的考察，合作开展了行业的第一次大规模品牌宣传活动——第一届广东省中小学"真彩杯"油画棒绘画大赛。

2000 年，真彩文具"鸟枪换炮"，在天河火车站附近的天誉花园购置了 400 平方米的写字楼，成了真彩文具跨越式发展的新起点。由于办公条件的改善，公司的招聘工作变得容易了很多。难怪有人问朱献文的招聘秘诀时，朱献文总是说：把"庙"盖好了，不用担心"和尚"（员工）不来。

2003 年朱献文从伦敦帝国理工学院 MBA 毕业后重返真彩文具时，公司已在 2002 年搬到广州大道的新达城广场。整层 700 平方米的写字楼霸气初显，虽然行业还处于传统的销售模式，但气派的公司吸引着其他行业的职业经理人纷纷入行尝试，处于成长势头的公司也给了新员工很大的信心，当时的新员工留存率超过 60%。在公司物理空间支持的条件下，朱献文组建了文具行业新生代（相对于历史悠久的文具国企）的第一个市场部，使真彩文具从"产品+销售"阶段进入"产品+销售+品牌"阶段。

2005 年，在品牌的引领下，真彩文具的业绩连年翻番。由于上海青浦的工厂接近极限，公司在广东清远和江苏昆山分别购得 6 万平方米和 13 万平方米工业用地，准备建厂扩大产能。同时，又在广州体育西路新创举大厦购置了整层 1400 平方米的写字楼，尽显真彩文具的霸气。那时，能入职真彩是文具行业从业人员的一份荣耀，当时，瑞士笔头供应商的金发经理在法兰克福文具展会上对朱献文说："你真幸运，能有机会在真彩工作。"

2007 年，在全国 36 个分公司，700 多名员工，其中广州总部超过 100 名员工的共同努力下，真彩文具成为文具行业首个同时拥有"中国驰名商标""中国名牌产品"（两项）、"国家免检产品"三个国家级荣誉称号，且销售总额突破 10 亿元（批发价实收）的文具企业。

道不同

2002年2月，迪士尼的总裁迈克尔·艾斯纳在一份声明中毫不留情地批评了乔布斯为iTunes制作的广告。当时正逢皮克斯和迪士尼合作的第四部电影《怪物公司》上市，它一举超越了前三部电影，全球票房达到5.25亿美元。眼看迪士尼和皮克斯续约的时间到了，艾斯纳还公开拆台。对此，乔布斯感到十分费解和恼火。

乔布斯对沃尔特·迪士尼的侄子罗伊很尊重，罗伊看出乔布斯的情绪有变，提醒董事会皮克斯有可能拒绝续约。但艾斯纳认为新电影《海底总动员》发行得不太好，这将迫使皮克斯失去主动权。乔布斯再一次被激怒了。其实，《海底总动员》在美国国内的票房达到3.4亿美元，全球票房高达8.68亿美元。

2004年1月，在罗伊被迫离开迪士尼董事会之后，乔布斯公开宣布与迪士尼停止续约谈判。迪士尼的首席营运官鲍勃·艾格为此感到惋惜。

2005年夏天，在艾格正式接任迪士尼的CEO之前，他和乔布斯进行了一次"试合作"。艾格发现皮克斯打造出了很多流行的卡通人物。上任后，他向董事会提出应收购皮克斯。接下来，艾格开诚布公地跟乔布斯说，迪士尼不能离开皮克斯，乔布斯大为感动。2006年1月，迪士尼正式对外宣布收购皮克斯。2006年5月5日，皮克斯正式成为迪士尼的全资子公司，两家公司终于再续前缘。

逐梦小语

双输

在迪士尼和皮克斯续约的重要日子里，迪士尼的总裁迈克尔·艾斯纳却在不断地破坏合作关系。皮克斯和苹果都是乔布斯的命根子，不管艾斯纳的"正义感"有多强烈，也不至于把自己的利益推往双输的边缘吧。这应该出于艾斯纳和罗伊争斗的一种需要。

误判

艾斯纳押注在《海底总动员》的失败之上,希望一举夺得谈判主动权,结果输得干干净净。他在这里犯了几个错误:第一,高估了自己的动画鉴赏力;第二,他以一个不确定的条件作为获取主动权的前提,也是不明智的;第三,《海底总动员》是双方合作的产物,具有共同的利益,无论如何都应该尽力推动它的成功,而不是寄希望于它的失败。

艺高人胆大

《海底总动员》的成功使皮克斯信心倍增,为乔布斯树立了分家独立的决心。所谓艺高人胆大,皮克斯电影的不断成功,使乔布斯可以自立门户,而不用成为迪士尼内斗的牺牲品。

"试婚"

公司与公司之间的合作,说到底就是领导人与领导人之间的合作。有时候,千里姻缘一线牵,闪婚也有幸福的可能,但毕竟风险很大。而试婚能让双方用低成本增加对彼此的了解,为今后的婚姻生活打下良好的基础,不失为一个很好的选择。

对症下药

艾格知道乔布斯吃软不吃硬,就对症下药,给足乔布斯面子;加上前期试合作的基础,谈判的大门就容易打开了。高级管理者最重要的能力之一就是沟通能力,"见人讲人话,见鬼讲鬼话"是他们的强项。在坚持公司目标的原则上,能屈能伸是高情商的体现。

收购与反收购

迪士尼收购了皮克斯,但皮克斯的大股东又成为迪士尼最大的个人股东。从某种意义上说,这又是一个蛇吞象的收购个案。我们已经看到了乔布斯对人才的整合能力、对技术的整合能力、对营销的整合能力,这次又欣赏到他的超强的资本运营能力了。他像资本魔术师一样,把投资5000万美元的皮克斯电脑动画公司变成了价值74亿美元的皮克斯电影公司,并通过精妙的"反向收购"进入迪士尼公司的电影产业。这种资本运作天赋令人刮目相看。

真彩联合创始人的出走

真彩文具创始人之一的董事长在华南理工大学硕士毕业后曾留校当了两年的教

师，后来调到省属外贸公司的文具部门从事进出口业务工作。他的国际化视野和资源都很丰富，曾是外贸公司的销售冠军，在普通人还是工资两三百元的时代，他出差就总是选择住五星级酒店了。虽然他表面上和蔼随意，但内心深处仍保留着读书人的那份清高与傲骨。在平均文化水平不高的文具行业，他被誉为文具行业的"才子"，行业同仁对他很尊重，但有一种敬而远之的客气。当时他有一个跟他超强外贸业务能力同样显著的短板，用他的前同事私下告诉朱献文的话来说就是要"随时准备帮他善后"，意思是他对新东西都有兴趣插手，但很快就转移兴趣，要有人为他收尾。

联合创始人黄总是董事长的弟弟，从小吃苦耐劳，有敏捷的商业头脑。他性格坚强，为人仗义，是一名销售高手，在文化程度普遍不高的文具行业的批发市场，他与客户水乳相融、相互扶持、相得益彰。自1991年联合创业近10年，在公司从生存期迈向高速发展期前夕，因公司的发展战略与董事长产生不可调和的分歧，黄总带了几个核心员工离开公司另立山头，自创品牌。

道不同不相为谋，也属正常。但如果两兄弟中有一个稍微弱势一点，发挥好他们各自的优势，强强联手，对行业、对企业的发展应该会有另一个更大的奇迹出现，但生活就是这样，没有如果。

条条大路通罗马

2006年，施密特被选为苹果董事会的董事（2001年到2011年间施密特在谷歌担任CEO）。那时，苹果公司正在全力打造iPhone手机，智能手机是苹果董事会上的热点话题。可能是iPhone的研发启发了施密特，谷歌也开始加快了手机操作系统的研发进程。

2007年11月谷歌正式推出安卓（Android）手机操作系统，同时向众多的手机厂商开放，各个硬件制造商都可以在自己的手机和平板上免费使用安卓系统的开源代码。而苹果的iOS手机智能操作系统是和iPhone合为一体的，不对其他手机厂商开放，这无疑会将巨大的市场空间送给安卓。iPhone在手机市场异军突起后，打得原来手机阵营里的手机厂商节节败退，但他们有了安卓手机操作系统后开始稳住了阵脚，伺机向苹果发起反攻。2008年夏天，乔布斯亲赴谷歌总部山景城，指责谷歌的"欺骗"行为对苹果业务产生了严重的危害。

2010年1月5日，谷歌推出第一款自有品牌Android手机Nexus One。它同iPhone一样使用触摸屏，但屏幕比iPhone稍大。

2010年1月末iPad发布会之后，施密特接受《卫报》采访时对该产品批评道："也许你能告诉我，大号智能手机和平板电脑有什么区别。"不久，乔布斯就在苹果园区举行了员工大会，痛斥谷歌进入手机业务和安卓系统模仿苹果的功能和技术。乔布斯说："我们没有进军网络搜索领域，但他们却进军手机市场。别搞错了，他们想要消灭iPhone。我要摧毁安卓，因为它是偷来的产品。"此语一出，舆论惊讶。两个曾经看似意气相投的"酷企业"如此之快地走上陌路殊途，让人始料未及。

乔布斯认为施密特领导下的谷歌从苹果"偷师"，动了自己的奶酪。对此，谷歌反驳称他们研发安卓很长时间了，之所以希望推出具备互联网功能以及优秀浏览器的手机，是因为这类产品尚未面市。

在开放与共享成为时代精神的今天，苹果以"封闭"为特色的商业模式的成功可称为异数。乔布斯致力于打造一个专属的封闭环境，哪怕安卓正在蚕食市场也毫不动摇。乔布斯认为保持封闭性对苹果公司来说恰恰是来自竞争的需要。他说："我喜欢为整个用户体验负责，这绝不是为了钱，而是想要创造伟大的产品，而非安卓这样的垃圾。"

另一方面，谷歌希望智能手机成为公开的、非专利的平台，使用户能自由获取可以运行于诸多设备之上的应用程序。于是，谷歌希望用户可以廉价上网和苹果希望可以保持高利润的软硬件销售理念之间形成了不可调和的矛盾。

苹果与谷歌的竞争日趋白热化，起初是围绕智能手机领域展开，后来在平板电脑、移动互联广告和数字电视领域也展开了较量。随着谷歌愈来愈深入地进入苹果地盘，更加全面的冲突和竞争已是山雨欲来。

逐梦小语

危机感

虽然乔布斯奋力坚守自己的一体化封闭原则，但iPad发布后，他还是忍不住痛斥谷歌的开放系统。实际上，即使没有谷歌和安卓，也会有"谷妹"和"安椅"出现，只不过是谷歌的安卓在众多的竞争者中脱颖而出罢了。所以，任何一家企业在开发产品时，都要有充分的思想准备：产品的竞争者是迟早会出现的。

机会

从追随者的角度来看，领先者投入巨大的资源开创了品类，培育了市场，正好可用差异化的手段去参与市场的角逐。追随者应研究领先者的优缺点，避其锋芒，击其弱处。由于降低了研发风险和成本，一般而言，追随者使用高性价比去争夺市场，为消费者提供更高质量的服务承诺不失为一种有效的竞争方法。

真彩的危机初现

2006年，真彩文具在大学汛经销商大会上又创造了行业的一大奇迹！由于公司的"快消品化策略"取得极大成功，成为友商纷纷效仿的模式，市场的竞争不但没有使厂家的业务下降，反而激活了文具市场的潜在消费，把"蛋糕"越做越大。加上真彩文具在产品研发、渠道建设、品牌打造等方面都先人一步，为业绩的井喷式发展打下了良好的基础。真彩文具有计划地组织生产，在模具制造上加大成本投入。在经销商订货会上展出的产品客户可直接订货，真彩文具按订货金额的30%预收订金，在提货时再按比例冲减订金。这样的模式不仅使计划生产容易实施，更重要的是运营资金很充足，所收的订金远远超过了旺季备货所需的资金。这种红利模式是当时公司高速发展的物质保证，但后来也成了公司持续发展的绊脚石。三天的经销商订货会结束后，收到了令董事长到业务员都感到非常振奋的订单金额：一亿多元！

多年来，朱献文在老板与经理人之间充当了很重要的利益平衡桥梁，经理人只需一直往前冲，朱献文在他们不知晓的情况下为他们解决了"粮草"问题，所以董事长对经理人的心思未必比朱献文更了解，或者还停留在较为朴素的层面。朱献文在订货会的答谢酒会上，在没有跟董事长提前沟通的情况下，为鼓励公司员工和经销商今后更加努力，在答谢词上信口开河地表达了公司将进军资本市场，让大家都有机会在赚取工资或销售利润的同时，赚取更多的资本市场红利。

可惜的是，跟几年前朱献文擅自接受报界的专访而使公司被动宣传一样，朱献文这次与时俱进的资本意识，同样引起了董事长的不快。会后他虽然只是跟朱献文轻轻说了一句："在这种场合讲这种事情？！"但令朱献文意识到，高管层不仅年纪大了，而且与年轻敢干的竞争对手相比在意识上也有差距。虽然真彩文具还有一些优势，但危机感在朱献文心中隐约涌现。果然，2008年金融危机之前，深圳的齐心文具率先在深圳中小板上市，不但增强了抗风险能力，而且利用资本的力量大大加强了产品开发、渠道终端、品牌宣传的力度，取得了空前的成功。

苹果与Adobe的"江湖恩怨"

苹果与Adobe的关系由来已久。苹果曾是Adobe第一个大客户，他们新的Laser writer打印机就使用了Adobe的Post Script语言，苹果还投资250万美元购买了340万股Adobe的股票。但随后，苹果公司和Adobe的关系时好时坏。

1989年9月，微软联合苹果公司向Adobe发起挑战。微软为苹果开发Post Script的替代产品，而苹果为微软的软件提供字体。为了表示决心，苹果将持有的Adobe股票全部抛掉，但这次挑战并未成功。1991年，苹果与Adobe重修旧好。1997年乔布斯回归苹果后，乔布斯请Adobe为iMac及其新操作系统制作视频编辑软件和其他产品，但遭到了对方的拒绝。Adobe还发布了不少只支持Windows平台的新软件。

后来，乔布斯禁止iPhone、iPod和iPad采用Flash。他表示，Adobe的Flash播放器并不是很适合iPhone等设备。他还尖锐地批评了Adobe的Flash技术，称其不可靠、不适合用于移动设备、程序界面实在太古老、Flash会导致Mac电脑死机等。乔布斯还列出了Flash在安全性和电源管理等方面的缺陷。面对这些指责，Adobe的CEO塔努·纳雷恩称乔布斯是空放烟幕弹，在苹果应用商店中，有100多项应用使用了Adobe软件。

乔布斯还说，Adobe本来有潜力去做更有意义的事情，但是他们却懒得这样做，他们缺乏像苹果一样的行事方法。乔布斯还告诫对手："也许Adobe应该集中精力，为未来打造HTML 5工具，而不是成天批评苹果放弃过时的事物。"他甚至将 Adobe 和无辜的比尔·盖茨联系在一起："就像微软一样，Adobe 已经成了一家平庸保守的公司，他们丢掉了自己的目标。"

2011 年 11 月初，Adobe 无奈地宣布将停止为移动浏览器开发 Flash Player，这表明该公司基本上承认在与苹果长期以来的网络标准之争中败下阵来。

逐梦小语

君子报仇

Adobe 公司在乔布斯最需要的时候"以怨报德"，出于眼前利益，宁帮对手也不帮苹果，叫乔布斯如何咽下这口气？"君子报仇，十年不晚"，现在 Adobe 也休想从苹果的平台上得到任何好处。这种记仇的性格也从另外一个角度体现了"神"也是有"人性"的。

反作用力

在苹果公司与 Adobe 公司的禁与反禁的猫捉老鼠游戏中，Adobe 公司的编译器技术得到了长足进步，使它的产品可以更加有效地利用苹果的界面和特性。这个案例为中小企业在"巨无霸"的缝隙中生存提供了优秀的学习榜样。

协作之力

在许多企业，设计师看重的是美观，而工程师看重的是功能，因此两者之间的关系通常很紧张。乔布斯和设计总监乔尼都认为，优秀的设计师能够激发工程师做出一系列匪夷所思的创举，Mac 和 iPod 则是最好的例证。在设计 iPhone 4 时，乔尼要求使用钢圈，但必须在钢圈上留下一个微小的缝隙。

iPhone 4 上市 3 天销量超过 170 万台，首周销量突破 200 万台。但不久，陆续开始有媒体和用户发现 iPhone 4 存在严重的质量问题。有人给乔布斯发了封邮件："我很喜欢我的 iPhone 4，但是手一拿 iPhone 4 两边金属缝时，无线信号就会降格，直至完全找不到网络，无法通话。大家都一样，不只是我的手机问题，有啥解决方案吗？"

乔布斯也很直爽，两小时后给出了解决方案："那就别那么拿手机。"

市场一片哗然，各大网站竞相转载这两封邮件，"天线门"事件被闹得沸沸扬扬，外界对 iPhone 4 信号接收和天线设计问题的指责一浪高过一浪，而苹果的竞争对手诺基亚也不失时机地抓住这个机会对苹果进行嘲笑和揶揄。苹果公司很快出面表示：当用户用左手拿着任何手机时，手掌可能会盖住钢圈的小缝隙，就会出现信号丢失的情况。如果你在 iPhone 4 上遇到这种情况，在手持时要避免遮住左下方金属片之间的黑条，也可以在 iPhone 4 上套一个保护套。这个办法果然奏效了。

乔布斯在新闻发布会上只说了简单的四句话："苹果并非完人，手机不完美，我们都知道这一点，但我们想要用户满意。"尽管存在一些问题，乔布斯仍然表示，iPhone 4 的天线设计是智能手机中最先进的。他指出，iPhone 4 的断线率仅略高于上一代的 iPhone 3GS。如果有人不满意，可以退货或者免费获得苹果提供的胶套。结果，iPhone 4 的退货率只有 17%，不及 iPhone 3GS 退货率的三分之一。

乔布斯在发布会上还宣称其他智能手机也有天线问题，此言一出，迅速遭到竞争对手的反驳。摩托罗拉总裁表示："摩托罗拉从不把天线置于外表，因为它不想告诉用户该如何拿手机。"诺基亚公司强调，该公司的手机无论怎么握都不会存在无法通话的问题。而苹果公司随后所展示的测试视频表明，用户手握宏达国际和三星电子的手机时也出现了类似的信号减弱现象。

有人认为乔布斯成功地回避了问题，消除了批评，并把火引向其他智能手机，这是现代营销、企业公关和危机处理的新高度。

从长期来看，"天线门"事件并没有影响到苹果的营收，2010 年 7 月 22 日《商业周刊》文章指出，当苹果发布季度利润创纪录的最新季度财报后，市场和消费者马上将 iPhone 4 的天线问题抛诸脑后了。iPhone 4 以及苹果的"最大危机"显然已经安然渡过。

逐梦小语

设计师与工程师

设计师是创意性的职业，而工程师是实操性的岗位。从理论上来说，工程师是为实现设计师的理念而提供帮助的。但在产品设计中，设计师大多不理会产品的可制造性，都指望工程师来帮助他们解决这些问题。但事实上，工程师不但要考虑技术上的可行性，还要考虑经济性。现实工作中，很少有人能像乔布斯那样鱼与熊掌都考虑到的。

小概率事件

为增加 iPhone 4 的质感而使用钢圈外壳，从而导致信号接收不稳的"天线门"事件若是在普通厂商中出现，相信不会太引人注意。但在苹果的伟大产品中出现，倒成了差点令苹果"机毁人亡"的恶性事件。这个教训确实值得高管深思，不能让隐患影响企业的生存。

乔布斯的公关术

乔布斯处理"天线门"危机事件的方法极为聪明。乔布斯向人们展示了他的坚定、正义及无辜，从而成功地回避了问题，消除了批评，并把火引向其他智能手机。这说明了一个真理，任何事情都可以找到有利于自身的表达方式，关键是你能有足够的智慧来引导舆论，让他们不得不接受你的观点和解释。

遗留问题

乔布斯在结束自己的职业生涯之前，还需要圆满地处理几件事情。其一就是与他喜爱的披头士乐队结束一场可以说是长征式的谈判。披头士所属的 AppleCorps 公司和苹果曾经因为商标权有过热战。也是这个原因，披头士乐队的音乐以及唱片版权问题始终未能进入 iTunes 数字音乐商店。2007 年，苹果同苹果唱片公司达成和解，但和解之后，披头士乐队的音乐还是没能进入 iTunes 商店。直到 2010 年夏天，双方终于达成了一致，因为披头士乐队可以直接从 iTunes 销售的收入中取得一定的版权特许费用。这为乔布斯和披头士 30 年的纠葛画上句号，或许也意味着数字音乐的完胜。

iTunes 数字音乐商店将所有披头士乐队的音乐，包括 13 张专辑，"红""蓝"两张精选和"Past Masters"双碟精选放到 iTunes 上进行销售。每首单曲 1.29 美元，高于 iTunes 平台上大部分歌曲的 0.99 美元价格。单张专辑价格为 12.99 美元，双碟专辑 19.99 美元。另外，iTunes 商店还推出了一套披头士全集，打包价格为 149 美元。

为了让这件具有里程碑意义的事件更富传奇色彩，苹果公司在官网首页、iTunes 中更新了披头士大幅海报，购买广告牌放上披头士乐队最好的相片，甚至还播放一系列经典苹果风格的电视广告。披头士乐队的音乐登陆 iTunes 应用商店的首周，其单曲销量达 200 万首，专辑销量逾 45 万份。

逐梦小语

喜爱的力量

这也许是商界最传奇的一幕。乔布斯与自己喜爱的乐队因姓名权的纠葛进行了 30 年的冷战，但乔布斯没有像对其他"敌人"那样"怀恨在心"，而是想方设法清除障碍、促成合作。因为乔布斯自始至终都打心底里喜欢披头士，这种喜爱使他能包容对方。这提醒我们，很多销售首先是销售自己，然后才是你的产品。

朱献文的遗憾

真彩文具是朱献文成功地把 MBA 知识与实践相结合的案例，前后历时十年，与团队一起逢山开道，遇水搭桥，一次次创造了中国文具史的奇迹，也创造了多种"第一"。

正当朱献文计划与团队一起冲击资本市场，再创文具行业的第一时，受限于当时董事长对资本市场的传统认识，认为上市令公司经营状况透明化，对竞争不利，而且由于真彩的学汛交订金订货的政策，公司现金流非常充足，因此对上市并不迫切而止步。但在 2008 年世界金融危机前，比真彩规模小的友商齐心文具在深圳上市了，齐心文具在资本的加持下发展更快的事实触动了董事长。于是，2009 年，在朱献文的再次推动下，真彩文具终于启动了上市流程。

真彩文具把上市准备作为最主要的工作，在顾问公司的帮助下，按照上市公司的要求进行股份制改革且对企业进行规范化管理，从而达到上市条件。真彩文具向证交所递交了上市申请后，在排队等候中国证监会审批时，2012 年 11 月，由于股市低迷，遭遇了暂停的第八次 IPO。

此时，真彩文具在市场竞争中的增长率已逐渐放缓，但过去的市场品牌积累还在发挥作用，公司的业绩还能满足上市的要求。正当真彩文具即将过会时，证监会清查场外配资，引发市场连续千股跌停，一度跌破 3000 点。2015 年 7 月，IPO 惨遭第九次暂停。

直到 2015 年 11 月 6 日，之前被紧急叫停的 28 家企业将按现行制度发行，预计未来 2 周内 10 家企业将再次公告招股意向书、初步询价等，剩余 18 家也随后在新规下重启。可惜这几年真彩文具靠吃产品和品牌的老本，业绩开始下滑，已不能满足新规对公司 IPO 的要求了，其上市申请最终被主管部门直接劝退。就这样，为上市准备付出了巨大代价的真彩文具，在资本市场惨遭"滑铁卢"，且对经营管理造成了巨大的伤害，这也成了朱献文职业生涯留下的巨大遗憾，虽然朱献文早在 2010 年就离开了真彩文具。

真彩文具上市未果事件说明的两个道理令朱献文刻骨铭心：一是"苏州过后无艇搭"，提醒创业者必须争分夺秒地抓紧时机；二是"谋事在人，成事在天"，我们对看准的目标肯定要全力以赴，争取实现，但最终的结果只能顺其自然了。

微软的恐惧

2003 年 4 月 28 日，在 iTunes 发布会上，比尔·盖茨高度评价了乔布斯能把关注点放在最有价值的地方、能聚拢那些擅长做用户界面的人才、能实施颠覆常人思维的营销手段。对于乔布斯成功说服那么多唱片公司加入他的商店，盖茨表示非常惊讶。还有一件事令他十分不解，那就是除了苹果，其他公司都不曾推出过购买歌曲的服务。盖茨不得不承认：苹果再一次赶超了微软。

起初，iTunes 只能在 iMac 上使用，iPod 和 Windows 计算机不兼容。后来，乔布斯为了争取到更多的微软用户，把 iTunes 软件和商店引入 Windows 系统。为了让 iPod 和 Windows 计算机兼容，他还为 Windows 用户开发一个新版本的 iTunes。

2003 年 10 月，乔布斯在旧金山的一次产品推介会上发布了 Windows 版本的 iTunes，这意味着占据整个市场 95% 的 Windows 用户可以使用 iPod 了，也标志着苹果公司在真正意义上进入了最广泛的大众市场。

2006年11月，微软正式发布了Zune音乐播放器，向苹果宣战。当时微软CEO鲍尔默许诺Zune将在5年之后打败iPod，然而，这个有着无线音乐共享和音乐下载服务支持的Zune能够颠覆iPod的王者地位吗？数据表明，两年之后，它的市场份额还不到5%；2011年10月初，微软宣布Zune停产。

逐梦小语

老板之能

盖茨高度评价了乔布斯的三种能力：价值发现、队伍建设、高效营销。价值发现能力促使他开发出领先消费者需求的产品，吸引更多的相关资源；队伍建设是他实施计划的基本保证；营销能力使他的好产品让更多的人知道、接受、喜欢。乔布斯开拓iTunes商业的过程，对企业家有很大的启迪作用。

固执的灵活

乔布斯历来都具有强烈的控制欲。但这次为了吸引微软用户，他一反常态，不但给他们开放iTunes，还开发了Windows版本的iTunes。这种固执的灵活也反映了乔布斯的控制欲是建立在利益基础之上的。当有利益的时候，乔布斯也可以克服固执，随机应变。

为自己

为自己而工作，为自己设计产品，为自己制造产品，乔布斯对人性的理解也许是其创新灵感的源泉。满足顾客的需求是企业生存的基本原则，但如何满足顾客的需求则是考验企业的试金石。当企业老板将自己视为消费者，为自己做产品时，他们做出来的产品往往更贴近消费者需求，有更高可能成为优质产品。

竞争对手的恐惧

商超作为闭合性良好的渠道，其运作效益明显。产品进驻超市渠道销售，不仅能起到价格标杆作用，还能提升品牌形象，拉近与消费者的距离，更重要的是，商超的产品组合策略是公司库存处理的第一大阵地。

真彩文具的商超部是由缪亦锋总监在1995年加盟真彩文具时建立的，由无到有，由小到大，由大到强，他为真彩文具商超业务的崛起呕心沥血，使真彩文具的商超业务团队成为中国文具行业和商超行业最有实力、最著名的团队。

在2010年大学汛时,缪总带领全体商超业务人员,与当时最有竞争力的对手晨光进行了一场声势浩大的阻击战,堪称经典。他们从"我司现状,晨光现状,对策之产品,对策之价格,对策之促销,对策之陈列,对策之客情关系,对策之其他"方面在全国各连锁商超,包括易初、欧尚、大润发、麦德龙、乐购、易买得、吉买盛等和经销商的表现进行分析研究(见表1),并制定了详细的战术方案,在公司的全力支持下,团队奋力实施。结果,真彩与晨光在商超的竞争中大获全胜,真彩当年商超渠道的营业额达到了1.2亿元。

真彩商超所取得的业绩有目共睹,当时最大的连锁商超沃尔玛邀请真彩文具作为他们文具品类厂家,这个举措有助于真彩文具的上架率,更令竞争对手深感不安。

表1 真彩文具产品商超表现分析

系统	我司现状	晨光现状	对策之产品	对策之价格	对策之促销	对策之陈列	对策之客情关系	对策之其他
家乐福	单品数量上已经接近晨光,但是主要销量还靠一小部分(多数负毛利)单品出量,且门店终端陈列不如晨光	晨光在家乐福经营多年,门店基础比我们强,从门店的陈列就可以看出,而且单品销售主要来自排面	针对晨光在家乐福出量的单品我们有针对性地安排同类产品进行促销(田忌赛马型)	正常商品的价格我们与晨光比较接近,所以在排面陈列上超过晨光销量自然会上来,合肥、长江、徐州店的成功已经证明了这点	较晨光而言,我们的促销品销量占比远高于晨光,故促销上我们应该适当增加品项,不要一味地做一些毛利贡献不高的单品	门店终端的陈列是我们落后晨光的最主要原因,反之门店对于晨光的销售依赖也是门店陈列偏向晨光的主要原因。所以,现在我们的主要工作重心应该转向门店维护,总部大量工作基本理顺后要给家乐福门店更多信心来做真彩,样板店工程的进行可以从点到面地打开门店工作	增加门店沟通	注重高毛利产品的推广,促销员要灵活运用,增加人员门店维护
易初	单品数量不多,产品销售集中,陈列质量还可以,各种产品表现一般	单品数量较多,各种产品销售较好,陈列好	有潜力的产品要上架,重点产品要重视	注重重点产品的促销价格	有针对性地做产品促销,并且反应速度要快	提高产品陈列质量,多做特殊陈列	增强采购沟通	产品的推广注重高毛利

第十章 竞合，有人的地方就有"江湖"

续表

系统	我司现状	晨光现状	对策之产品	对策之价格	对策之促销	对策之陈列	对策之客情关系	对策之其他
欧尚	产品上架200多个，品类占比12%，毛利贡献较高	产品上架200个，品类占比9%	产品销售力提高，开发包装好的产品	注意零售价格的稳定，特别是促销价	促销价最好低点	再提高重点产品陈列的质量，增加特殊陈列	维护好门店客情关系	注重高毛利产品的推广，增加人员门店维护
大润发	上架单品80个，品项不完善，重点产品（负净利）销售突出，销售额提高较快，毛利率贡献较低	各类产品齐全，特别是学生类产品多，各产品销售均衡，陈列质量较好	增加新品上架，特别是针对性产品的上架	理顺全国价格，价格需稳定，使促消品的促销价格更有竞争力	促销形式多样化，促销产品促销价要低	通过增加新品增加陈列面，通过样板店提高陈列质量	维护好总部客情关系	注重高毛利产品的推广，增加人员门店维护
麦德龙	产品上架只有33个正常单品，销量产品突出但毛利低	产品上架较全，注重门店促销	增加背卡宽为12厘米的产品和大包装（方桶，价格低）产品	同品类同款式的价格要相当	买赠多点，促销产品促销价要低	与门店沟通尽量多做陈列	维护重点门店客情关系	促销员要灵活运用
乐购	价格未完全调整，品项不多，陈列一般	价格稳定，销售稳定，促销较多	增加品项上架	注重重点产品的促销价格	促销频率要增加	逐步提高陈列质量，先把样板店做好	维护总部客情关系	
易买得	价格基本调整好，品项不多，陈列一般	价格稳定，销售稳定，促销较多	注重重点产品	注重重点产品的促销价格	促销力度要增加，可以着重做促销品的促销	提高门店陈列质量，可以增加一些补损		
吉买盛	价格基本调整好，品项不多，陈列一般	价格稳定，销售稳定，促销较多	注重重点产品	注重重点产品的促销价格	促销力度要增加，可以着重做促销品的促销	提高门店陈列质量，可以增加一些补损		
好又多	品项太少，无法加强陈列；在正常的价格方面，我司处于优势，在促销品的价格方面，我司处于劣势	品项过多；晨光的促销品大都是混装笔；主要在做敏感性价格带促销；费用多	增加新品上架，特别是针对性产品的上架	可以将不能正常销售的产品转成类似的4+4，5+5等。在晨光的促销价格基础上与晨光竞争	在促销方面，及时将滞销品、退货品转为敏感性价格带动促销	与门店沟通尽量多做陈列	维护总部客情关系	

续表

系统	我司现状	晨光现状	对策之产品	对策之价格	对策之促销	对策之陈列	对策之客情关系	对策之其他
经销商	我司产品在华东区域A类卖场有较强市场占有率；在正常品的价格方面，我司处于优势，在促销品的价格方面，我司处于劣势；我司有主题促销和敏感性价格带促销，做主题促销后虽然有影响，但无销售，做敏感性价格带促销后虽然有销售，但损失利润	主要做敏感性价格带促销，促销产品经常断货	加强产品市场占有率	加强并改变促销产品价格	加强并改变促销方式	完善品项，突出重点	平衡客情关系	

强者未必恒强

2002年，微软的一个工程师向乔布斯得意扬扬地吹嘘他们的平板电脑。乔布斯气得暴跳如雷，发誓要做一款没有手写笔的平板电脑。但当苹果研发了多点触控技术后，他又决定暂时放下这个项目，先专心于iPhone的研究。

乔布斯也跟对手打心理战，故意放出烟幕弹。2003年5月，乔布斯宣称目前没有制作平板电脑的计划。2007年，乔尼建议利用多点触控技术，将键盘通过软件在屏幕中实现。

平板电脑最为引人注目的就是它的多点触摸屏了，所有的功能和设计都要围绕其而展开。为了让人们舒服地拿着平板电脑，所有的连接口和按钮都必须设计在边缘；同时电脑的边缘应十分薄，薄到容易让人忽略。

因为麦金塔电脑当时已开始使用英特尔的芯片，乔布斯起初也考虑平板电脑使用它的低压芯片。可是,其性能虽高、速度虽快,却只含处理器。乔布斯说:"虽然苹果和英特尔一起研发了一些很好的东西,但英特尔推陈出新的能力有些欠缺,我们也想过帮他们,但他们一意孤行。此外,我们也不想把所有的都教给他们,以免他们把我们的东西卖给竞争对手。"

逐梦小语

资源整合

在产品研发的过程中,由于各个项目组都是独立的利益主体,他们之间的信息大多是互相封闭的。所以,产品总监或老板的整合意识就非常重要了。因为只有他们才能全面掌握公司产品发展的方向及技术开发的信息。通过他们对资源的重新组合,能帮助各个团队更好地做出成果。

步调一致

经理人在企业发展的不同阶段有不同的作用,合作伙伴也是如此。无论水平高低、规模大小,合作双方步调一致才是王道。如果双方的步调相差太远,那就不适合合作了。作为项目的参与者,企业领导人要有若干个备选方案,以维护自己的核心利益。

真彩的一次"失败"

2008年年初,真彩文具从德国法兰克福 Paperworld 国际办公用品展览会回来后,产品开发人员和设计师紧锣密鼓地整理德国之行的资料的同时,还在研讨新一年学汛的新品开发方向。一周多后确定了设计方向,其中一个系列产品命名为 I colors 系列,系列主要诉求点在颜色的设计上。他们用 2008 年的流行色彩为基调打造了一套流行色系产品,简约明亮,没有太多的花哨元素,有别于市场满大街同质化的花纹笔,从设计师的角度看确实有眼前一亮的感觉。因此该系列被公司列入开发重点,投入 15 款新品作为大系列开发,其中包括中性笔、铅笔、修正带、橡皮擦等。

该系列从设计稿开始就进行了消费者调查,在不同地区的学校内进行调研工作,通过几次修改得到了大部分被调研者的认同,开发人员信心满满地为新品发布会做最后的打样准备。然而,当时的调研为了保密忽略了对经销商喜爱度的调研，所以在发布会现场虽然用最好的位置展现 I colors 系列，发布会的产品讲解也最详细精彩，但经销商朋友对该系列产品的反应不热烈，甚至最后总订货量几乎达不到原来预估的最低销售量，因此公司不得不放弃投产该系列。

事后很多经销商反馈该系列产品只注重色彩表现，太过于简洁，图案不饱满，与当时国内正在热卖的产品方向有所背离，且价格稍微偏高，认为是市场不接受和不好卖的。

虽然该系列当时没有被经销商认可，但两年后，类似 I colors 系列风格的产品在市场上开始成为主流。真彩文具马上重启当年的产品，利用已有的旧模具生产新年度的产品，令真彩文具两年前做的超前设计枯木逢春，带起一波"简约"的新浪潮。

第十一章
CHAPTER11

管理，
一个系统的工程

接班人初现

乔布斯重掌公司大权后，推出了首款 Mac 电脑——iMac，这款具有突破性意义的产品预示着苹果将恢复健康。iMac 推出之后非常成功，加上乔布斯坚决果断地大幅削减产品线，为苹果积累了足够的资本。

在管理上乔布斯继续推行强硬政策。他看到物流公司效率太低，便与对方终止了合作；当 VLSI 公司未能按时将足够的芯片送来时，乔布斯在大庭广众之下对其怒骂。

因为乔布斯待人过于苛刻，加之工作压力很大，在乔布斯手下工作了 3 个月的运营主管提出了辞职。因此，乔布斯必须快速找到一个能够建立准时制工厂和供应链的人。1998 年，一个叫蒂姆·库克的人走进了乔布斯的生活。

库克，1960 年出生于美国亚拉巴马州罗伯茨代尔地区，出身工人家庭，1982 年毕业于奥本大学工业工程专业，1988 年获得杜克大学企业管理硕士学位。毕业后获得"蓝色巨人"IBM 的力邀。在 IBM，库克凭借才华在 12 年里接连获得升职。1994 年，库克跳槽至电脑经销商智能电子公司担任首席运营官，1997 年赴康柏担任副总裁，负责采购和管理产品库存。

1997 年，乔布斯重返苹果。他通过猎头找到了库克，劝其加盟苹果。当时的苹果几近破产，根本难以与全球个人电脑头号制造商康柏计算机公司相比，但在不超过 5 分钟的与乔布斯的面谈后，库克丢掉了谨慎与理性，加入了苹果。究其原因，库克说："这可能是直觉吧，我感到，加入苹果，我将能与一帮充满激情的天才们一起工作。"据库克本人回忆，他与乔布斯见面后立即惺惺相惜，这可能也是原因之一。

库克性情沉稳，说话温和，与乔布斯的性格截然不同，但二人却能相互补充。热衷竞争、争强好胜，对工作执着、苛求是库克与乔布斯的共同点。

1997 年时的苹果规模还很小，运营也是"一团糟"。由于库存臃肿、制造部门效率低下，公司当年的损失超过 10 亿美元。库克去苹果公司后，关闭了苹果在各地的工厂和仓库，将苹果供应商从 100 家减少到 24 家，还说服许多供应商迁到苹果工厂旁边。1998 年 9 月，苹果的库存量只维持 6 天，而上年则是 31 天，到 1999 年年底这一数字竟然变为了 2 天。库克还把制造苹果的生产周期从 4 个月缩减到 2 个月。由于库克管理有方，苹果公司减少了库存和很多不必要的开支，大幅缩短了生产周期，提高了工作效率。

逐梦小语

管理力的爆发

乔布斯的创新精神和战略眼光一直是举世公认的，这些天分是如此耀眼，以至于掩盖了他在管理方面的成就。在苹果的最初发展阶段，他的重点放在"产品力＋销售力＋品牌力"上；经过 10 年的历练，他开始关注管理了。尤其是他专横的个人性格和其独特的人格魅力，更有利于其管理力的爆发。

微笑曲线

一向对生产过程有控制欲的乔布斯，也懂得将微笑曲线的原理运用到管理中。在加强研发和营销的同时，他将生产过程全部外包，把资源集中在投入产出比最低的地方，以争取效益最大化。

潜力无限

每个人或者机构都有无限的潜力，但需要外力去挖掘。因为人在很多时候都会被眼前的成绩所蒙蔽，用"已尽力"来安慰自己。当有足够的外力，尤其是精神加物质的利益驱动时，会有难以想象的效果出现。

专业管理的力量

在切身利益的驱动之下，老板们面对任务时都会千方百计地达到目标，完成工作。但要做得更好，则应该由专业的人干专业的事。在这方面，如果把老板比喻为全能运动员，那么专家就是单项运动员了。乔布斯采取"大石压死蟹"般严厉的管理措施把库存从两个月缩减到一个月，而库克以专业管理手段把它压缩到一天，甚至十几个小时，这就是专业的力量。

发现人才

朱献文在伦敦帝国理工学院读 MBA 时，真彩文具的董事长经常打电话进行头脑风暴，多次提到由于文具行业从业人员的水平不高，很难满足真彩发展的需要。朱献文指出，现在真彩的庙已经大了，应该把目光放远一点，向成熟行业要人才。因为销售知识和技巧有80%是共性，10%是行业的特性，还有10%是企业的特性。如果销售知识和技巧都很优秀，只要能留在公司一年半载，就有机会扎根成长为公司的骨干人才。

有一次，董事长很高兴地说已聘到一位年轻有冲劲的日化行业精英出任销售经理。虽然这位销售经理以前没有带过大的团队，但当时真彩的业务人员也不多，并由总经理直接管理，所以在他与公司磨合的过程中再考察也无妨。结果，这位新销售经理用他的经验协助总经理进行市场渠道开拓，进行开发经销商、重点客户及渠道的维系与管理，制定与分解传统渠道的年度销售目标；完成所辖区域客户促销活动提案，并执行与进行追踪；以及管理销售队伍，进行客户及相关人员的培训，为公司建立初步的销售管理体系等。尽管刚开始有些碰撞，因为同样一件事，每个人都有自己的判断，很难评价谁对谁错，但更重要的是我们每个人参照别人的观点，结合自己的实际，发现问题，找出不足，并最终解决问题。幸运的是，最后这位经理终于在真彩发了芽、生了根。

朱献文返回到真彩文具出任总经理后，第一个见的就是已经适应了真彩文具工作环境的销售经理，一起探讨了今后公司的发展事宜。经过交流，朱献文发现他具备成为优秀销售经理的重要特质。第一，专业知识扎实，经验较丰富，这与他在原来的大日化公司受过严格的培训有关；第二，心理素质好、情商非常高，由于在原公司当了几年业务员，经受过一定的磨炼，当一个销售经理能容下万物时，不管遇到什么，都能在第一时间想出解决的办法，而且抗压能力就像千斤顶一样，不管你有多重我都会给你顶起来；第三，颇具团队精神，给人的感觉就是，只要跟着他，什么事都可以放心地去做，让人安心，这是将来团队的灵魂之所在。所以，朱献文与董事长达成共识，全力支持他的工作，创造条件让他与公司一起成长。

后来，这位销售经理升任公司副总，管理着全国36个分公司共700多名业务和后勤人员，打造出文具行业最有价值的营销队伍，为公司的高速发展立下汗马功劳。

第十一章
管理，一个系统的工程

团队打造

乔布斯发现索尼公司聘请了日本大名鼎鼎的设计师为其设计工服，以此增加员工的凝聚力，他也想在苹果内推行类似的工作服制度。没想到遭到员工们的否定，所有人都不喜欢这个点子。但借此机会，乔布斯与三宅一生成为了挚友。乔布斯还请他为自己制作一些黑色毛衣，三宅一生大概做了 100 件，用乔布斯的话说"这足够我余生所穿"。

虽然乔布斯天性喜欢控制别人，但他十分重视会议的作用。他认为，通过会议使不同的人汇聚一堂，相互碰撞，从而能生出诸多高水准的创意，也能及时发现和解决问题。每周一是高管会议，每周三下午是营销战略会议，此外还有无数的产品评论会。对于任何会议，乔布斯都高度重视、统筹安排、精心准备。在他看来，各类资源的整合无疑是苹果公司的一个巨大的优势。苹果公司的产品开发过程并不是从工程到设计，再到营销、分销。相反，这些部门的工作是同时进行的，而各部门充分地参与讨论可以让产品更完善。

逐梦小语

会议文化

没完没了的文山会海会蚕食公司资源，消磨员工志气。但高效的会议是一个良好的交流平台，使领导能深入了解下属的思想，发现下属的专长，加快决策反应速度；能打通部门间的壁垒，加强团队的协作精神；使下属有机会了解上级的真实意图，增强执行力。所以会议的数量不是关键，关键是做好会议的管理。

整合管理

让各有关部门从一开始就接触项目，不但能增加部门成员之间的互信，还能集中智慧，加快项目反应速度。但这种管理需有高级管理人员的协调才能发挥效用。能否做到各部门协调推进项目，也反映了领导者的水平。

有条不紊

iMac 的发布会相当成功，之后，每年四次到五次的发布会和演讲，乔布斯都十分重视。乔布斯力争把每次发布会变成苹果产品营销的冲锋号角，也希望借助它在无形中为个人魅力造成强大的宣传攻势，尤其是舞台上那戏剧性的一幕。为了提升大众对苹果产品的期待，乔布斯要求公司上下做好保密工作。

每次发布会，哪怕是短短的几个小时，乔布斯都会准备几个月。每次乔布斯都亲自上阵，他会用很长时间精心撰写、设计演讲词。他还精心设计每一个动作，进行四次以上的彩排，他一遍一遍地表演，一句一句地重复他的台词。乔布斯看上去轻松自如是因为他进行了足够的排练。没有充分的练习，乔布斯不可能和幻灯片、多媒体等配合得那样天衣无缝。乔布斯还要求舞台灯光的设计和控制必须精确到极小的时间单位，使得整个发布会一气呵成、畅快淋漓。

逐梦小语

标准化

产品发布会一直是乔布斯影响媒体、刺激经销商的主要手段，他非常重视发布会的效果。发展多年之后，乔布斯已经着手对它进行模板化、标准化处理，使得下属能更好地运用这种宣传工具。

台下十年功

我们常说，台上一分钟，台下十年功。一次成功的、有影响力的发布会又何尝不是这样？！所以乔布斯对发布会的每一个细节，从文稿、动作，到场景布置、道具无不亲力亲为。俗话说，万事开头难。在成熟的流程出现之前，只有老板付出更多的精力，才能打造出符合公司水平的"样板发布会"。

真彩的一次产品发布会

每年两个学汛的产品发布会已经成为真彩文具发布产品、传播品牌、振兴市场信心最重要的平台。这一专业模块的诞生，要追溯到2004年，当时朱献文从营销顾问公司挖来的资深管理顾问王海峰出任市场总监，历经10年打磨而成。

2014年小学汛产品发布会改变了原来分散在全国开会的方式，改为集中在昆山总部，分3期召开。

本次发布会以"品牌形象"为中心，精心策划了一场多媒体产品发布会。发布会的场地布置、音响效果、节目编排、多媒体视频、模特走秀、现场歌舞表演等，给参会客户带来耳目一新的感觉，客户评价普遍很高，达到了"时尚、创新、活力"的品牌形象效果，发布会形式开创了行业先河（见图1）。

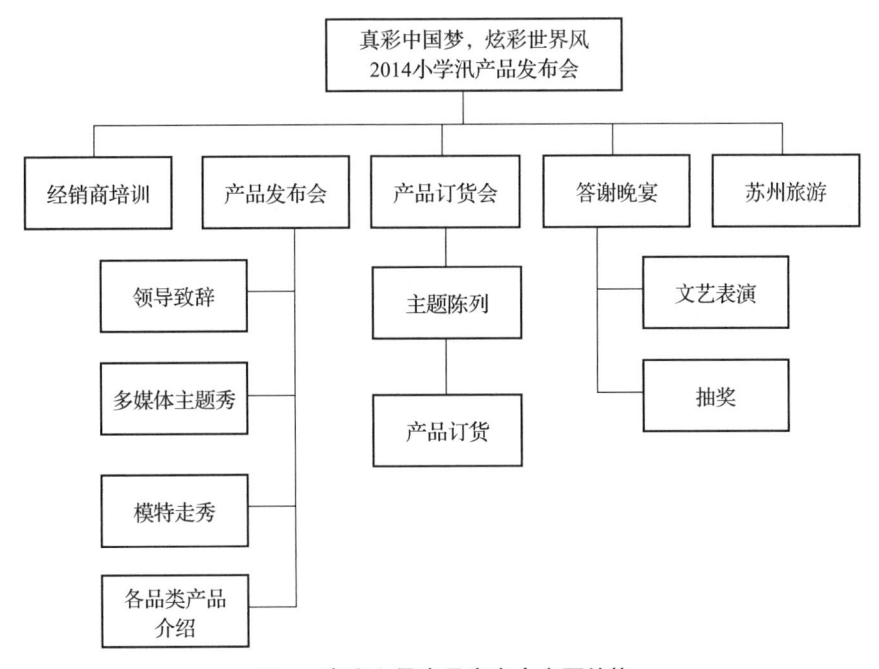

图1 真彩文具产品发布会主要结构

发布会的成功经验可归结为以下几点。

（1）领导的果断决策和大力支持是成功的关键。

从确定主题、创意构思、节目编排到展厅的布置，活动的每个环节都在董事长和黄总的具体指导下完成。董事长参与排练到深夜，其全力支持和指导是活动成功的关键。

在活动经费方面，也是董事长的果断决策和大力支持，确保了活动经费的充足，才从根本上提升了活动的档次和品质。

领导正确的决策和坚定的决心，再加上强大的执行力，共同促成了这一场活动的圆满成功。

（2）主题定位精准，发布形式新颖，现场表演精彩纷呈，有效地提升了企业形象和活动的品位。

"真彩中国梦，炫彩世界风"作为活动主题，立意高远，紧扣时代脉搏，与真彩文具的品牌形象高度契合。董事长的主题发言既务实又格调不俗，为整场活动定了基调。与迪士尼的密切互动既充实了活动内容又提升了活动的档次。

中国梦与世界风的结合，又一次将真彩的企业形象推到文具行业的最前端，显示了真彩的实力、品位与自信。

整场发布会采取了章节式的形式，既突出了主题，又保留了各个品类的特点。在"真彩中国梦"的引领下，充分展示了真彩5大品类支撑的"三全四化"发展道路，实现了形式和内容的完美融合。

专题片的策划与制作基本达到了预期目标，为发布会的成功奠定了基础。模特走秀和小模特的表演同样精彩，为活动增色不少。

（3）借助专业公司力量，使活动提升了档次、提高了效率。

本次活动首次引进专业公关公司，借助其丰富的经验，在形象设计、场地布置、整体方案策划及节目编排等方面实现了显著提升。

专业公关公司的介入不仅提高了活动的组织效率和执行力，还确保了活动在短时间内成功举办并取得良好效果。团队成员的辛勤付出固然功不可没，但专业公司的专业运作同样起到了至关重要的作用。

本次活动的舞台设计装饰、灯光音响等达到了专业晚会的水平，超大液晶显示屏气魄非凡、高端大气，专业的现场导演令各个环节顺畅执行，这些都是专业公司的贡献。

借助专业公司的力量，虽然付出了一定的成本，但物有所值。这也给了我们新的启示，就是利用好社会资源，借助专业公司的力量提高各项工作效率。

（4）产品不仅要追求创新和差异化，还要蕴含思想和灵魂。

从本次活动来看，"青春正能量"书写工具和迪士尼"炫彩世界风"系列产品的综合表现最好。产品的设计和创意、产品背后的开发理念都在推广时给人留下了深刻印象。

有了推广概念的产品，在陈列展示方面则能够做出整体性的展示和推介，客户评价产品展示简洁明快，突出卖点，展示生动。

迪士尼系列产品，尤其是书包在本次发布会上的突出表现，得益于其在设计阶段对概念的精准把握和对品质的严格把控。

相比较而言，办公用品则显得创意不够，因此业绩也不理想。

（5）团队协作、高效执行和员工的无私付出是活动取得成功的关键因素。

在短短20天内，真彩团队凭借超强的执行力和战斗力，将烦琐的工作一一落实。

市场部、产品部、销售部密切协作，在总体方案、执行细节方面沟通顺畅，配合良好。昆山工厂在展厅布置、接待、车辆支援等方面给予了大力的支持，昆山批发部在自己的活动结束后还留人支援后续的几场活动……种种表现体现了真彩的团队精神和战斗力。

员工的无私付出也令人感动。为了烦琐的接待和组织工作，市场部多名同事连续几天都是加班到凌晨，几个人累病之后还坚持工作，现场排练时几位发言者都是排练到深夜，接待和陪客户的业务人员任劳任怨……这些都体现了真彩人的无私奉献、敬业精神和对企业的忠诚。

名正言顺

乔布斯自1997年7月回归后，苹果股价已从14美元涨到了2000年年初互联网泡沫时期的102美元。但是，乔布斯坚持每年只拿1美元的年薪。实际上，这两年来，他总共只拿了2.5美元的薪水，且没有要股票期权，他不希望苹果的人认为他是为了钱才重返苹果的。现在苹果已东山再起了，毫无疑问，乔布斯功不可没，乔布斯考虑去掉"临时"一词，成为苹果全职、全方位的总裁，并获得股票期权。他还想要一架飞机，这样就可以和家人去夏威夷度假了。

　　苹果董事会当然欢迎乔布斯"转正"，他们爽快地答应送他一部湾流 V 型飞机。但在期权上，双方一时争执不下。董事会打算送给乔布斯 1400 万期权，他们本以为乔布斯会对此很满意，没想到乔布斯却说自己要 2000 万期权。伍拉德说："你当初不是说只要一架飞机，不要别的吗？"乔布斯说："我从没有在期权问题上坚持过。但你曾说，我最多可以拿到公司 5% 的期权（2000 万份），现在我想得到这些。"最终苹果公司表示分两期给乔布斯 2000 万股的股票期权。一部分他可以立刻出售，一部分则待日后再售。

　　2000 年 1 月，乔布斯在 Macworld 大会上发布了新的操作系统 Mac OS X。乔布斯告诉大家，苹果即将推出一个基于 NeXT 软件的新系统。苹果并没有马上把苹果电脑的操作系统全部换成 NeXT 的操作系统。这是因为苹果不想一下子推出一个全新的系统，而是想对现有系统进行更新。

　　在 Macworld 大会的最后，乔布斯跟人们说："我已经把头衔里的'临时'去掉了！"人们顿时给予了阵阵欢呼，这是他赢得的荣耀，是完全属于他自己的成功。

逐梦小语

亲兄弟，明算账

　　乔布斯回归时，坚持只领 1 美元的年薪；而董事长伍拉德也只说他可以得到不超过 5% 的期权。但这一切都是君子协定，当真正要落实报酬时，双方又因股权而争执不下。这个事实也提醒职场人士，亲兄弟也要明算账。因为人的记忆力、理解力、心态都会随着时间和环境而变化。与其撕破脸皮争夺利益，倒不如先小人，后君子，先把游戏规则定好，再全心全意地专注于工作。

该改善时，不变革

　　苹果收购 NeXT 后，并没有马上把苹果电脑的操作系统全部换成 NeXT 的，而是将 NeXT 操作系统的功能逐渐移植到苹果之上。这体现了苹果电脑"小步快跑"的不断创新，又维系了苹果电脑的传统，保护了用户的使用习惯。乔布斯恰到好处地应用了 NeXT 技术。这种"该改善时不变革"的渐进式管理思想值得我们学习。

有效激励业务员的考核方案

业务人员流动性大，如何有效激励并留住优秀业务员是困扰管理者的一个难题。以下是某文具公司业务人员提成方案的提炼。

核心原理：业务人员的收入构成：总收入 = 月薪 + 提成奖

说明1如下。

（1）该公司的销售体系由总公司—大区—分公司—经销商—零售商构成，是典型的传统行业销售体系。其独特之处在于分公司充当利润中心的角色，大区则专注于市场和品牌拓展计划的环节，大区经理实际上扮演着该大区营销总监的角色，分公司经理负责执行公司制定的营销政策。

（2）这个体系本身没有什么特别之处，不同点在于各分公司在公司制订的计划价的基础上，可以按本省的消费特点进行加价，以在保证销售目标的情况下提高利润率。

（3）月薪的设计体现了"论资排辈"的基本公平原则，也有激励员工奋发向上的功能，以及暗示业务人员在该公司的职业规划前景。

说明2见表2。

（1）业务员的提成为2%，处于社会平均水平，看起来没什么特别的。关键在于一个销售额近亿元的分公司，只有10个业务人员，人均年销售近千万元，即提成奖人均近20万元，远大于行业的平均水平（5万元/人），充分刺激了业务人员的主观能动性和拼搏精神。

（2）分公司经理在一般情况下，提成奖有50万元到100万元水平；大区经理提成奖有100万元到200万元的水平，这一设计激励了上级经理积极关注并指导全体业务人员，以共同完成目标。同时，通过优胜劣汰的机制，持续保持团队战斗力和竞争力。

（3）由于计奖目标与总公司的目标完成情况有关，所以为实现刺激的实时性，公司按月度计划目标核算每月奖金，预发一半，年终再按实际完成情况核算全年奖金，按年终奖发放。

（4）为避免业务人员为追求业绩过度放账给客户，增加坏账风险，每年将总奖金的20%作为坏账提备，从业务员到大区经理共同对坏账负全责（责任比重内定),同时,所提备的奖金按高于银行存款利率和贷款总成本相当的标准付息,业务人员既得到高息,公司又方便地获得部分流动资金,皆大欢喜。

(5)在全面完成公司目标的情况下,大区的奖金总提成率只有3.5%,并不比其他公司高。但他们采取精兵政策,为每一个人提供大显身手的平台,在创造公司业绩的同时,个人可获得丰厚的报酬。

表2 提成奖

提成奖核算	计奖目标达成率	提成率
大区经理	100%以上(含)	回款额的0.5%
	90%以上(含)	回款额的0.3%
	80%以上(含)	回款额的0.2%
	80%以下	不得奖
分公司经理	100%以上(含)	回款额的1.0%
	90%以上(含)	回款额的0.8%
	80%以上(含)	回款额的0.5%
	80%以下	不得奖
业务员	80%以上(含)	回款额的2.0%
	80%以下	不得奖

说明:1.按月度计划目标核算每月奖金,预发一半,年终再按实际完成情况核算全年奖金,按年终奖发放
2.其中每人的总奖金20%作为坏账提备,如发生坏账,从中扣除。这部分按年息10%支付利息,四年结算利息一次

说明3见表3。

这个方案的特点和成功之处在于目标的设计上,尤其是在调整目标Y的制定上,反映了营销总经理的高度智慧。

提成奖金在公司目前的规模上(每个大区在3亿~5亿元之间)是非常高的。然而,这一高额的提成奖金并非轻易可得,它需要各级业务人员共同努力和拼搏才能实现,这就将公司、大区、分公司、个人的利益充分地捆绑在一起。

(1)标准目标P是根据上年度销售回款额结合各省的市场成长情况,各大区经理和营销总部讨论商定,这反映了总体的奋斗目标。

(2)重点是调整目标Y的核算,它反映了按照公司的利润率,大区应该赚,但由于大区的利润率低,存在没赚到应赚的利润差额的情况,为弥补这部分利润,

大区必须增加相应的销售额。这部分所增加的相应的销售额，作为调整目标 Y 值，与标准目标 P 相加后，成为年终核算总提成奖的计奖目标 X。

（3）在核算大区少赚利润 U 时，用公司平均利润率和目标利润率中高者与大区利润率 T 进行比较，使大区经理在控制销售费用时，可参考公司的目标利润率进行管理，但还要考虑如果其他大区的费用比你低时（含促消费、品牌推广费、差旅费、办公费等），会出现你的利润率较低，造成你的计奖目标上调，影响你的总提成奖的情况。这促进了各大区"节能增效"的自觉性。

（4）当然，各省分公司有根据自身市场情况进行价格调整的权力（其他省也有），当你所在大区利润率比公司的利润率高时，你的调整目标 Y 出现负值，意味着你的计奖目标下调，获得高提成率的机会就增加。

（5）最后，公司的平均销售利润率到年终结算才出结果，可避免各大区的业务人员串联，在费用控制上与公司博弈，反而会出现业务人员自动降低酒店费用、招待费用以及交通费用等标准、对市场投入费用精打细算的现象，有效维持了方案实施的有效性。

表3 目标设定

计奖目标 X	计奖目标 X= 标准目标 P+ 调整目标 Y	
标准目标 P 的设定	标准目标 P 根据上年度销售回款额结合成长率，各大区经理和总部商定	
调整目标 Y 的核算	公司平均销售利润率 Z1	
	公司目标销售利润率 Z1	
	大区销售利润 T	
	大区少赚利润 U	U= 销售额 * (公司平均销售利润率 Z1 和公司目标销售利润率 Z1 中的高者—大区销售利润 T)
	调整目标 Y	Y=U/T

这套销售业绩考核方案在执行后取得了良好的效果：一是该文具公司在短短五年时间里，销售规模连续跨越10亿元和20亿元两个重要门槛；二是吸引了大批销售精英加盟，成为该文具公司依靠快消品的营销方法拓展市场的先锋队伍；三是在该公司销售规模急剧增长的同时，平均利润率从3%上升到8%，成为传统行业中销售额和利润率同步上升的罕见现象。

科学管理

乔布斯接管苹果时，发现苹果公司当时的产品线非常混乱，以至于团队解释了三个礼拜，乔布斯还是没搞清楚到底还有哪些产品，这让他很抓狂。他认为产品越多并不意味着公司的规模越大，任何产品必须贴合用户的需求。

为了让员工更清楚明了，乔布斯在白板上画了一个方形四格表，上面两格写着"消费级"和"专业级"，下面两格写着"台式"和"便携式"。他对员工认真地说："我们的工作就是做这四种产品。"

接下来，苹果开始大规模裁减项目，他们把所有精力都投入这四个领域中。他们在专业级台式电脑方面开发了 Power Macintosh G3；专业级便携电脑方面开发出了 Power Book G3；消费级台式电脑方面开发了 iMac；消费级便携电脑方面开发了 iBook。

这种专注能力拯救了苹果。往往只有专注做一件事，你才有可能把一件事做到极致，比所有人都做得好，才能成功。事实证明，乔布斯的专注让苹果公司起死回生。在他的带领下，苹果冲破了亏损阴影，于 1998 年奇迹般地盈利 3.09 亿美元。

逐梦小语

专业化与多元化

专业化与多元化谁优谁劣有无数的答案，既有走专业化道路的成功公司，又有多元化发展的企业。选择哪一条道路的关键在于公司掌握的资源，尤其是人力资源。从理论上说，一个公司的发展既要依靠专业化的纵向发展，又要依赖于多元化的横向发展。公司擅长做哪方面的工作，资源集中在哪个方向上最合理，领导者要有正确的判断。

真彩文具的管理切入

根据朱献文对"企业发展原动力 5P 模型"的研究，结合企业生命周期理论，

第十一章
管理，一个系统的工程

在 2005 年已进入高速发展期的真彩文具，在保持产品优势和渠道优势的同时，品牌优势已初步建立，当务之急是要加强管理水平。

为了让公司整个营销系统尽快从"先经营后管理"转入经营管理"两手都要硬"的轨道，朱献文还是从团队开始入手。他从中山大学招聘了有外资快消企业工作经验的 MBA，从华南理工大学招聘了有合资企业工作经验的 MBA，以加强产品开发流程管理和销售渠道管理；从合资营销管理公司招来资深顾问任市场部经理负责品牌管理，并引进既有外资企业管理经验，又有管理咨询公司经验的高级顾问协助董事长加强集团的基础管理，从而使公司的"产品力、销售力、品牌力、管理力、创新力"并驾齐驱。2007 年，公司成为文具行业第一个同时拥有"国家质量免检产品""中国名牌产品""中国驰名商标"称号且销售额超过 10 亿元的知名企业（见图 2）。

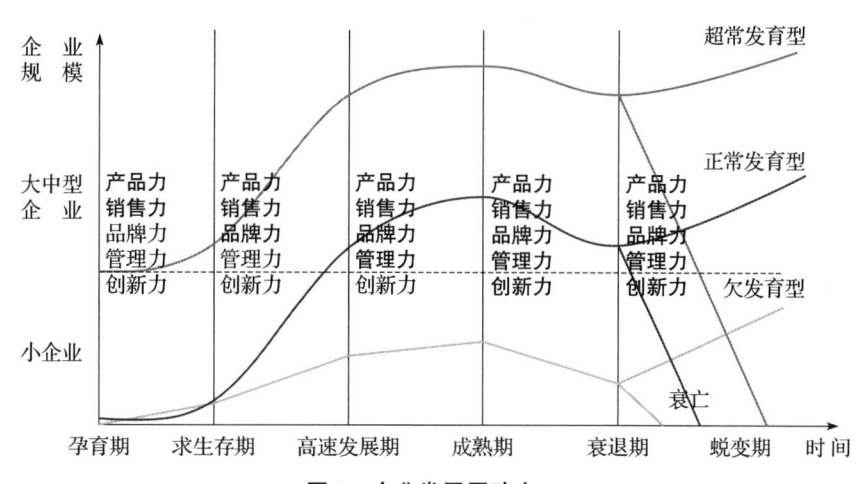

图 2　企业发展原动力 5P

第十二章
CHAPTER12

战略，
只做3件事

整合

乔布斯每年都会带着他认为最卓越超群的员工进行一次集思会。每次会议临近尾声时，乔布斯都会问大家："我们下一步最应该做的 10 件事都有哪些？"人们互相争论，乔布斯最终会把排名靠后的 7 件事删除，他说："我们只做前 3 件。"

2000 年年底、2001 年年初全球性的互联网泡沫破裂了，全球至少有 4854 家互联网公司被并购或者关门。很多人都认为，个人计算机的核心地位岌岌可危。就在这时，乔布斯宣布："我们将通过实现自我创新来摆脱目前所处的衰退趋势。"他说，将来人们的所有电子产品，比如音乐播放器、视频播放器、游戏机、手机、平板电脑等都要依靠计算机发挥自己的功能。这就形成了一个以个人电脑为中心的数码产品功能应用集群。这就是乔布斯所说的"数字中枢"。

乔布斯创造性地提出了"数字中枢"战略，并相继推出了 iPod、iTouch、iPad 以及 MacBook Air 等个人电脑产品。苹果的创新不断，苹果之势就不断。

逐梦小语

头脑风暴

乔布斯有一流的研发团队，更有激励创新的一流方法。百杰集思会的头脑风暴价值连城，经他们思想碰撞后诞下的成果更是无价之宝。更重要的是，在他们的 PK 过程中，每个人都得到了乔布斯的点拨，而乔布斯也受到了年轻人的启发。这种互动或许正是苹果不断创新的力量源泉。

引领风骚

在计算机面临巨大变革的关键时刻，乔布斯又为它注入了新的生命力——数字中枢。俗话说，当局者迷，旁观者清。但乔布斯作为局内人，却依旧敏锐地感受到科技的潮流，并毫不迟疑地向着正确方向前进。这也许与他离开苹果后的丰富经历有关。他有着多元化的商界经验，又有着极度的控制欲，自然会选择将计算机设计为融合一切、掌控一切的"中枢"了。

胆识与远见

即使在正常的经济周期中,能保证研发的投入已相当不易。而乔布斯在互联网泡沫破灭之际坚持研发新产品,这需要相当的胆识和远见。纵观我们身边的企业,往往进入一定的规模后反而保守起来,对研发投入、品牌投入瞻前顾后,不但导致业绩下滑,连技术也被人甩在身后,以致错失良机。当经济高潮来临时,他们面对陈旧的产品后悔莫及,无奈进入衰退期。

打造一站式综合性文具企业

到 2010 年左右,真彩文具已经形成以中性笔为核心的书写工具品类,加上美术画材、学生用品、办公用品和早教益智产品等品类,成为行业内为数不多的多品类综合性专业文具企业。

当中性笔在国内开始被人们接受和使用时,真彩文具便引进并自主开发了高品质油画棒,而今,油画棒已经成为中国少年儿童学习画画必不可少的材料。从市场占有率、产品线的丰富程度、产品质量口碑、品牌影响力等诸多方面,真彩的油画棒已经成为真彩事业的第二块坚强基石,并曾一度是中国市场当之无愧的王者。

真彩文具的美术画材产品包括油画棒(已获得"上海市名牌产品"称号)、蜡笔、水彩笔、彩泥黏土、手工折纸、美劳用品等数百个品种,麦当劳、肯德基、可口可乐等国际名牌也将真彩美术画材产品作为其活动的礼品,充分体现了对真彩画材产品的高度认可。

依托与美国迪士尼公司的密切合作,真彩文具的学生用品不断扩展市场份额,以书包、笔袋、文具盒、削笔器、本册、尺规、橡皮、修正带等为代表的学生用品成为真彩业绩的又一牢固支撑。

真彩文具依托与美国专业早教品牌的合作,聘请了美国早教专家为顾问,同时采取传统渠道和现代渠道相结合的推广方式,推出了"奇妙星"系列早教产品。凭借产品+早教智慧的"软硬结合"特色,真彩文具的"奇妙星"系列早教产品一举成为竞争激烈的早教市场的一匹黑马。

在办公用品市场上,真彩文具推出了以"时尚办公"为理念的"一高"品牌,主打"时尚"牌,以简洁的风格、精良的品质、独特的创意设计整合全新的销售配送模式和电子商务平台,将目标瞄准现代职场人群。

真彩文具通过提供覆盖从幼儿到成人各个年龄阶段、几乎全部文具产品需求的众多品类,明确展现了其作为"综合性一站式文具专业供应商"的雄心勃勃的事业规划。

数字中枢之源

乔布斯对数字中枢的整合思路很快就明晰了。他发现火线可以快速传输大型文件。在没有火线接口时,人们必须利用特殊硬件把影片下载到硬盘上进行编辑。乔布斯决定将火线用在1999年10月上市的新版iMac上。

乔布斯找到由他帮助成立的Adobe公司,希望它们能帮助苹果开发。但Adobe公司认为苹果的用户太少而拒绝了,乔布斯为此久久不能释怀。10年后,苹果不允许Adobe Flash在iPad上运行。

iMovie首次出现就因其简洁而大受欢迎。用火线能把视频传到苹果电脑上,然后利用iMovie软件在计算机上编辑作品,还可以制作漂亮的淡入淡出效果、添加背景音乐、把名字加在片尾字幕中等。在它后续更新版本的帮助下,电影可以被上传到网站上或者刻录成DVD。

但是,在数字中枢战略的实施过程中,乔布斯专注于视频而不是音乐,加之他主张让iMac装上吸入式光盘插槽而不是托盘式光驱,使得iMac与配备第一代刻录光驱的机会擦肩而过。

逐梦小语

吃一堑,长一智

虽然Adobe公司是在乔布斯的帮助下成立的,但由于看不见清晰的利益,所以不愿帮老朋友这个忙。乔布斯可能这样想:"君子报仇,十年不晚",在我需要帮助时不伸出援手,分羹时当然轮不到Adobe了。更重要的是,乔布斯从此坚定地走上了全程控制关键元素的道路。主动权在手,才能按自己的意愿实施商业计划。

第十二章
战略，只做3件事

全能与专项

乔布斯的"数字中枢"概念，其实就是将现代科技整合起来，为顾客提供全面的服务与体验。这种"全能超人"的模式，不但要求企业有充足的人力资源、相当的财务实力，还要有整合外部资源的能力。与具有专业化、精细化，充分发挥行业竞争优势的企业相比，这种"全能"模式也许更具挑战性。企业发展是纵向做强和横向做大的综合效果，不同的企业应根据自己的能力和战略意图去选择道路，并不存在谁是谁非的问题。

塞翁失马

在数字中枢战略的实施过程中，乔布斯将重点放在了视频处理上，但对音频资源的误判使苹果错失了第一代可刻录光驱。这次的塞翁失马却为苹果日后在音乐播放器上的成功留下了难以想象的空间。竞争通常是波浪式发生的，对一时的得失不必看得过重。发展的关键还是培养自己的综合能力，以保证在落后时有重新赶超的实力。

数字中枢之核

2000年，激光唱盘和DVD取代了原来的录音带和录像带，人们喜欢把音乐从CD拷到计算机上，或是从文件服务商那里下载音乐，然后刻录进空白的CD中。乔布斯很快就意识到音乐将会给他带来一笔大生意。当时市场上已经有了多种MP3音乐播放、刻录和管理软件，可乔布斯发现这些软件操作都十分复杂，完全配不上自己心爱的iMac。但iMac没有光盘驱动器，不能刻录CD。乔布斯在iMac上加了一个CD刻录光驱，可他仍觉得这个程序过于复杂。

一次很偶然的机会，苹果的前员工比乐·金凯德知道了苹果电脑与便携式音乐播放器Rio不兼容。于是，他与另外的两个朋友杰夫·罗宾和戴夫·海勒共同研发了一款名叫Sound Jam的软件。Sound Jam支持从CD上转换音轨，还可以让用户把很多格式的音频文件转换成MP3，也能将MP3音乐文件传输到数码音乐播放器中。

2000年7月，苹果公司买下了Sound Jam的版权并且雇用了创建Sound Jam的三位程序员。随后乔布斯亲自参与Sound Jam的开发，他们将Sound Jam变成易于操作的苹果软件。最后，Sound Jam改名为iTunes。

作为数字中枢战略的一部分，乔布斯在2001年1月的Macworld大会上展示了iTunes，它可以对上万首歌进行分类，并在一瞬间找到特定曲目。在会上，乔布斯还宣布所有苹果电脑用户都可以免费使用该软件。

逐梦小语

发现机会

由于乔布斯的失误，苹果错失了CD刻录的盛宴。但他及时醒悟过来，意识到音乐将带来巨大收益。在这个动力的推动下，他研究了所有音乐程序，发现了追赶的机会。我们说，做事的动力无非来源于两方面，一是兴趣，二是需求。乔布斯既热爱音乐，又急于在错失的领域奋起直追，这便注定了他有足够的动力去实现愿望。

及时雨

在乔布斯急着去发明一种简便易用的音乐程序时，一名苹果前员工像及时雨一样从天而降，在4个人的一起努力下，他们终于完成了大名鼎鼎的iTunes。从前，有中小企业的老板咨询我为什么招募不到人才。当时，我给他们的答复是："先靠目前的努力，把'庙'盖大，到时'和尚'自然会来找你。"事实上，当你在逆境时常常要什么没什么，但当你顺风顺水时却要什么有什么。所以，作为企业领导人，营造一个具有正能量的气场也是团队建设的重要工作之一。

数字中枢之翼

有了iTunes，乔布斯意识到，苹果也能制造一个和iTunes配套的设备，让收听音乐变得更简单。乔布斯果断地中止了苹果公司正在研发的其他项目，转而全力设计这款音乐播放器——iPod。

2000 年秋天，便携式音乐播放器还缺少一些重要部件。2001 年 2 月，苹果公司负责硬件的高级总裁鲁宾斯坦了解到东芝正在研发一个直径不到两英寸的 5G 硬盘（大约能存放 1000 首歌），但东芝的工程师还没想好用它做什么。他立刻找到乔布斯，说："我知道这东西可以用来干什么。"乔布斯授权他去做，并斥资 1000 万美元买下小硬盘的专利权，还把东芝生产的微型磁盘驱动器全部买了下来。

鲁宾斯坦找到了东芝的硬盘，又确定了显示屏、电池及其他重要元件，然后，他便开始物色可以领导开发团队的人选。他选中了托尼·法德尔担任开发设计团队的领导人。托尼·法德尔当时已经想出一些关于制造更好的数字音乐播放器的方法，可当他去里尔网络、索尼和飞利浦等公司推销他的创意时，人们对此十分不屑。后来，在鲁宾斯坦的多次劝说下，法德尔加入了苹果。

逐梦小语

小众与大众

苹果是个人电脑产业的先驱者，但它在微软、IBM、戴尔等企业的竞争下已没有优势。苹果电脑的定位（高端和封闭）决定了它面对的是小众市场，而将更大规模的兼容机市场让给了包括中国联想在内的其他企业。所以说，对产品的定位决定了企业的潜在规模，企业是做 1 亿人的生意，还是 50 亿人的生意，结果肯定是不一样的，尤其是可替代性的产品。

蜕变

苹果在电脑的市场上完全被动，但乔布斯通过总结皮克斯动画的成功经验，敏锐地捕捉到便携音乐播放器市场上的巨大机会。凭借 iPod，他带领苹果完成了从电脑公司到科技公司的蜕变。这再次说明一个道理：公司暂时的落后没关系，重要的是要有重生的能力——创新！

天生我材必有用

托尼·法德尔想出制造优秀的数字音乐播放器的方法，虽不被传统公司所接受，但"天生我材必有用"，他的聪明才智被苹果所发现并重用，从而制造出伟大的产品——iPod。才智和产品一样，总会符合供求关系；只要坚持不懈，就能找到合适的"客户"，产生交集，迸发出火花。

真彩之翼——营销模式

经过创业以来二十多年的打磨,真彩文具培育出了"三全四化"这一助力腾飞的营销模式,为公司的发展提供了强大的动力。

全品类——公司针对市场特点和用户需求,开发满足消费者需求的各类文具产品,满足客户和消费者对文具的"一站式"需求。公司已有书写工具、学生文具和办公文具共60多个品类,3600多个产品规格,基本覆盖了文具所有品类的产品,且公司一直致力于新品类的开发。

全渠道——建立了由300余个片区2067家经销商渠道客户组成的网格化营销体系,全面覆盖了近300个地级市场和1000多个县级市场,通过与经销商的合作,有效控制超过6000家终端零售店,产品铺货超过20000家各类零售终端。

全服务——公司针对渠道的特点,推出产品培训、市场开拓和维护、生动化陈列和导购培训、大客户解决方案,以及新技术、新工艺、新模具咨询等全方位服务。

网格化——设有36家分公司,并将全国划分为300多个网格,每个网格构成一个片区市场,由分公司负责其辐射区域内各片区市场的营销和服务,从而使整个销售渠道更加扁平化,并能做到对终端市场的无缝覆盖,在销售网络中取得主动权。

差异化——公司根据市场成熟度,将目标市场分为"战略市场""基地市场""成长市场"三类,实施差异化营销策略:市场策略差异化,包括战略市场自建体系、基地市场深度营销、成长市场密集分销等;品类策略差异化,采取品类组合差异化、产品表现差异化等措施;产品策略差异化,运用发达市场高端产品、一般市场经济商品的方法。

标准化——销售流程标准化,包括订单流程标准化、库存管理标准化、客户管理标准化和终端管理标准化;品牌形象标准化,包括店招设计标准化、产品陈列标准化和装修布局标准化;客户服务标准化,包括客户拜访标准化、客户开拓标准化和客户维护标准化。

精细化——公司实行精细化营销,一是细分区域,把目标市场细分至县级市场甚至乡镇级市场,形成一个个"网格";二是细分产品,针对目标消费人群的不同，推出适销的产品组合；三是细分渠道，将渠道细分至学生文具经销商、办公文具经销商、集中采购、外销及包袋、本册、耗材等专业品类客户；四是细分营销措施，针对不同的市场、不同的渠道、不同的产品，采取针对性营销举措。

得来全不费功夫

2001年4月，托尼·法德尔在一次会议上向乔布斯展示了他们的模型。参加此次会议的还有鲁宾斯坦、席勒、乔尼等人。一开始，乔布斯对法德尔的演讲意兴索然，但当法德尔掀开盖在桌子中央的碗，从里面拿出成品模型并打开时，乔布斯喜上眉梢——这不正是他一直想要的东西吗？

当菲尔·席勒展示如何使用滚轮，让所有歌曲滚动，以便快速浏览数百首歌曲时，乔布斯大叫："就这个！"他让法德尔和工程师们按照这个构思开工。

为了尽快完成这个项目，乔布斯和他的团队夜以继日地忙碌着。iPod的首席软件设计师杰夫·罗宾说："当时乔布斯和他们从早上9点一直忙到深夜一两点，这款软件在不断测试和出错中一天天得到改进。"法德尔等人会不断地接受乔布斯向他们抛出的难题。

乔布斯努力"简化"产品。最值得一提的是，乔布斯不允许iPod上有开关。这一构思在苹果后面的大部分产品中都有所体现。乔布斯还建议应让iTunes软件拥有尽可能多的功能，而iPod则应恰好相反。他希望用户在使用时，无论使用哪种功能，按键的次数都不能超过3次。

iPod可以存1000首歌，那么，这些歌从哪儿来？乔布斯提倡保护知识产权。乔布斯让iPod单向同步，即用户可以把歌曲从计算机里转移到iPod上，但不能把iPod上的歌转移到计算机里。iPod的包装上还印有"不要盗版音乐"几个字。

乔布斯想在圣诞节之前推出iPod。一家叫Portal player的小公司答应为苹果提供基础服务并与他们签下独家协议。

造梦者
——打破常规的中外创业传奇

逐梦小语

创新原则

乔布斯在整个创新过程中都奉行一条基本原则：简化！回想我们日常生活中的科技产品，无论是产品本身还是用法，大都复杂无比，连专家都难以看懂。乔布斯的成功之处，除了外观上推崇简约，就是坚持简单。顾客手上的产品实现了"傻瓜化"，无形中就无限扩大了消费者的基数。就像他把iPod的功能全放在iTunes上一样，极大地方便了用户的使用。

刚需

"吸烟有害健康！"烟草公司为了减少香烟的危害，在香烟上加上了过滤嘴。而乔布斯说："不要盗版音乐！"为了减少音乐的非法传播，乔布斯在iPod上设置了单向下载限制。但无论香烟或iPod都不会因此而减少销量，这说明培育刚性需求才是营销王道。

真彩商标的诞生

真彩文具开发全国首款油画棒时，外包装的设计任务落在设计经理何建明身上。作为真彩文具的第一任设计经理，全国第一款油画棒的设计者，他当时承受着巨大的压力。但有志者事竟成！这项"压力山大"的任务，最终成为他人生最成功的设计案例！

经过对产品的详细了解后，何经理觉得产品单纯叫油画棒吸引力不够大，和董事长讨论后，决定首先要为产品起一个响亮的名字。一个多月日思夜想，结果还是没想到满意的名字。心灰意冷的何建明在设置电脑显示器的参数，选择色彩显示时，突然眼前一亮！30多年前，电脑CRT显示颜色是有几个选项的：4068色高彩、65000色原彩、16000000色真彩（true color）。"真彩"！就是这个名字，最丰富的色彩显示，用来做画材的名称太完美了！"真彩油画棒"，说出这个名称时，大家都觉得非常好，一致赞成。于是他设计了这个名称的图形，成功完成了这套全国第一款油画棒的包装设计。

产品推出市场后，受到了消费者的欢迎，其名称响亮且朗朗上口，并且由于设计时选的电脑字体"真"字中间只有两横，这一独特设计在行业内引起了广泛关注和热议，让更多经销商知道公司推出了新产品！

后来由于"真彩"这个名称响亮易记，行内人士都直接把公司称为真彩文具，董事长借机把"真彩"注册成企业的商标，一直沿用至今，成为国际知名的文具品牌。

数字中枢之槛

乔布斯知道，仅仅靠硬件的革命不太可能彻底改变数字音乐产业的现状，苹果必须在正版音乐分享的商业模式上有所突破。iPod 上市后，乔布斯就开始想办法为 iPod 用户寻找一个简单、安全且合法的下载音乐的方式。

大部分音乐公司都有自己的音乐下载网点，还有各种反拷贝技术。乔布斯要做的就是与所有的大型音乐公司签订协议，让苹果用户可以根据自己的喜爱从站点上随便下载音乐，这才是对音乐版权的合法保护。

当时，几大音乐公司正因免费下载音乐服务商 Napster 所引发的恐慌而对因特网十分排斥，而美国和英国的合法网上音乐市场只占总份额的 2% 左右。乔布斯想在网上销售廉价的正版数字音乐，很多人都觉得是天方夜谭。音乐公司更担心一旦音乐数字化了，人们能无限地复制歌曲了，谁还会再跟他们购买呢？他们只想拥有音乐作品的压缩版本，并对自己的歌曲设置访问权限。但乔布斯认为电子信息的内容是无法被保护的。

华纳音乐和时代华纳集团已经开始同索尼公司商谈一个版权保护规则，他们还邀请苹果加入其中。但 2002 年 1 月，索尼公司退出了版权保护集团，他们希望拥有自己专有的数字音乐格式，从版税中获益。

乔布斯一次次地找到音乐公司的高层，说服他们与 iTunes 商店合作。iTunes 商店是一个数字服务站，它从唱片公司获得数字音乐的销售权，再以每首歌 99 美分的价格卖给 iTunes 的用户，唱片公司从中分得 70 美分。

2002 年 3 月，乔布斯邀请音乐界知名人士到苹果开会，推销他的 iTunes 商店计划。华纳音乐的总裁罗杰·艾姆斯看到乔布斯展示的 iTunes 商店时，惊喜万分，他不断点头说："对，对，就是这个，我们一直期待的就是这种模式。"他同意华纳音乐加入 iTunes，并负责聚拢其他的音乐公司。《财富》杂志上曾说："乔布斯给音乐贸易带来了兴奋点，他推出了合法、可信的数字音乐服务。"

逐梦小语

合作前提 1——共同利益

企业之间的合作与朋友之间的合作是相同的，不但要优势互补，还需有长远的共同利益。若各怀鬼胎，就算走到一起，最终还是会分道扬镳。就像几大音乐公司想拉苹果加入反盗版协议一样，双方的利益诉求和计划完全不同。好在索尼头脑清醒地放弃了合作，避免了潜在的纷争。

合作前提 2——多赢

多赢才能促进资源整合，才能促进合作。各家音乐公司推出的管理软件之所以败走麦城，其根本原因就是没能平衡音乐公司、艺术家和用户的利益，而 iTunes 商店不但做到了利益平衡，而且为用户提供了合法的音乐下载途径。在这个平台上，大家互利共赢，才有了平台的成功。

消费者心理

乔布斯对消费者心理的深刻洞察，也是 iTunes 商店成功的原因之一。和其他音乐管理软件的"租用"不同，他理解消费者渴望"拥有"音乐的情感，更明白消费者有挑选心爱歌曲的自由。iTunes 商店满足了顾客尽可能多的需要，同时也为自己创造了生存和发展的机会。

化小为大

乔布斯不愧为谈判高手。他将 iTunes 商店规模小的劣势（一般而言，大公司没兴趣与小企业合作）转化为优势去说服音乐公司。不同情况下，对一件相同的事情可以有不同的解读。在谈判中，根据情境和目的去阐释要点，是每个经理应该具备的基本能力。

我的所有，你的所需

华纳音乐一直在寻找保护音乐版权的具体方法。因此，当 iTunes 商店横空出世后，华纳音乐主动加盟并积极推进它便是顺理成章的事了。当我的所有就是你的所需之时，合作便水到渠成了。因此，打造自己的王牌是合作的必要条件，而其他只是充分条件。只有强者才能营造有力的气场，不要期望对方会因怜悯而与你合作，我们对此必须有清醒的认识。

各个击破

华纳与苹果准备拉拢环球音乐集团的 CEO 道格·莫里斯。莫里斯对盗版行为深恶痛绝。他也希望能与乔布斯合作，因为乔布斯把一切都整合在 iTunes 商店中，既方便了用户，也使唱片公司的利益得到了保护。因为得到了莫里斯的认可，环球音乐集团也很快与乔布斯签订了合作协议。

莫里斯还给音乐集团旗下公司 IGA 的董事长兼老朋友吉米·约维内打电话，向他介绍了乔布斯及 iTunes 商店。约维内对此非常感兴趣，立刻乘飞机赶到库比蒂诺与乔布斯商谈，最终 IGA 也与苹果建立了合作关系。

娱乐产业巨头索尼则竭力保护自己的利益，他们长期以来对苹果的示好视而不见。索尼音乐的新总裁安迪·拉克认为苹果公司已经靠歌曲获利了，还顺便拉动了 iPod 的销量。既然唱片公司对 iPod 的成功有着至关重要的作用，那么 iPod 的销售利润中也应该有他们的一份。但业内没有人支持他的说法，他自然也无法在这场争论中取胜。为了捍卫自己的霸主地位，索尼对苹果进行了长达 8 年的抵抗。虽然后来索尼最终向苹果做出妥协，决定在 iTunes 商店出售音乐，但双方的关系依旧很紧张，每一轮合同续签和条款更改都免不了一番唇枪舌剑。

除了拉拢唱片公司外，乔布斯还希望得到一些顶尖音乐人的授权。虽然要想成功说服他们很难，但乔布斯还是凭借展示优秀的产品以及个人独特的魅力，与音乐家波诺和雪莉·克劳、说唱艺人德瑞博士建立了合作关系，还请摇滚乐队老鹰乐队的经纪人厄温·阿兹奥夫动员乐队的其他成员答应将其乐曲在网上销售。

乔布斯很喜欢披头士乐队，因此他坚持要在 iTunes 上卖他们的歌。他花了很多年才说服这个乐队尚在世的成员及其家人。2010 年，iTunes 上开始销售披头士乐队的音乐。

2003 年 4 月 28 日，苹果 iTunes 音乐商店正式上线，他们在旧金山的莫斯康尼会议中心举行发布会。乔布斯说，iTunes 商店虽然可能不是最完美的音乐管理工具，但却是唱片公司对抗盗版音乐的铜墙铁壁。接下来，他详细介绍了 iTunes 的功能。负责 iTunes 商店的埃迪·库埃预计，苹果将在未来 6 个月销售 100 万首歌。但事实上，iTunes 商店在开张的当天就卖掉了 20 多万首歌，6 天内就达到了预期目标——卖掉了 100 万首歌。

总之，iTunes 软件、iPod 播放器和 iTunes 商店的横空出世标志着音乐唱片界变革的开始。

逐梦小语

擒"贼"先擒王

在实行"统战"工作时，有两种不同的战略。一是"擒贼先擒王"，摆平"老大"后，再处理"小弟"就容易很多。这需要自身有足够的综合实力和说服力。二是"农村包围城市"，从自身的相对优势做起，取得成功后再慢慢增加自己的号召力。对不同的对象，要灵活采取不同的措施。

部门壁垒

新木桶理论告诉我们，即使没有短板，但木板间的缝隙太大时水也会漏掉。这个缝隙就是部门壁垒。索尼有各种优秀的资源，但由于部门利益不能得到有效协调，所以做不好端到端的服务，而将市场拱手送给了苹果。

凭实力说话

尽管索尼音乐的新总裁想"更合理"地获得利益，无奈乔布斯这时已说服了大部分的音乐公司加入 iTunes 商店计划。对于乔布斯而言，现在是多你一个不多，少你一个不少。在实力说话的现实世界里，索尼也不得不低下高贵的头。

市场预测

乔布斯对 iTunes 商店充满期望，市场预测经常令人爱恨交加，难以捉摸。原预计 6 个月的下载量，6 天就已经实现。虽然我们在管理上应该相信科学，也应该使用现代技术和工具，但有的时候生意人的天生嗅觉更可靠。

真彩傍过的大品牌

真彩文具在营销过程中，除了在产品、销售方式和渠道建设上的创新外，在

第十二章
战略，只做3件事

不同阶段，还与一些著名卡通品牌合作来带动销售和品牌推广。

史努比是第一个和真彩文具合作的卡通形象。当时它在很多行业都有了授权产品，有一定的知名度，真彩文具跟它的授权商洽谈授权时，恰是他们想在笔类文具开拓市场的时候，所以一拍即合，开始了至今已有30年的合作，从而打造了一支长盛不衰并让同行纷纷仿冒的中国第一支中性笔——009中性笔。

真彩文具商超部门还利用史努比成功举办了中国文具行业第一次的商超学汛活动，"带史努比去上学"的学汛促销活动不但成功带动了真彩文具的销售，而且还把商场变成了一个儿童活动中心，显著提升了商场的客流量。

真彩文具通过一年多的策划和准备，才与麦当劳谈成联合品牌的推广活动。创意来自朱献文在麦当劳的儿童区给儿子过生日时的开心体验。朱献文当时就问工作人员，有没有可能跟真彩文具合作，在儿童活动区联合搞油画棒比赛，工作人员说创意挺好，但要跟总部商谈才行。

朱献文第一时间就与市场部经理商讨如何与麦当劳达成合作。当他们千方百计找到麦当劳总部时，麦当劳总部以麦当劳属于餐饮行业，对进店物品的卫生要求很严为由，婉拒了真彩的合作建议。

朱献文还是觉得这个宣传阵地不可多得，一定要想办法把它攻下。那时，市场部正在招兵买马，有一个在酒业做推广的品牌经理小陈应聘，考虑到酒业也是当时品牌竞争最激烈的行业，她的经验一定能为文具行业所用。所以朱献文马上就确定了她的入职时间，并把麦当劳的攻坚任务交给她。

任务的关键就是找到切入口。为了满足餐厅卫生管理的要求，真彩文具把油画棒送到卫生检测部门检测，拿到油画棒无毒无害的证明后，市场部信心大增。

经过一年多的努力，市场部陈经理高兴地通报朱献文，山东青岛分公司已与当地的一家麦当劳店达成合作协议！真彩文具马上派陈经理赶到青岛，负责第一个项目样板工程的开展。

麦当劳的活动区在墙报、易拉宝、吊旗的装饰下，仿佛成了一个真彩的小世界。小朋友们玩得很开心，家长们很满意。第一个活动的成功举办，在麦当劳内部引起了带动效应。之后几年，真彩文具在全国的大部分麦当劳店都设立了真彩油画棒体验区，成为真彩文具体验式营销的一个重要阵地。

与迪士尼的合作可谓一波三折。早在2005年，迪士尼在美术画材领域就开始了授权合作，但由于真彩自有品牌在油画棒领域的影响力太强，从设计师到销售员都把大部分资源投入自有品牌中，因此一直没有与迪士尼合作。直至2009年在朱献文的推动下，真彩文具的学生用品全品类跟迪士尼签订了米奇的授权，并组织了专门的设计团队和销售团队，以联合品牌的方式合作，真彩文具与迪士尼的合作才渐趋正常。

从真彩文具跟国际大品牌合作的经验来看，中小企业首先要练好基本功，增强自信，然后寻找双方共同利益点，不卑不亢，就能克服合作障碍，达到合作共赢的目标。

中小企业不要妄自菲薄，只要专注于某一行业深耕细作，是完全有机会成为国际巨头的合作伙伴的。而牵手国际巨头，会提升中小企业形象。"史努比跟他们合作、麦当劳跟他们合作、迪士尼跟他们合作"这些事实比任何精美的产品宣传都有效果。

反之，国际大品牌最看重什么呢？

朱献文认为国际大品牌主要看三方面：品牌、产品、服务。在产品和品牌既定的情况下，"服务"通常是企业最可能"打折扣"的地方，反过来说，它恰恰也是中小企业"最有可为"的地方。

数字中枢之力

21世纪以前，索尼公司拥有全世界最前卫的随身听产业链、最棒的唱片公司、最丰富的制造经验等，但它却没能继续缔造神话。2004年5月，索尼发布了与iTunes类似的服务软件——Sony Connect，但3年之后索尼就暂停了这项服务。《纽约时报》报道说："内部纷争是随身听发明者和便携音乐播放器第一大巨头索尼被苹果打败的原因。"索尼公司受自身的核算机制和承包机制的限制，旗下每个分支都有自己的"利润底线"。因此，每个分支都会以自己的利益为重，若想让他们协同运作则是相当困难的。

乔布斯曾说："与其被别人取代，不如自己先行一步进行革新。"不要害怕内

第十二章
战略，只做3件事

部相残，苹果主动革新，即使可能影响到自身旧产品的市场，也好过等待竞争对手来抢占市场份额。所以，即使iPhone的出现会蚕食iPod的销量，或者iPad的推出会使笔记本电脑的销量受影响，都没有影响到各自独立的开发团队。

乔布斯坚决反对把苹果的FairPlay授权给其他设备制造商，也不允许其他网上商店销售供iPod播放的歌曲。有些人认为这样做会减少苹果的市场份额，可实际上，苹果不断推出新版本的iPod，使其地位得到了进一步的巩固。

2004年1月，苹果推出了更轻巧的iPod mini。iPod mini虽然存储空间较小（4GB）且价格昂贵，但它却将其他经营小体积闪存播放器的竞争者排挤出局，使iPod真正站稳便携式音乐播放器市场。在它发布18个月之后，苹果在同类产品中的市场份额从31%增加到了74%。

2005年1月，苹果推出闪存型的iPod shuffle。它没有屏幕，所有歌曲都是用户自己选的，不想听时按"下一首"跳过去即可。数月以后，iPod shuffle便已占据58.2%的闪存型MP3市场份额，iPod其他产品甚至占据90%的硬盘型MP3市场份额。

逐梦小语

自我升华

"与其被别人取代，不如自己取代自己"这句话有极大的现实指导意义。在后浪推前浪的今天，科技产品的生命周期已小于18个月。新产品出来几个月后，铺天盖地的仿制品便汹涌而至。作为行业的领军者，只有不断地否定自己，不断地自我升华，才能长期立于不败之地。

专家的预言

鉴于苹果封闭性的电脑系统曾被微软的开放性电脑系统所击败，专家因此预言微软的开放性音乐管理软件会赢过苹果的封闭性音乐管理软件。但他们忘了一个基本的事实，就是电脑是高值耐用品，绝对价值较高，客户群体较小，加上苹果电脑本身属于高端产品，所以被物美价廉的兼容机所击败也属正常。但音乐管理软件和播放器不但绝对值低，而且款式更新快，市场规模比电脑大许多。苹果的播放器虽非不可替代，但它的品牌文化独一无二。因此，iPod的成功也就是必然之事了。

远见

2001年，乔布斯发布了最重要的预见之一：PC将成为人们数字生活、存储照片、视频和音乐的数字中心，同步与之连接的不同移动设备。2008年，乔布斯已预见到下一个数字浪潮——个人电脑的内容将被转移到"云端"。换言之，在乔布斯的设想中，这项服务可以将用户在Mac电脑、iPad和iPhone上的文件自动存储到在"云端"的服务器上，用户可在任何地方的任意一台设备上使用。但他第一步走得颇为坎坷，2008年发布的MobileMe比较复杂，同步设备跟不上，邮件和其他数据易丢失。到2010年，谷歌、亚马逊、微软等公司都在推相关服务，乔布斯决定将MobileMe转为免费服务，并重新命名为iCloud。

2011年6月，乔布斯在苹果全球开发者大会上正式推出iCloud云端服务，并将其称为苹果的"下一个伟大远见"。通过简单的操作，人们可以通过任何苹果产品上网，并通过iCloud服务享受iTunes资料库中的音乐。例如iPhone、iPad等用户把歌曲库都储存在苹果的"云端"中，可随时随地上网听，不用经过繁复的步骤，一切都是无缝连接。乔布斯说："iCloud将存储用户的所有内容，并将这些内容推送至该用户的所有设备，而且一切都是自动的。"乔布斯强调苹果iCloud是免费的，且不附带任何广告。

当然，这一切必须在苹果产品中才能实现。如此一来，一个难题摆在了用户面前：一旦开始使用iCloud，就会很难切换到Kindle或安卓设备，因为你的音乐和其他内容无法同步到那些设备上。

不管怎样，iCloud创造了新的媒体消费模式，把云端带向一般消费大众，也无疑成为了苹果下一个阶段刺激营收成长的利器。

逐梦小语

理想与现实

虽然乔布斯预计到"云计算"的浪潮并着手实施，但理想与现实的差距使苹果付出了时间和金钱的代价。他的云终端 MobileMe 并没能达到用户的要求。在新技术开发的过程中，失败是难以避免的。即使是苹果的那些成功产品，也是站在无数的失败案例的"尸骨"之上的。作为创新者，应该对此有充分的思想和物质准备。

现实的"云"

虽然竞争对手也努力成为"云"的控制者，但在乔布斯的全力推动下，苹果以其一贯的撒手锏——简单，再次取得了先机。这次从理想走向现实的"云"，又一次证明了"傻瓜"的力量。

封闭的辉煌

乔布斯的苹果帝国实现了电子设备、计算机、操作系统、应用软件以及精品内容的无缝链接。这使数码技术产生了爆炸性的发展，但这一切又必须在苹果产品中才能实现。巨大的效益不断证实了乔布斯封闭模式的成功。

第十三章
CHAPTER 13

一生无憾，
极致的精彩

创新之路

被称为现代管理学之父的彼得·德鲁克有句名言:"当今企业之间的竞争,不是产品之间的竞争,而是商业模式之间的竞争。"苹果坚持采用封闭模式,这种模式又可以被形象地形容为"端到端模式"。乔布斯坚信,外表美观、使用方便的电脑和电子设备要想真正地实现无缝链接,那么硬件和软件必须出自同一家公司之手,因此对苹果的每一件产品都会进行端到端的监控。他们自己做硬件,自己做软件,自己做服务,甚至连零售都自己做。

微软则采取了截然不同的策略,他们将自己的操作系统授权给了所有的电脑生产厂商,包括IBM、惠普和戴尔。这种组装模式帮助微软统治了操作系统行业数十年。

因苹果不愿意将自己的操作系统许可给其他硬件生产商使用,苹果的市场份额一度缩小,给了微软的Windows独霸天下的机会。这曾是乔布斯在PC市场上惨败的原因,也曾不被业界看好。但正是由于乔布斯近乎偏执的坚持,这种封闭成就了苹果独特的商业模式,在相对封闭的环境中,盈利和开发都更容易实现。虽然苹果电脑上的所有配件都不能与市场上的其他产品兼容,但有了数亿的iPhone、iPad和Mac用户,以及围绕苹果平台建立的全球链接,苹果也拥有了强有力的竞争优势。

逐梦小语

极致

乔布斯的性格特征是极端,导致他的做事原则是极致。他的极致要求成就了苹果,但这种成功未必能复制。因为企业做任何事情都需在TQC(期限、质量、成本)中找到最合适的解决方案,这种平衡能力比起追求所谓的极致更有现实意义。

第十三章
一生无憾，极致的精彩

封闭与开放

苹果的封闭使其获得了"垄断利润"。正如盖茨所述，乔布斯时代的苹果可以这样，因为乔布斯"人机合一"，但后乔布斯时代却难以保证。无论是苹果的封闭系统，还是微软、谷歌的开放系统，他们加起来才是一个完整的生态系统。在这个生态体系里，"萝卜白菜，各有所爱"。消费者各取所需，也未必是坏事。一旦整个产业被某一方垄断，吃亏的还是消费者。

奇迹

作为硅谷的创业英雄，其实乔布斯并没有真正的"伟大发明"。他的 iOS 的灵感来自惠普；iTunes 的灵感来自盗版音乐软件；iPad 的灵感来自微软平板电脑；iPhone 的灵感来自诺基亚智能手机。但他的伟大之处在于能够纵观全局，利用人文与科技的碰撞聚变出巨大能量；在于把握细节，挖掘出消费者的潜在需求。乔布斯的成功再次说明，一个伟大的事业，就是把许多鸡毛蒜皮的小事做到极致。利用独特的创新方法，把设计师当专家，把消费者当"傻瓜"，奇迹将随时可能在你身上出现。

遗言

乔布斯永远地留在了 2011 年 10 月 5 日，但他给我们留下的是一笔丰厚的遗产。以下为乔布斯谈到他希望自己留下什么样的遗产的原话节选：

我最大的热情在于创办一家可以传世的公司，这家公司的人动力十足地创造伟大的产品。其他一切都是次要的。当然，能赚钱更好，但动力来自产品，而不是利润。

有些人说："消费者想要什么就给他们什么。"这绝非我的方式。我们的责任是提前一步搞清楚他们将来想要什么……我们的任务是读懂还没落到纸面上的东西。

如果你对生产伟大的产品充满激情，它会推着你去追求一体化，去把你的硬件、软件以及内容管理都整合在一起。假如你想放开硬件或软件，只能舍弃掉一些愿景。

唯有努力打造一家真正的公司，才能真正有所贡献，为前人留下的遗产添砖加瓦。

我一直试图做的事情是不断前进。否则，就如迪伦所说，如果你不忙着求生，你就忙着求死。

……

以上是乔布斯自己的想法和说过的话，这些理念可以视作他留给世界的精神财富。或许我们每个人都可以成为他精神遗产的继承者。

逐梦小语

市场调查

乔布斯的伟大之处在于挖掘消费者的潜在需求，并整合一切资源满足他们。所以他不屑也不做市场调查。如果说这是他自述的一个重要遗产，个人认为，作为凡人，我们还是不要继承为好。毕竟我们绝大部分时间都在努力满足消费者的需求，而鲜有创造需求的能力。

跨界

人文和科技的整合成就了苹果，但学科跨界、行业跨界也能产生无穷的力量。尤其在研究工作中更是如此，用甲学科的原理和工具研究乙学科的机制和理论，也有机会产生新的边缘学科。在实际工作中，新材料的替代和应用、新技术的替代和应用、洋技术的汉化、进口产品的国产化，都可以为我们留下巨大的想象空间。

质量

营销固然是企业发展的龙头，但脱离产品、忽视质量的营销是无源之水、无本之木。大部分企业在业绩增长的过程中，质量控制严重滞后，很容易卷入"质量与产量成反比"的怪圈。曾经有报道（2013年4月）说，苹果有800多万台iPhone 4因质量问题需回厂返工。看来乔布斯的提醒和担心不无道理。

持续创新

人类的进步有赖于持续创新，基业长青也必须持续创新。持续创新不仅贯穿在产品中，也贯穿在营销、管理、赢利模式中。在知识和信息增长速度倍增的今天，已经没有一本可以念到老的经书了，这就是"不求新，只有死"了。

第十三章
一生无憾，极致的精彩

动力

当乔布斯处于"一览众山小"的位置时，当然可以高姿态地表示自己工作的动力是对前人的"感激"和对科技大厦"添砖加瓦"的愿望。但对于大多数创业者而言，工作动力都是养家糊口，改善生活。也许对于乔布斯而言，物质享受真的没有意义。笔者相信他的动力完全源于他对事业的激情和专注。当然，在成功后怎么说都是合理的了。

特别致谢

这本书能够顺利出版，感谢暨南大学心理研究所所长叶茂林教授倾情作序；感谢暨南大学校友总会会长、前任校长胡军教授（朱献文的MBA导师）在百忙之中给予指导；感谢朱献文MBA的授课老师暨南大学校长宋献中教授和翁健教授对我们的支持和帮助；感谢暨南大学创业学院、暨南大学管理学院、暨南大学心理研究所、华南理工大学创业教育学院、中山大学管理学院创业学院、中山大学创业学院软件学院、广东工业大学管理学院、广东工业大学创业学院、广东外语外贸大学管理学院的支持和帮助；感谢第一份工作的老领导梁世斌、殷建鸿、王自煮、刘孝五的提携和教导；感谢第二份工作的老同事王海峰、谢忠惠、缪亦锋、余敏雄、何建明、周金星、陈春诚、黄智颂、唐峰等提供的宝贵素材；感谢企业管理出版社；更感谢三位作者的家人们为我们的写作保驾护航。